CAPTURADO

CAPTURADO

LA CARRERA DE UN BANQUERO A PRISIÓN

Richard D. Mangone

Traducción al español por ¡Wepa! Translations

Ministerios De Prisión Bezalel

Portada suave ISBN-13: 978-1-7332283-3-6
Libro electrónico ISBN-13: 978-1-7332283-4-3
Kindle ISBN-13: 978-1-7332283-5-0

Diseño del libro y portada: Eddie Vincent, Servicios gráficos ENC
Fotografías de la portada ©Shutterstock.com

TABLA DE CONTENIDO

PREFACIO

Tenía todo lo que alguien pudiera desear: buena salud, dinero, una esposa preciosa, un gran trabajo, autos de último modelo y un avión. Podía ir a donde quisiera y hacer lo que quisiera. Estaba viviendo el sueño americano en esteroides.

Lo perdí todo por mi propia estupidez y codicia. Al perderlo todo, lo conseguí todo.

Tuve que exilarme, huir del FBI y pasar 18 años en prisión para encontrar el sentido de la vida.

Esta es mi historia.

CAPÍTULO 1

EL PRINCIPIO

East Boston, Massachusetts está formado por cinco islas unidas por rellenos de tierra; una vez fue un centro de construcción de navíos y por más de 100 años ha sido el hogar de comunidades de inmigrantes. Mis padres fueron inmigrantes. Mi padre de Italia y mi madre de Nova Scotia, Canadá; se conocieron en Ellis Island, se enamoraron, se casaron y tuvieron ocho hijos en East Boston.

Nada de mi niñez podría indicar que iba a pasar dieciocho años en la cárcel por un crimen que cometí con un lápiz.

Fui el más joven de los varones, nacido el 9 de octubre de 1944, cuando mi padre estaba en Inglaterra sirviendo en la OSS (Oficina de Servicios Estratégicos, por sus siglas en inglés, precursor de la CIA) durante la Segunda Guerra Mundial. Papá era civil con el oficio de telegrafista, lo que le consiguió una comisión militar de Capitán. Me vio por primera vez cuando yo tenía 18 meses de nacido.

Crecí entre casas de madera de tres pisos y los proyectos. Mi padre murió de cáncer del pulmón cuando yo tenía nueve años, víctima de los Lucky Strikes.

Mi madre se llamaba Pearl y era una perla en todo el sentido de la palabra. No solo era una cocinera excelente, amada por todos los que la conocían; ella hacía sentir a cada uno de sus hijos como el más amado, el opuesto al acto de comedia de los sesentas, los "Smothers Brothers", cuya línea repetitiva era "mamá te amaba más a ti". No podré jamás usar la excusa de que no me amaron.

Yo era un niño normal, callado, de acuerdo a las memorias de mi madre. Mis notas en la escuela no eran terribles ni maravillosas. No era excepcional en los deportes ni en las artes. Poco de mi infancia hubiera podido predecir mi futuro antes o después del crimen.

Mantener a sus cuatro hijos menores trabajando en una fábrica no pudo haber sido fácil para mi madre. Trabajaba en la fábrica de dulces Necco. Cuando un par de décadas más tarde, yo trabajé en la Cooperativa de Crédito Polaroid en la misma calle, podía oler el aroma de azúcar caramelizada de la planta mientras caminaba de mi carro a mi gran oficina de esquina.

Es gracias a mi madre que nunca me enteré que era pobre. Cuando fui a escuela superior en Boston English, una escuela de varones, conocí a una chica encantadora, Lillian, en mi viaje en el tren. Era una belleza rubia, de ojos azules, de Jamaica Plain, otra área de Boston más afluente que en la que yo vivía. Pasamos muchas horas juntos compartiendo nuestros sueños y los secretos de nuestros corazones. Fue mi primer amor y una experiencia maravillosa.

Cuando su papá se enteró que yo vivía en los proyectos, le dijo que no nos podíamos ver más. Ella lo obedeció.

Fue la primera vez que tuve conciencia de las distinciones sociales. Pero no fue un punto decisivo importante. Yo no era Scarlett O'Hara tomando un puñado de tierra y gritándole a un Dios injusto que nunca pasaría hambre de nuevo.

Después que me gradué de escuela superior, mi madre estaba extrañando a su hija mayor, Lillian, que se había mudado a Manhattan Beach, California. En un intento de mejorar nuestra situación, mis hermanas Dianne y Donna, mi mamá y yo guiamos 3,000 millas cruzando el país en una camioneta Ford del 1957, verde oscura y blanca.

Aunque Dianne consiguió trabajo de operadora con la compañía telefónica y a mí me emplearon como técnico practicante y me apodaron Frijolín de Boston, la mudanza no nos fue bien. Ante la falta de transporte público, mi madre estaba atrapada en la casa. Yo necesitaba el auto para el viaje de 120 millas ida y vuelta al trabajo.

Por consiguiente, regresamos a East Boston y vivimos en un apartamentito sin agua caliente hasta que mi madre logró entrarnos nuevamente a los proyectos.

Dianne consiguió trabajo en seguida en una compañía grande de seguros en Boston. Yo no tuve la misma suerte. Mi solución fue enlistarme en la Fuerza Aérea de los EEUU por cuatro años.

En un mes estaba en la Base Aérea Lackland en San Antonio, Tejas para un curso de entrenamiento de seis semanas. El 22 de noviembre de

1963, ya a finales de mi campamento, asesinaron al Presidente John F. Kennedy en Dallas.

Cerraron la base por varios días, con poco movimiento, como una precaución de seguridad nacional. En un momento pensamos que nos iban a enviar a Dallas, pero el comandante dijo que había suficiente personal en las calles.

El mes siguiente, me transfirieron de vuelta a Massachusetts y me estacionaron en la Base Aérea Otis en el condado de Barnstable, en Cape Cod. Unos veinte años más tarde, yo regresaría a esta zona actuando tal si fuera el dueño y estableciendo fideicomisos de bienes raíces.

En un pase de fin de semana, conocí a mi futura esposa, Mary Killduff, una hermosa chica irlandesa, con el tradicional pelo rojo, también proveniente de East Boston. Mary no comía cuentos. Nos comprometimos mientras yo estaba sirviendo en Vietnam. Le pedí a mi madre que llamara a Mary para que le diera el anillo de compromiso que le había comprado. Nos casamos cuando regresé en enero del 1967.

Vivimos mi último año de servicio militar en Springfield, Massachusetts, donde pude asistir al Colegio Americano Internacional (AIC, por sus siglas en inglés) y completar un grado en contabilidad. Una vez encontré algo que me gustaba, mis notas subieron rápidamente.

Durante mi tercer año de universidad, llegué a casa un día a encontrar a Mary al borde de las lágrimas. Su embarazo no estaba en nuestros planes, pero nuestro hijo, Douglas, fue una fuente de alegría, aunque las cosas se pusieron más difíciles económicamente. Aunque estuve becado durante mis últimos dos años, trabajaba por las tardes en una firma de contadores y los fines de semana en una gasolinera para conseguir un dinerito adicional. Nunca le he tenido miedo al trabajo. Tuve a mi madre como el mejor ejemplo.

Llegó entonces mi momento de ascender como joven ejecutivo. Ese ascenso, que me presentó innumerables retos, me llevó a mi caída.

CAPÍTULO 2

EN SU MARCHA HACIA ARRIBA, UN HOMBRE SE DESVÍA

Al contrario de los jóvenes hoy día, yo me gradué sin deudas. Esto nos permitió comprar una casa que le había pertenecido a un primo de Rocky Marciano. Me encantaba la contabilidad y fui ascendiendo por varios trabajos con responsabilidades crecientes.

Mi hija Jessica nació en el 1976. Fue prematura, al igual que su hermano, quizás a causa del fuerte hábito de fumar de Mary. Pesó solo tres libras y media. La visité todos los días en el hospital, sintiéndome bendecido al ver esa carita adorable en la incubadora. Una vez pesó cinco libras, la dieron de alta.

Me emplearon como contralor en la Cooperativa Federal de Crédito de los Empleados de Polaroid (PCU, por sus siglas en inglés) que tenía para ese entonces, veinticinco años de existencia. No lo sabía en ese momento, pero ese fue el principio del fin: ¡qué clase de recorrido sería!

Diferente a los bancos, la cooperativa de crédito le provee servicios financieros de excelencia a sus miembros quienes tienen algo en común, en este caso, eran los empleados de Polaroid y sus familiares. Su misión es atender las necesidades de sus miembros (no clientes).

La cooperativa tenía cinco sucursales y su sede estaba en Cambridge, en las oficinas centrales de Polaroid.

El fundador, Al Rubin, todavía era el gerente general. La junta estaba dividida, con algunos miembros complacidos con continuar operando como siempre. Otros querían actualizar los servicios y prepararse para el retiro de Rubin. Como resultado, surgieron batallas casi a nivel de espionaje y guerra, hasta que Rubin se retiró y me convertí en el gerente general.

Como contralor de PCU, aprendí los aspectos del funcionamiento diario de correr una institución financiera. Mis responsabilidades iniciales fueron desarrollar e implementar un nuevo sistema de computadoras y mejores sistemas de control interno para las múltiples sucursales de la cooperativa. Fue durante esta época que contraté a una directora de relaciones públicas y mercadeo, dinámica y hambrienta, Donna Lane-Nelson, para ayudarme a poner la cooperativa en el mapa.

Colectivamente, hicimos un trabajo espectacular cambiando todos nuestros documentos prestatarios a un inglés sencillo, añadiendo nuevos programas de préstamos y añadimos un modelo econométrico para medir nuestro negocio creciente. Este trabajo lanzó mis éxitos dentro del movimiento de las cooperativas de crédito estadounidenses. Me convertí en el nuevo joven estrella brillando nacionalmente.

Además de aprender a trabajar con una junta de directores, descubrí como manipular las cosas para lograr lo que necesitaba para conseguir que el negocio fuera más exitoso. En los años iniciales esto fue muy positivo ya que logramos lanzar muchos nuevos conceptos al movimiento de las cooperativas de crédito.

Mis éxitos aumentaron cuando aprendí a rodearme de personas más inteligentes que yo. Les permitía correr sus departamentos con supervisión directa mínima. Mientras se me informaran nuestros éxitos y fallas antes de las reuniones de la junta, todo estaba bien.

La junta me estaba pagando para manejar la institución. Aprendí a delegar estas responsabilidades para mi beneficio.

El reconocimiento nacional, a través de mi directora de mercadeo, Donna-Lane, me expuso inmediatamente para dar conferencias públicas en seminarios importantes de las cooperativas de crédito. Me invitaron en varias ocasiones a hablar en las conferencias de la Sociedad Ejecutiva de Cooperativas de Crédito (CUES, por sus siglas en inglés) para presentar nuestros programas innovadores para que todos aprendieran lo que esta institución mediana estaba logrando en la costa este.

Fue así que Digital Equipment Corporation me encontró. Estaban interesados en abrir su propia cooperativa de crédito y me querían para que fuera su presidente y director ejecutivo.

Uno de los miembros de su personal financiero me había acompañado en unas charlas y una vez me vio en acción, me recomendó para la posición. Dos meses más tarde, me contrataron para el puesto, respondiendo a una junta de directores seleccionada por el personal ejecutivo de la corporación.

Me hicieron una buenísima oferta económica y no titubeé en aceptarla. Me llevé a varios de mis mejores empleados de PCU, incluyendo a mi directora de mercadeo para iniciar los programas. Trabajamos largas horas ese primer año de planificación e implementación. Las recompensas de crear algo de la nada fueron maravillosas profesionalmente.

Nos encantaba el reto y nos disfrutábamos el ir a trabajar todos los días. Algunas semanas trabajaba 80 horas solo para asegurarme que todo estaba corriendo como debía. Esta era mi gran oportunidad de desarrollar una institución financiera exitosa y viable desde su primer día de operaciones. Abrimos dos sucursales y equipamos la operación de la oficina en seis meses.

Nuestro equipo de contratación era excelente. No cometimos prácticamente ningún error en contrataciones, lo que nos ahorró muchísimas horas de entrenamiento. Me sentía orgulloso de mi equipo. Estábamos moviéndonos a todo dar y la junta y el personal gerencial de la corporación estaban encantados con nuestros logros.

Junto a todos estos éxitos, yo me convertí en una celebridad entre las cooperativas de crédito nacionales. Todos me conocían y me respetaban.

Mes tras mes, abríamos nuevas sucursales a través de los Estados Unidos, incluyendo dos en Puerto Rico. Viajé bastante durante esos años.

Mi familia fue algo afectada debido a mi ausencia, y aunque yo siempre lograba estar en casa los fines de semana, notaba que mi esposa se estaba marchitando bajo la carga de ser madre y padre para los niños. Parecía que "todo estaba bien", pero bajo la superficie, Mary no estaba contenta.

Fue en este punto que tomé mi primera gran decisión que me dirigió a mi caída.

Una vez la cooperativa de crédito tuvo unas 20 sucursales con su propio edificio corporativo nuevo, perdí el interés en las rutinas diarias.

Me enfoqué en las bienes raíces y la bolsa de valores, lo que me mantenía muy ocupado durante todo el día. Pasaba menos y menos tiempo al mando de la cooperativa de crédito porque mi personal era tan eficiente que yo estaba obsoleto en muchas áreas. Mi rol primario fue relegado a inversiones, presupuesto e interacción con la junta de directores.

Mantenía una relación sólida con mis cinco subalternos directos, apodados por los miembros del personal de DCU como los "High Five" (cinco arriba).

Comencé a comprar nuevas construcciones de viviendas unifamiliares para alquiler en Cape Cod. Estas propiedades estaban fuertemente apalancadas dado mi mínimo capital neto personal. Era un alto riesgo, pero yo creía que era la mejor forma para yo acumular riqueza en el más corto período de tiempo posible.

Durante los próximos años, había obtenido una docena de casas con una apreciación sólida de un 30 por ciento sobre su precio de compra original. Los valores en el Cabo seguían subiendo y yo había entrado al mercado en el momento perfecto para obtener los beneficios del alza que estaban ocurriendo.

Los intereses hipotecarios eran exorbitantes en esos tiempos: yo pagaba una tasa de 18 por ciento anual. Fue a través de varios refinanciamientos de las propiedades que pude asegurar suficiente liquidez para comenzar a invertir muy exitosamente en el mercado bursátil y de bonos. Durante estos años, entre el 1980 y 1990, hice millones en transacciones legítimas.

Fue durante los años de compra de bienes raíces en el área de Hyannis, que conocí por primera vez a los hombres que serían parte integral en la creación de un nuevo negocio al que llamaríamos la Cooperativa de Crédito Federal de la Comunidad de Barnstable (BCCU, por sus siglas en inglés).

En el 1986, también comencé una compañía de importación de autos de primera para la reventa. Mis precios eran tan competitivos que era fácil vender productos Mercedes Benz. Una vez el cambio del dólar cayó contra el marco alemán en el 1987, corté operaciones ya que mis ganancias no me brindaban flexibilidad para continuar.

Fue a través de esta compañía que logré adquirir ocho automóviles valorados en más de medio millón de dólares. Disfruté de estos juguetes y de la emoción de manejarlos. Mi hijo Douglas amaba su BMW y el Chevy del 1967 que él ayudó a reconstruir desde la base. Nos divertimos y disfrutamos de estos tiempos de apego, aunque iban a resultar demasiado cortos.

CAPÍTULO 3

LA SEMILLA DE MI CRIMEN ECHA RAÍCES

Cuando la Cooperativa de Crédito Federal de la Comunidad Barnstable se formó originalmente, ninguna de las personas envueltas estaba contemplando ninguna tarea ilegal. Por esto, he cambiado los nombres de los individuos envueltos.

Estoy seguro que algunos de nosotros pensamos que íbamos a ayudar nuestras operaciones empresariales con préstamos, pero no al grado o nivel al que lo llevaríamos. Estas actividades criminales evolucionaron de la codicia, exacerbadas por las condiciones económicas y controles internos pobres.

Los miembros de la junta eran hombres de negocios locales de Hyannis. Ellos sabían que yo había sido instrumental en obtener la licencia para la cooperativa de crédito de la Administración Nacional de Cooperativas de Crédito (NCUA, por sus siglas en inglés), la agencia reguladora de los EEUU, dados mis éxitos anteriores con las cooperativas de Polaroid y Digital .

Mi envolvimiento e intención original en ayudar con este proyecto era repagarle a un conocido que había sido instrumental en desarrollar mi carrera y estatus nacional.

Harrison quería ser gerente de una cooperativa de crédito. Era suficientemente narcisista para creer que lo podría hacer mejor que nadie. Era un hombre extremadamente inteligente con una buena comprensión sobre inversiones. Sus deficiencias yacían en las operaciones contables del día a día y su incapacidad de dirigir a su personal apropiadamente.

Cuando yo le presenté a Harrison al grupo de empresarios, no lo recibieron bien. No tenía buen trato ya que intentaba que todo el mundo se sintiera estúpido en cuestiones financieras desde el inicio.

Trabajé fuerte pidiéndoles que le dieran una oportunidad, asegurándoles que haría un trabajo excelente.

No tomó mucho tiempo para que Harrison y Jake prácticamente se entraran a puños en una reunión mensual de la junta.

Tres meses más tarde, la junta despidió a Harrison por su actitud y pobres destrezas de comunicación. La junta le llamó la atención por no mantenerlos informados sobre sus transacciones extensas en el mercado de bonos y algunos beneficios controversiales brindados a su novia, que no era empleada de la cooperativa.

Harrison hizo una entrada triunfal y se fue de forma similar. Inicialmente se jactó de su intelecto superior y de cuán importante era para el éxito de la operación. "Nadie puede hacer esto como yo," gritó mientras se marchaba de la oficina de BCCU por última vez.

Después del despido, yo necesitaba un reemplazo para Harrison. Era imperativo que la persona tuviera experiencia y fuera bien balanceada. Años antes, yo tuve un gerente de sucursal en la Cooperativa de Crédito de Polaroid quien pensé que podría ser bueno para la nueva operación.

Penélope fue una selección excelente. La junta admiró su profesionalismo y habilidad para comunicarse. Como ella estaba muy bien entrenada en las operaciones de cooperativas de crédito, tomó poco ponerla al día con nuestros sistemas computarizados y documentos prestatarios actuales.

BCCU tuvo un comienzo algo incierto, pero bastante rápido, nos pusimos en plena acción con el desarrollo de los activos y la aceptación de la comunidad. Yo pude ayudar en todas las facetas de las operaciones diarias y el personal de DCU ayudó también. Parecía que BCCU era una sucursal satélite de DCU ya que muchos de nuestros empleados disfrutaban ayudando y entrenando al nuevo personal en el Cabo.

Yo me mantuve en el pulso de las operaciones y hablaba con Penélope diariamente. Estaba sumamente orgulloso de estar envuelto en tres historias exitosas dentro del movimiento de las cooperativas de crédito.

Nuestras reuniones de la junta todos los jueves eran divertidas. Yo tenía lo que muchos percibían como una vida de ensueño mientras comencé a vivir tres vidas.

La primera en DCU como su Presidente/Jefe Ejecutivo y toda la propiedad que eso contenía. La segunda era mi vida casera como esposo, padre y proveedor. La tercera era la de banquero-casanova en Cape Cod.

Algunos fines de semana, manejaba al Cabo con mi hijo y mi sobrino para pintar y dar mantenimiento a una de mis casas de alquiler para un nuevo inquilino. Corría en todas direcciones con la mente enfocada en ser el pez más grande en mi pequeño estanque.

Vivía en una burbuja y no dejaba a muchos entrar en mi espacio, a menos que no hubiera algo envuelto para mí.

El valor del dinero perdió el sentido. Tenía más de lo que necesitaba y más de lo que podía gastar. Lo acumulaba sin más razón que para divertirme. Era como dar vueltas en el tablero de *Monopolio* dueño de todo y viajando solo para disfrutar las movidas y la vista, pasando "Go" y recolectando los $200. En mi caso, estaba promediando más de $25,000 semanalmente en ganancias en el mercado de valores, sin más preocupaciones en el mundo excepto mi próxima inversión.

Llegaba a casa muchas noches borracho manejando mi Porsche a velocidades excesivas solo para lograr llegar a la hora que le había dicho a mi esposa. Noches semanales de juegos de cartas se convirtieron en la excusa para beber y parrandear con los muchachos.

Estaba fuera de control.

Mis socios y yo compramos un avión Cessna 414A de dos motores como un juguete para movernos. Algunas tardes cálidas de verano, llamaba a mi piloto tarde y lo convencía de que me llevara a Martha's Vineyard o a Nantucket para cenar con una cita. Algo no muy bueno para hacer cuando estás casado, pero cuando uno se sale del camino, se viaja por senderos oscuros. Mis correteos me convirtieron en nuestro pasajero más frecuente mientras cabildeaba por todo el noroeste disfrutando de quien estuviera viajando conmigo esa semana. Usualmente era alguien nuevo, a veces mi corredor de bolsa, mi hermano, mi hijo o simplemente loqueando con alguien a quien quería impresionar.

CAPÍTULO 4

EL FRAUDE COMIENZA-- LOS AÑOS DEL FACTOR CODICIA

Los tres socios principales en la mayoría de nuestras operaciones de bienes raíces eran Buddy, un miembro de la junta de BCCU, Clayton, un inversionista privado, y yo (yo no era miembro oficial de la junta, pero yo controlaba la cartera de los préstamos más grandes). Añadíamos a un cuarto socio de vez en cuando.

Después del primer año operando, la junta estaba muy cómoda con los éxitos de BCCU y comenzaron a traerme varios negocios para mi aprobación. Este fue el comienzo de lo que llamo los Años del Factor Codicia.

Yo estaba pasando por una especie de transformación. El cambio fue gradual a medida que me interesaba demasiado en la riqueza y su poder.

Mi esposa Mary me dijo que no confiara en los hombres con los que me había asociado en el Cabo. Nuestras familias se habían reunido a socializar en varias ocasiones. Ella vio algo que yo no vi. Ella dijo que ellos me estaban usando para su beneficio personal. No fue hasta muy tarde que me di cuenta que ella me había dado consejos sólidos.

El primer negocio fue una venta de terreno que tomó solo 20 minutos y nos produjo ganancias de $100,000 a dividirse entre cuatro en un préstamo puente. (Los préstamos puente se utilizan para compras de bienes raíces comerciales para cerrar rápidamente en una propiedad y asegurar financiamiento a largo plazo).

Me fui aceptando un negocio que me dejó $25,000. "Eso fue demasiado fácil", recuerdo haberle dicho a Clayton. En ese momento estaba tan cegado por la codicia que no estaba pensando en los asuntos de conflicto de intereses a los que me estaba enfrentando.

En este primer negocio incluimos a nuestro abogado, Ángelo, como un bono por su trabajo, y en otros negocios luego. Lo ayudamos a hacer su práctica privada muy provechosa con todos nuestros cierres de bienes raíces, así que no nos preocupamos mucho por cuidarlo.

Ángelo era un hombre brillante. Me habían dicho que era miembro de la organización Mensa (a la que solo aquellos con un IQ en el 2% superior pueden unirse). A él se le ocurrió la idea única de no divulgar que éramos los dueños creando fideicomisos de bienes raíces. Su idea fue notable. Creaba un escudo detrás del cual escondernos, tapando nuestra propiedad o participación en las propiedades.

Durante este tiempo, yo me sentía cómodo sabiendo que estos préstamos parecían ser legales. Yo sabía que había preguntas éticas sobre mi propiedad y envolvimiento personal, pero no al extremo que pudiera llevarme a casi una cadena perpetua varios años después. La ignorancia no era una excusa para mi situación particular. La estupidez y la codicia estaban en la primera fila de mi locura.

Los dineros ganados de estas transacciones se depositaban nuevamente en BCCU en certificados de depósito (CDs). Durante estos años yo estaba recibiendo el 18% de interés. En el 1986 había acumulado a través de negociaciones en los mercados de acciones y bonos alrededor de dos millones de dólares en CDs antes de comprar nuestra casa construida alrededor del 1690.

Durante los 1980's solo había dos lugares en los Estados Unidos que le daban a los fideicomisos de bienes raíces la capacidad de que el fideicomisario no fuera un beneficiario del mismo: el territorio autónomo de Massachusetts y Washington, D.C. Ambos lugares aún funcionan de la misma manera.

El fideicomisario del fideicomiso tomaba fondos prestados de BCCU legalmente con el propósito de efectuar una compra de bienes raíces. Usábamos sus estados financieros y buen crédito para obtener el préstamo. Él informaba que él era el fideicomisario y lo verificaba produciendo los documentos apropiados.

No le divulgaba quiénes eran los beneficiarios al prestamista, y al momento, nadie se lo cuestionaba. La cooperativa de crédito asumía que el fideicomisario era también el beneficiario. Si BCCU hubiera preguntado, estoy seguro que se hubiera producido una declaración falsa.

Un año más tarde, los auditores requirieron que se incluyera una lista de los beneficiarios en nuestros paquetes prestatarios. Se sometió una lista fraudulenta donde aparecía el fideicomisario como beneficiario del fideicomiso.

Utilizamos al fideicomisario como cómplice, o como lo describió el fiscal durante el juicio un "prestatario de paja". El fideicomisario no tenía propiedad en el fideicomiso ya que los beneficiarios no divulgados estaban escondiendo a los verdaderos propietarios. El fideicomisario tomaba fondos prestados para nosotros. O a veces, usábamos amigos, empleados o parientes para coger los préstamos. Los recompensábamos más adelante con dinero en efectivo o favores por dejarnos usar su crédito. Yo estaba protegido. Mi nombre nunca fue divulgado. En todas estas transacciones solo los del círculo interno sabían que yo era propietario en estas transacciones de bienes raíces.

Cuando llegaba el momento de las consecuencias contributivas, cada uno de los beneficiarios radicaba con el Servicio de Rentas Internas (IRS, por sus siglas en inglés). Nuestros contadores completaban las formas contributivas necesarias para divulgar nuestra propiedad para poder tomar la ganancia, pérdida o deducción de la transacción.

Yo llevaba los libros contables para todos nuestros fideicomisos de bienes raíces y era muy meticuloso en estipular cada céntimo de ingreso y gastos para cada propiedad. Yo aprendí temprano en mi carrera de contador que uno no quiere ser pescado por el IRS. Nuestros récords contables estaban al día. El jurado, durante el juicio, escuchó que yo llevaba récords excelentes.

Así que en esencia, la gran diferencia entre Massachusetts y Washington D.C. y todas las otras áreas de la nación es poder esconder la propiedad de los beneficiarios del fideicomiso de bienes raíces.

Un beneficiario puede ir y venir según su voluntad. Cada transacción solo revela al fideicomisario; la divulgación corriente de las transacciones no ocurre hasta que el individuo radica sus contribuciones anuales. En algunos casos, con extensiones normales, podría tomar hasta dos años en averiguarse quiénes eran los beneficiarios de un fideicomiso particular.

Sería interesante examinar las transacciones de fideicomiso de bienes raíces de DC y trazar al fideicomisario y a los beneficiarios corrientes para asegurar que nuestros políticos no estén envueltos en estos tipos de transacciones. Es una manera extraordinaria para esconder cosas.

Yo espero que los bancos y las cooperativas de crédito hayan parado la práctica de prestarle dinero a los fideicomisos de bienes raíces ya que estas entidades son una manera para esconder el fraude.

Después del primer negocio exitoso, muchos lo siguieron rápidamente.

Cada mes aparecía otro negocio que no podíamos rechazar. A uno de nuestros socios desarrolladores le encantaba encontrar gangas: nos mantenía ocupados. Estábamos definitivamente fuera de control y haciendo malabarismos con más transacciones de las que me hubiera gustado.

La codicia de nuestro grupo seguía creciendo mientras clamábamos por más de la cantidad limitada de fondos disponibles. Otros miembros de la junta fueron testigos de lo que estábamos recibiendo y añadieron sus transacciones personales.

Yo me sentía mal por Penélope; ella no podía controlar el apetito de todos los que buscaban un negocio prestatario interno. La política se ponía insoportable en ocasiones. Nuestras reuniones semanales de la junta se convirtieron en "¿y qué hay para mí en esto?". La cosa se puso tan mala que algunos no venían a las reuniones a menos que tuvieran préstamos pendientes. Era todo sobre mí para todos.

El portafolio de préstamos de BCCU comenzó a crecer y había fondos disponibles para coger proyectos de más de medio millón de dólares.

Negocios más grandes nos llegaban con algunos proyectos en exceso de cuatro millones de dólares. Buscando una manera de ayudarme a mí y a mis socios, descubrí que las regulaciones de la NCUA proveían un método para que las cooperativas de crédito se unieran a otras para prestar fondos conjuntamente.

Así comenzó el envolvimiento de DCU en el "programa de préstamos participatorios." La junta de DCU, bajo mi recomendación, aceptó tomar el 90% de los préstamos de BCCU y ponerlos en nuestros libros a la mayor tasa prevaleciente. Esto ayudó a DCU con su exceso de efectivo disponible, que en esos momentos estaba dando ganancias mínimas. La junta se alegró de prestar dinero a un 12% de interés y recibir lo que ellos pensaban era una inversión sólida.

CAPÍTULO 5

AUTORIDADES ENGAÑADAS

E ngañé a la junta de DCU.

Ellos, como la NCUA, confiaban en mí mientras yo cometía fraude a mayor y mayor grado. Hasta nuestros auditores nacionales pensaban que estábamos haciendo lo correcto con estos préstamos.

Personal regional de la NCUA había amado la idea de una cooperativa de crédito comunitaria en el Cabo. Los examinadores locales nos habían ayudado grandemente a llenar la documentación necesaria para la creación de BCCU y estaban contentos de que yo estuviera envuelto. Mi reputación era impecable. Mi récord de quince años era intachable y mi integridad sin reproche, o al menos eso pensaban ellos.

No fue hasta que los examinadores de la NCUA descubrieron el fraude de nuestra empresa privada que se dieron cuenta de lo que realmente estaba sucediendo. Aquí fue que entraron en juego los controles internos pobres.

El factor de confianza personal tenía más peso que las prácticas sólidas de préstamos con verificaciones independientes. DCU y BCCU no cumplían con la filosofía "cuando tengas duda, reta". Como uno de los fundadores originales, yo era admirado e invencible en algunas de las juntas: ellos aceptaban lo que yo les dijera cada mes. Me convertí en tan buen mentiroso, que hasta yo me creía mis historietas.

Esto es extraño viniendo de mí 25 años más tarde, pero es la triste, triste realidad.

Era una manera terrible de manejar una operación, pero yo creé esta atmósfera en mis años de trabajo honesto y con la máxima integridad. Después me di cuenta que yo tenía dos conjuntos de libros sobre integridad. Uno para mí (en el que yo creía que estaba bien) y otro en el que le exigía a todo el mundo un estándar más alto.

BCCU en cinco años tenía sobre $70 millones en activos y alrededor del 95% de esos dólares se prestaron a través de préstamos de bienes raíces y personales. Yo tenía mi alcancía privada.

Mis socios y yo éramos codiciosos. Tres de nosotros colectivamente cogimos prestados sobre $20 millones. Teníamos terrenos, edificios profesionales, casas, moteles y desarrollos de vivienda en varios estados. No había nadie que nos dijera, "¡Más despacio! ¡No! ¡Paren!"

Cuando los reguladores de la NCUA finalmente tomaron control de BCCU, sobre el 74% del portafolio de préstamos eran negocios internos. Estos préstamos se podían trazar a miembros de la junta, familiares, asociados y amigos.

Al comienzo, las propiedades se vendían o se transferían a otros bancos rápidamente, pero después del Acta de Reforma Contributiva del 1986, nuestro imperio comenzó a mostrar señales de debilidad.

La porción del Acta que nos afectaba directamente fue la limitación personal de $25,000 en deducciones por intereses por propiedad de bienes raíces. La mayoría de nuestras ventas iban a inversionistas que estaban comprando nuestras casas nuevas como propiedades de alquiler. Una vez el Acta Contributiva tomó efecto, la venta de casas nuevas se nos secó. Esto puso una carga fenomenal sobre nosotros que nos llevó al esquema Ponzi que derrumbó toda nuestra conspiración.

Teníamos que cubrir pagos de intereses mensuales de $200,000. Dadas las ventas lentas, nos vimos forzados a refinanciar muchas de nuestras propiedades, creando mayor deuda: una bola de nieve se convirtió en una avalancha.

Hubo que preparar nuevos estados financieros creando más fraude. El esquema Ponzi creció. Mi trabajo era falsificar los estados financieros del fideicomisario. Trabajar con Penélope se convirtió en una labor ingrata semanal.

Préstamo delincuente tras préstamo delincuente caían uno sobre el otro. Era difícil mantenernos a flote. Me asombra que lo hicimos por cinco años antes de ser descubiertos.

En algunos casos, nuestros prestatarios fideicomisarios estaban insolventes. Yo los hacía ver como superestrellas con la creación de nuevos estados financieros que tenían muy poca semejanza a la realidad. Me convertí en el hombre que cortaba y pegaba. Usando estados financieros de buenos prestatarios, yo le pegaba sus números a los estados de los prestatarios pobres.

Los estados financieros finales se veían bien, pero si alguien los hubiera tratado de verificar hubieran descubierto el fraude. Nuestro comité de préstamos internos de la junta aprobaba los préstamos y la junta de DCU aceptaba todas mis recomendaciones.

Había sido demasiado fácil cometer fraude… demasiado fácil.

Nuestro plan, dirigido por unos pocos seleccionados, continuaba, mientras tratábamos de frenar nuestros préstamos. Trabajamos fuerte para esconderle nuestro fraude a los auditores de la NCUA y no fue hasta que hicimos una decisión bancaria en propiedad que levantamos una alarma que llamó a los examinadores a estudiarnos con más cuidado. De no ser esta mala decisión, hubiera sido otra la que causaría nuestro fin tarde o temprano.

Uno de nuestros fideicomisarios tenía un abogado, Austin, que cogía dinero prestado de BCCU. Este era otro tentáculo de tener una organización en constante crecimiento: muchos desconocidos querían un pedazo del pastel.

El portafolio de cuentas delincuentes de BCCU crecía más y más cada mes, a medida que muchos en el Cabo sufrían por la baja en préstamos de bienes raíces. Austin, abogado de bienes raíces, no era la excepción y se retrasó 90 días en la hipoteca de su casa. Penélope lo llamó repetidas veces sin obtener resultados. Me preocupó que todo nuestro portafolio se fuese en esa dirección.

En la reunión de la junta discutí nuestro creciente portafolio de préstamos delincuentes con los miembros de la junta de BCCU. Les dije que durante la próxima auditoría de la NCUA no se vería bien si manteníamos una proporción de 15% en préstamos delincuentes. Todo el mundo estuvo de acuerdo en llamar a sus familiares, amigos y socios que tuvieran atrasos. Clayton tomó la responsabilidad de llamar a Austin y explicarle la importancia de poner su préstamo al día.

Austin nunca puso su préstamo al día. En vez, le notificó a los auditores de la NCUA sobre algunas de las transacciones de negocios de BCCU sin mencionar su situación personal.

Desde su llamada inicial, se comenzó a desenredar toda la operación.

En enero de 1991 los auditores de la NCUA llegaron a DCU para comenzar una profunda investigación de nuestros negocios.

¿Los resultados?

Me despidieron. La NCUA tomó control de BCCU y desenmarañó toda la operación en marzo del 1991. Despidieron a todos los empleados de BCCU. Penélope y el tesorero se convirtieron en testigos estrellas para fiscalía en la investigación gubernamental. Por su cooperación recibió seis meses de prisión. Buddy fue sentenciado a 15 años, Ángelo, el abogado, a 10 años y Clayton a tres.

El Fondo de Seguro de la NCUA le devolvió a los depositantes su dinero y los que tenían préstamos pendientes tuvieron que refinanciar sus casas. Me dijeron que esto fue una gran carga porque los estándares prestatarios de nosotros eran mucho más bajos que los de otras instituciones. Algunos perdieron las casas que le habían comprado a la desarrolladora de Clayton.

Todos nuestros préstamos participatorios se vendieron a precios de quema-ropa.

Una propiedad que compramos a su valor razonable en el mercado de $1.3 millones se le vendió a un alguacil de condado retirado en $425,000. Algunos se beneficiaron del desastre, causa y efecto de un mercado de bienes raíces afectado por el fraude.

El fraude de BCCU permanece históricamente como una de las mayores pérdidas del Fondo de Seguro de la NCUA. Nuestras hazañas criminales tuvieron un impacto sobre todas las cooperativas de crédito de la nación. ¿Quién iba a pensar que las maquinaciones de un grupo de codiciosos de Nueva Inglaterra iba a tener tal impacto en la nación?

CAPÍTULO 6

¡HUYE! ¡HUYE!

La mayoría de los más altos ejecutivos no se encuentran huyendo de las autoridades federales.

Aunque no me di cuenta al principio, descubrí cuán frío y calculador podía ser en mi trato con los demás.

Hasta mi nombre, *Mangone* (pronunciado "mangoni") se puede dividir en dos palabras *"man gone"* (hombre desaparecido) y en eso me convertí. No pudiendo enfrentarme a una condena de 24 años en prisión, escogí huir de mi vista de sentencia y abandonar mi fianza personal de $50,000.

¿Cómo sucedió?

Yo había tenido uno de los mejores trabajos de los Estados Unidos. Como Director Ejecutivo Principal/Presidente de la Cooperativa de Crédito Federal de los Empleados de Digital (DCU, por sus siglas en inglés), yo estaba en la cima del mundo con pocas preocupaciones con excepción de las actividades diarias en la vida de un banquero, esposo y padre. Yo sabía que estaba en el 1% superior de los éxitos mundiales. Amaba el hecho de que lo había logrado.

Mis decisiones fueron de mal en peor hasta totalmente nefarias en los meses que pasaron.

En enero de 1994, mi abogado, Bill, me dijo lo que el fiscal le había dicho sobre mi sentencia. Estaba trabajando en mi garaje en un nuevo negocio que había desarrollado para vender objetos de interés deportivo oficialmente licenciados por la NBA y la NHL.

Era invierno y la tierra estaba congelada con una cubierta fuerte de nieve, nada nuevo en Norwell, Massachusetts, donde mi esposa y yo habíamos reconstruido una casa hermosa. El día había traído cierta calidez y esa tarde una fuerte neblina tornó el terreno casi tenebroso a la vista.

Pasamos una hora en el teléfono discutiendo los detalles de la Guía Federal

19

de Sentencias. Mi ropa liviana me dejó con una frialdad que sentí hasta en lo más profundo de mi alma.

Busqué refugio en mi garaje con calefacción para tratar de eliminar el temor frío que estaba acechando mi cuerpo. Antes de entrar al garaje, pensé que era el escenario perfecto para recibir estas noticias-- el desarrollo de una historia de horror, un enclave perfecto que haría sonreír al más malvado de los villanos del cine.

Bill dijo que de acuerdo al fiscal yo estaría en prisión hasta los 73 años.

¡NO HAY MANERA!

¡NO HAY MANERA!

¡NO HAY MANERA!

¡Yo iba a HUIR!

Cualquier cosa sería mejor que una vida desconocida en prisión.

La mente es algo asombroso, tan poderosa, pero tan destructiva si no se canaliza apropiadamente. Cada día, por semanas, repasaba mis planes. Ninguna vaca rumiando en un campo de hierba, masticaba las cosas tanto como yo.

Con un grillete de la Oficina Federal de Probatoria en mi tobillo, yo estaba confinado a mi casa. Solo podía caminar 600 pies del monitor principal. Más lejos y activaba una alarma en la compañía de monitoreo.

Vivíamos en una mansión originalmente construida en el 1690, rehabilitada y expandida en el 1829 y nuevamente por mi esposa, Mary y por mí en el 1986. La compramos por $530,000 en efectivo y nos gastamos otros $600,000 en renovaciones. A los pocos meses recibí una primera hipoteca de DCU para volver a tener liquidez para invertir en el mercado de bonos y valores.

Aunque la casa era un vertedero para el dinero, como la película "The Money Pit" de Tom Hanks y Shelley Long, era hermosa y estábamos muy orgullosos de ella.

La casa antigua volvía a mi oficial de probatoria loco. Las paredes tenían mallas de alambre de la construcción del 1800, que intervenían con el monitor que me controlaba. Probatoria tenía que llamar a verificar que estaba en la casa, hasta en las madrugadas mientras dormíamos.

Era una molestia, pero dada la alternativa de estar en la cárcel, yo abrazaba el estar confinado en la casa con su semblanza de libertad. Fue más adelante cuando me di cuenta de cómo el brazalete me daba la maravillosa libertad de estar en mi casa con mi familia y amigos que me podían visitar regularmente.

Mirando atrás a esos tiempos, no era tan malo. Tenía a mi esposa y a mi hija conmigo. Podía trabajar y ser constructivo en algo que valiera la pena.

Para ayudar con mi frustración, pagué para actualizar una unidad de refuerzo en mi casa que ayudara a mejorar la vigilancia sobre mi localización en el perímetro aprobado. Para mi desaliento, la unidad de refuerzo no añadió poder. El monitor continuaba teniendo problemas, pero yo aprendí a vivir con él , riéndome de los oficiales de probatoria y sus llamadas matutinas a mi casa. Realmente trabajan 24/7, contrario a muchos de sus contrapartes. Yo cogía todas las llamadas diligentemente y era muy obediente con las restricciones que me tenían. No me atrevía a hacer nada que me hiciera perder mis privilegios limitados.

Como tuve que entregar mi pasaporte, no podía buscar asilo en Europa. Aunque esto no me paró en tratar de sacar a las autoridades de curso haciendo múltiples llamadas a un conocido que tenía en Austria.

Todo lo que hacía estaba fríamente calculado, hasta el más mínimo detalle.

Estudié mapas de los Estados Unidos. Escogí a Birmingham, Alabama como mi decisión final sobre dónde comenzar una nueva vida.

Estaba cerca del centro de los Estados Unidos. Si necesitaba una salida de emergencia, podía utilizar todas las avenidas de viaje, incluyendo el tren. Nunca llegué allá, pero era donde quería comenzar mi nueva vida bajo un nuevo nombre.

No compartí mis planes con nadie, ni siquiera con mi esposa Mary. No quería ninguna oportunidad de ser capturado por algo que yo dijera. Ella sabía que estaba pensando huir, pero no conocía los detalles.

Le dije una y otra vez que no podía vivir en prisión.

Tenía miedo de morir en prisión.

Las incertidumbres creadas en mi imaginación se convirtieron en mi realidad.

En la caja fuerte de mi casa tenía $264,000 que había acumulado disponiendo de algunos de mis activos. En un punto, tenía $1.5 millones en acciones, pero esto lo había reducido tontamente apostando, tratando de lavar mi portafolio de acciones, en un negocio fallido de telemercadeo y dos años de gastos viviendo mientras esperaba juicio y sentencia.

El que me encontraran culpable no fue una sorpresa. Cuando primero conocí a Bill, mi abogado, él me preguntó, "¿Qué piensas lograr con este proceso?"

Yo le dije, "Comprar tiempo."

Bill y yo nos conocimos en su oficina en la ciudad de Nueva York el 25 de marzo de 1991. Me lo recomendó un antiguo conocido retirado de la cooperativa de crédito y contratado por la oficina de Bill para expandir su negocio en el campo de las cooperativas de crédito.

Yo tomé el tren suburbano de Boston a la estación Grand Central en Nueva York y caminé par de bloques para conocerlo. Fue ahí que comenzamos nuestra estrategia de ganar tiempo y reducir la velocidad de los procedimientos en corte.

Yo quería montarle un negocio a Mary para que ella pudiera ganarse la vida sin mí. Los dos años para el juicio y las vistas, me dieron tiempo suficiente para planificar el futuro de mi familia.

El día de la partida llegó muy pronto. La limusina negra estaba estacionada al lado de la casa y mi nueva vida iba a comenzar.

La corte me permitió ir a Nueva York a reunirme con Bill. Mis planes no estaban en acorde con lo que me aprobaron, pero yo necesitaba el tiempo para HUIR.

Varias semanas antes de salir de mi casa en Norwell, Massachusetts, me habían autorizado a asistir al velorio de mi tío Al, quien se ganaba la vida poniendo pisos de linóleo en cocinas y baños. Tío Al nos hacía reír a todos. Su actitud era de la vieja Italia con tantas malas palabras en su vocabulario como hay consonantes en inglés. Era un tipo como *Archie Bunker* antes de que Hollywood creara a ese personaje.

Mientras compartía recuerdos con mis primos Paul, Lenny y Tommy en la funeraria, en el piso sobre el ataúd de tío Al, nos empezamos a reír tan fuerte de nuestros cuentos, que la gente de luto abajo, subieron a ver cual era el revolú.

Una vez aprobado mi viaje al velorio en East Boston, me acompañaron mi esposa Mary, mi mamá Pearl y mi hermana Donna. De regreso, paré un momento en el Aeropuerto Internacional Logan, que queda a una corta distancia de East Boston, donde yo crecí.

Compré un boleto aéreo. Escogí American Airlines porque ellos tenían buen servicio de Boston a lugares en todas direcciones. Usé mis millas de viajero frecuente para comprar un boleto de una vía a Nashville, Tennessee.

Otro punto en mi lista de partida completado.

Mi próximo paso era destruir todos mis récords en la casa. Envié a mi sobrino Billy a comprar un dron de acero galvanizado de 55 galones. Durante las próximas dos semanas quemé muchos años de récords personales y empresariales que tenía en mi estudio. Dadas las temperaturas invernales, el fuego era bienvenido mientras le echaba récords de fideicomisos y estados financieros a la brasa. Cuando terminé, no quedaba nada excepto algunos récords familiares que Mary necesitaría sin mí.

Las cortes querían que yo entregara todos mis récords. Me rebelé y tomé el camino fácil quemándolo todo. En retrospección, ellos tenían todo lo que necesitaban por mis socios, así que la información adicional era un remate.

Cada día yo trabajaba unas 15 horas en el garaje con mi sobrino Billy. Los días largos me permitían estar fuera de la casa, excepto para comer y dormir.

CAPÍTULO 7

UNA PÉRDIDA COMO NINGUNA

A pesar de todo mi mal comportamiento, la familia era una parte esencial de mi ser, aunque a veces no lo demostrara. Mary era una mamá tan comprometida, que yo podía estar fuera sin preocuparme la mayoría del tiempo. Pero como todo padre sabe, los hijos van a encontrar diferentes tipos de travesuras. Douglas, en general, era un hijo obediente, pero como la mayoría de los niños, no era una excepción.

No le pegábamos ni a Douglas ni a Jessica. La primera y única vez que le saqué la correa a mi hijo, tenía 12 años y me dio razón. Él y un amigo, vecino de al lado, estaban jugando detrás de las casas a principios de la primavera. Había habido poca nieve y lluvia esa temporada; las hojas y agujas de pino estaban muy secas.

Los chicos estaban jugando con fósforos y un fueguito que prendieron se salió de sus manos hasta que un cuarto de cuerda de bosque estaba cubierto en llamas. El departamento de bomberos local apagó el fuego antes de que tocara ninguna de las casas.

Me enteré de esto cuando llegué a casa, llevé a Douglas arriba y le di varios correazos. Se que es un cliché decir que me sentí peor que él, pero tuve la esperanza que la correa lo ayudara a recordar las consecuencias de las acciones tontas que hacemos a través de nuestras vidas.

Quizás mi vida hubiese sido diferente si me hubieran dado un par de correazos.

Mary no estaba contenta conmigo mientras abrazaba a Douglas alejándolo de su padre malo.

En otra ocasión cuando Mary y yo viajamos a Puerto Rico por una semana de negocios de la cooperativa, dejé a mi madre, Pearl en casa a cuidar a Douglas, quien tenía 18 años, y a Jessica que tenía 11.

Douglas amaba todos los carros veloces que había en el garaje, especialmente el Ferrari, mi tesoro.

Aproximadamente cuatro semanas más tarde, estaba revisando mi correspondencia cuando abrí una carta del departamento de mantenimiento del Colegio Roger William. Una nota escrita a mano decía, "Sr. Mangone encontramos la matrícula de su Ferrari de 1986 en el estacionamiento de estudiantes cuando estábamos limpiando los predios."

Estaba desconcertado.

Le pregunté a Mary.

Ella no sabía nada.

Llamé a Douglas a la escuela.

Como la mayoría de las madres sobreprotectoras, Mary no me decía algunas cosas sobre las actividades de Douglas. Ella se imaginaba que yo iba a ser muy fuerte con él y prefería manejar el día a día.

No fue hasta la próxima semana cuando Mary y yo habíamos salido con unos amigos que me dijo lo que había ocurrido.

Me chocó entonces y todavía me choca. Mi madre de 81 años estaba cuidando la casa y a mis hijos cuando Douglas decidió tomar prestado mi Ferrari y llevárselo a Rhode Island a echárselas con unos compañeros de clase.

Cuando voló el embrague, el carro se quedó al lado de la carretera al lado del colegio.

Douglas se dio cuenta de que estaba en problemas e hizo lo que pudo para resolver. Llamó a un distribuidor de autos amigo mío. El dueño, Russell, le envió una grúa de plataforma a Rhode Island para que lo llevara a su garaje en Massachusetts.

¿El costo de la grúa y el mantenimiento del embrague?

¡$373!

Douglas, que no tenía los fondos para pagar esto, tuvo que encontrar una solución.

Era la primavera del 1987. Aún estábamos trabajando en las mejoras a nuestro hogar. Había un edificio separado a unos 20 pies de la parte trasera del edificio principal. Nuestro plan era mover la estructura y pegarla al lado de nuestra casa para expandir el área de vivienda y crear un cuarto de entretenimiento para la familia.

Los chicos crearon un plan para levantar fondos el primer fin de semana mientras Mary y yo estaríamos fuera.

Compraron un barril de cerveza e invitaron como a ochenta de sus amigos a la casa y les cobraron $5.00 el vaso. Estoy seguro que la mayoría eran menores de 21 años, lo que crea más asuntos que, gracias a Dios, nunca ocurrieron.

Mientras tanto, Abuela estaba ajena a todo. Cómo ella nunca se enteró me deja bobo, especialmente con todo el tráfico y los chicos manejando dentro y fuera de la marquesina. Si la escuela no me hubiera enviado los papeles del carro, yo nunca me hubiera enterado tampoco.

Semanas más tarde compartí la historia con algunos de mis socios y uno rápidamente respondió. "Es obvio que la manzana no cae lejos del árbol." Mi vida era emocionante y yo vivía al margen, así que quizás, solo quizás, mi hijo salió a su querido papá.

La peor pesadilla que le puede ocurrir a un padre nos sucedió a las 12:35 de la madrugada de Año Nuevo 1991.

El timbre en la puerta del lado nos levantó.

Yo bajé y vi a un sargento del departamento de nuestra policía local.

Cuando desarmé la alarma para abrir la puerta, pude ver por su expresión que algo estaba muy mal. Suavemente me dijo que Douglas había estado en un accidente y que no estaba bien. "Vaya al Hospital South Shore inmediatamente."

Mary se desplomó cuando se lo dije. Nos tomó un ratito componernos.

Nos vestimos y manejamos aproximadamente 12 millas, como 25 minutos al hospital. Se sintió mucho más largo.

En la sala de emergencias del hospital, nos dijeron que fuéramos a Boston, al Hospital Brigham and Women's (BWH, por sus siglas en inglés). El joven doctor tenía mucha tristeza en sus ojos. Douglas había tenido que ser transportado en helicóptero a Brigham and Women's en Boston. El cuidado de trauma era su única oportunidad. BWH está catalogado entre los mejores 10 hospitales de la nación.

Pero sabíamos que teníamos pocas esperanzas. La médula espinal de nuestro hijo se había cercenado en el cerebro y hasta bajo el mejor de los mejores cuidados médicos, los doctores no pudieron ayudarlo.

Fuimos en silencio total los 35 minutos que nos tomó llegar a la ciudad. Estábamos impactados. No teníamos nada que decirnos.

Era una noche fría y húmeda cuando me estacioné frente a la sala de emergencias. La enfermera en el escritorio nos dijo que fuéramos al cuarto piso a indagar sobre la condición de Douglas.

Arriba, nos recibió un doctor de sala de emergencias que me llevó a la habitación donde yacía Douglas en soporte vital. Vi que su diente del frente estaba partido por la mitad. Su cuerpo inerte estaba cubierto por una sábana azul cielo.

No había absolutamente nada que yo pudiera hacer por él. El doctor me dijo que al impactar, Douglas salió volando por el techo solar del vehículo y su espina se cercenó en el cuello.

Aparte del diente partido, no había ninguna otra herida visible en su cuerpo.

Mary entró después de mí, acompañada por el doctor.

Durante las próximas horas toda mi familia inmediata y amigos cercanos llegaron al hospital. Aproximadamente 25 personas se apiñaron en la pequeña sala de espera. Mi madre Pearl estaba visiblemente afectada, al igual que la mayoría de la familia.

Aquellos que podían orar lo hicieron, pero yo no tenía la fuerza ni el conocimiento de cómo orar.

Después de varias horas, el doctor regresó y me pidió que lo acompañara a donde estaba Douglas. Entonces me dijo que la licencia de conducir de Douglas no hacía referencia a donar su cuerpo para propósitos médicos en caso de muerte. Yo sentí que esta era una petición extraña viniendo del doctor que me preguntó si yo consentiría a donar el cuerpo de mi hijo al hospital.

"¡No!" Yo no podía pensar en esos términos, mucho menos tratar de procesar la petición.

Mary estuvo de acuerdo con mi decisión y enterramos a Douglas unos días después. Cientos de jóvenes vinieron al velorio y asistieron al funeral de Doug. Había sido un joven popular que jugaba fútbol en intermedia y superior. Muchos de los locales lo conocían y habían asistido a las mismas escuelas desde el kindergarten.

En los próximos días aprendí de la policía que Douglas estaba manejando muy rápido mientras hacía un viraje en una carretera local que estaba cubierta de hielo negro. Perdió el control y se fue hacia la derecha de la carretera, chocó con una pared de piedras de tres pies de alto y salió volando como ocho pies en el aire hacia un árbol. Su techo de sol parecía estar algo abierto, ya que el impacto causó que Douglas saliera por este antes de caer a la tierra.

Estaba como a milla y media de casa. Él y varios amigos habían estado celebrando el nuevo año en casa de otro amigo. Douglas estaba camino a casa cuando se mató. Es un hecho conocido que muchos accidentes fatales automovilísticos ocurren cerca del nido.

Nuestras vidas nunca serían las mismas desde ese día.

Por años me eché la culpa por haberle comprado a Douglas un BMW. El carro era demasiado rápido para un joven, pero era lo que él quería y yo nunca le negué a mis hijos sus grandes deseos.

En 1991, Mary perdió a los dos hombres de su vida de formas diferentes: a Douglas en el accidente automovilístico y a mí por mi cargo varios meses después.

A través de nuestro matrimonio ella fue un ama de casa profesional; no solo horneaba galletitas, sino que le cosía disfraces de Halloween a los chicos y hacía mil cosas que tornaban nuestra casa en un hogar. Me aguantaba a mí, pero nunca sufrió en silencio. Ella siempre me decía lo que pensaba.

Pero ahora había silencio. Tras la muerte de nuestro hijo, ella nunca volvió a ser la misma. Su familia era su todo.

Yo comprendí porque se encerró en la pintura, produciendo canvas tras canvas. Yo pasaba por su área de trabajo. Ni siquiera subía la vista.

Cada día trabajaba por más de 12 horas, a veces olvidándose de cocinar o de comer algo hasta muy tarde. Nuestra pérdida fue demasiado dolorosa para discutirla. Yo me ahogué en mi dolor con mi nuevo negocio de placas y ella con sus pinturas.

CAPÍTULO 8

DE CAMINO

Abandonar a Mary aquel viernes por la mañana, el 11 de febrero de 1994, no fue fácil, sobre todo tan cerca de la muerte de Douglas. Ella estaba sentada en la cocina en sus pijamas favoritas de listas azules y blancas. Lloró cuando la besé en despedida. Pensamos que podría ser la última vez que nos veíamos.

Solo sabíamos que era hora de yo HUIR.

¡Qué decisión tan egoísta tomé, dados los 25 años de matrimonio y una vida compartida!

Yo había empacado todo lo que pude meter en mi maleta y bulto de mano. Bajo mi camisa y suéter pesado tenía una camiseta con 13 bolsillos cosidos. Ahí había puesto 13 paquetes de billetes nuevos de $100 para un total de $130,000. Los conseguí lavando mi dinero de la bolsa a través de juegos de azar en Las Vegas. Tenía $2,000 más en el bolsillo de mi pantalón para gastos inmediatos del viaje. ¡Qué extraño saber que no podría usar mis tarjetas de crédito! Sería un hombre de efectivo solamente.

Mi billetera contenía licencia de conducir, tarjetas de crédito (para emergencias) y tarjeta de seguro social, que yo más tarde escondería en mis efectos personales en caso de que las necesitara. Sabía que si las utilizaba los agentes y el FBI podrían localizar al *man gone,* al hombre desaparecido, huyendo, fácilmente.

Emily, la chofer de la limusina, me esperó al lado de mi puerta, mientras yo abandonaba mi casa hacia un nuevo mundo huyendo. Ella era la chofer regular de la compañía que yo utilizaba para mis varios viajes afuera. Mi maleta de cuero marrón claro estaba pesada y la ayudé a meter la maleta y el bulto en el baúl. Eran las 5 de la mañana. Mi vuelo a Nashville, Tennessee estaba pautado para las 7.

Como estaba nevando, Emily tuvo dificultad saliendo en reversa de mi marquesina resbalosa a la calle. Sentado en el asiento de atrás, mis emociones cubrían una gama enorme: temor, emoción, tristeza. Con una aceptación firme de que no tenía alternativa.

Compré una navaja de un solo filo para cortar el grillete de la oficina de probatoria. El brazalete de plástico fuerte alrededor de mi tobillo era doloroso, sobre todo cuando trataba de dormir. A veces se sentía como un yeso para un hueso partido.

¡Qué alivio!

Corté la banda y puse la caja negra en el bolsillo de mi abrigo.

La nieve acumulándose en la carretera estaba causando que los carros redujeran la velocidad en su trayecto matutino a la ciudad.

Emily estaba callada; usualmente hablábamos, pero hoy ella estaba concentrada en la carretera. Yo solo permanecí sentado mirando por la ventana el tráfico y la nieve.

Cuando llegamos al Aeropuerto Logan, temí que hubiera atrasos. La nieve estaba cayendo cada vez más fuerte. Mi primera orden del día una vez me saliera del carro era botar el grillete en el primer basurero que encontrara por la puerta según entrara al vestíbulo principal del aeropuerto. Escuché como el pesado grillete tocó el fondo de metal, como el sonido simbólico de mi campana de la libertad. Estaba en control de mis movimientos después de demasiado tiempo.

Verifiqué mi puerta de embarque en los monitores.

No me sorprendí de que mi vuelo estuviera retrasado una hora; una hora que no quería estar en el vestíbulo del aeropuerto.

Necesitaba cualquier vuelo que fuera hacia el suroeste. El único vuelo a tiempo y listo para salir iba para Dallas. Cambiando mi boleto, nuevamente usé mis millas de viajero frecuente para cubrir el aumento en precio.

Sabiendo que la transacción se podía descubrir, estaba consciente que no me podía quedar en Dallas, pero me tenía que mover a mí plan original de moverme hacia el centro de la nación.

Aterricé en Dallas tres horas y media más tarde. Ya estaba tarde para reportarme con mi abogado. Cogí un taxi del aeropuerto de Dallas/Fort Worth a Arlington, Texas, aproximadamente a 11 millas de distancia.

Primero tenía que comprarme un par de horas más antes de que las autoridades se enteraran de que ya no estaba. Desde el vestíbulo del hotel llamé a la oficina de Bill el abogado y le expliqué a su secretaria que estaba detenido en Boston a causa de la nieve. Le dije que estaría en Nueva York más tarde esa tarde para nuestra reunión. Mentir ya me era tan fácil y cómodo, como ponerme un par de botas bien usadas.

Después de acomodarme en mi habitación, bajé a ver si había manera de llegar a Houston. Después de hablar con la secretaria de Bill, me di cuenta que no tenía mucho tiempo y necesitaba más distancia del área de Dallas/Fort Worth. Mis movimientos eran como un juego de ajedrez con las piezas yendo en todas direcciones durante una partida rápida.

Un joven camarero en la barra del hotel me dio direcciones a Houston. Después de una charla corta sobre deportes locales, lo convencí de que me llevara a Houston por dinero. Yo no podía alquilar un carro sin usar una tarjeta de crédito. Me dijo que estaría libre en una hora, pero que me recogería a las 3:00 de la tarde con su novia.

A la hora acordada, lo esperé fuera del hotel sin haber formalizado mi partida. Ya había pagado por adelantado. Los muchachos me recogieron en un Mustang viejo amarillo con una línea negra. Yo me senté atrás en silencio.

La joven pareja habló de que vivían en un apartamento y sus planes de comprar su primera casa. Me trajo a la memoria mis primeros años con Mary y toda la emoción y alegría que nuestros sueños de comprar una casa nos habían traído. ¡Cómo me hubiese gustado recapturar aquellos días!

Llegamos a Houston a las 7:00 de la noche, a tiempo para yo encontrar un lugar donde comer. Invité a los muchachos pero me dijeron que tenían prisa de regresar a casa. Su recompensa fueron $300 en efectivo por aproximadamente 8 horas de viaje.

Disfruté de una cena china en un restaurante local. Después de cenar, el dueño me llamó un taxi y de allí descubrí un hotel local de precio medio. El tratar de mantener un perfil bajo era difícil. Por mucho tiempo yo había vivido de prisa y con el dinero fluyendo. No tenía la menor idea de cómo ser frugal.

Esa noche, en Houston, me sentí suficientemente seguro para visitar algunos negocios nocturnos. Mi primera parada fue un club desnudista, el tipo de local al que me había acostumbrado durante mis años exitosos. Es como un cerdo vestido en etiqueta para una cena en el Departamento de Estado, pero después del evento el cerdo regresa a su zona de confort en el lodo y la basura de su hábitat, aunque yo nunca lo pensé así en aquella época.

Después de varias horas sentado con una joven, la invité a almorzar el día siguiente. Fue fácil. Parecía un hombre de recursos con mi reloj Rolex y mis cientos en efectivo.

Al día siguiente, para lucirme, la llevé al Ritz pensando que podía impresionarla y usarla como un lugar donde quedarme sin que me hiciera muchas preguntas. ¡Totalmente loco! A pesar de los 18 meses confinado en mi casa, no tenía temor.

No funcionó como lo había planeado. Los temas durante el almuerzo fueron mundanos y una vez descubrí que su vida era un desastre, entendí que no podría ayudarme. Comimos rápido y nos separamos una hora más tarde.

Yo sabía que seguir mi camino la mañana siguiente era lo mejor para mí. Como una paloma mensajera, necesitaba llegar a un lugar cómodo. Dormía como un bebé sin una preocupación en el mundo. Mirando hacia atrás, me pregunto por qué no estaba más preocupado pensando en que los agentes ya debían haber comenzado la investigación acerca de mi paradero.

CAPÍTULO 9

EN BUSCA DE MI ESCONDITE

Temprano en la mañana siguiente, volé de Houston a Nashville, Tennessee. Pagué en efectivo por un pasaje de una vía, no me cuestionaron. Nashville era donde esperaba esconderme durante el próximo año más o menos. Cuando llegué, me recogió el servicio local de autobús.

El primer motel al que llegó el autobús se vio bueno. Era un Days Inn de dos pisos con instalaciones de conferencia y restaurante en un terreno bien cuidado. Mis planes eran quedarme un par de días y explorar el área inmediata para decidir si estaría cómodo empezando aquí mi nueva vida.

Tomar una habitación fue fácil. Pagué en efectivo por dos noches. Cuando recogí mi equipaje vi un letrero grande azul con letras negras que decía, "Bienvenidos a la Conferencia de la Región Sur del FBI.".

Mi corazón se detuvo. Me pregunté qué hacer. El portero me llevó alrededor del edificio a una habitación en el primer piso en la parte trasera del hotel. Era un pequeño estudio que hubiera sido perfecto excepto por el FBI. Me tomó unos minutos antes de escuchar voces afuera de mi puerta hablando de las sesiones de la tarde de la conferencia del FBI.

¡Wow! No podía creer lo que estaba escuchando. ¿Por qué a mí?

Cuando escuché que los agentes se fueron para su reunión, recogí lo que tenía empacado y caminé hasta el frente del motel. El primer autobús que saliera era mi boleto fuera de aquí. Afortunadamente, me monté rápido en una minivan que paraba en otros hoteles locales.

Me acomodé en un lugar lujoso como a dos millas en la otra dirección, pero aún cerca del aeropuerto.

Mi nuevo lugar era suficientemente grande para esconderme. Semanalmente llegaba un grupo diferente de conferenciantes a los predios.

Después de pasar una semana allí, hice un trato para pagar $50 diarios por una suite pequeña en el segundo piso. Me quedé en este lugar por tres meses, explorando el área y conociendo gente nueva. El club nocturno en el primer piso era un buen lugar para ahorrar dinero, porque cogía los tragos gratuitos durante el "happy hour".

Hacía ejercicios todos los días en la trotadora para mantenerme ocupado. Durante los próximos tres meses, rebajé más de 30 libras y comencé a sentirme en forma.

Una mañana de un viernes en abril, mientras me ejercitaba en la trotadora, me saludaron dos hombres que usaban las máquinas a ambos lados de mí. Uno de ellos me preguntó, "¿De qué estado eres?"

"Massachusetts", le dije.

El otro me dijo, "Nosotros somos de Boston."

Yo les dije que yo era de Hyannis y que estaba en el hotel por negocios de bienes raíces.

Entonces uno dijo que era policía estatal y el otro agente de la Administración de Drogas y Narcóticos (DEA, por sus siglas en inglés). Añadieron que también estaban de negocios, pero no elaboraron.

Aquí vamos de nuevo, pensé y traté de permanecer neutral.

Hablamos de los deportes en Boston y de varios restaurantes que nos gustaban. De hecho, nos caímos tan bien que me invitaron a su sesión de ejercicios vespertina.

Yo no fui. Me quedé dentro de mi habitación durante los dos días siguientes. Un segundo encuentro con las autoridades me puso bien nervioso y me puse menos amigable durante mis ejercicios diarios.

Durante las próximas semanas, conocí a personas que me llevaron a lugares en el área y empecé a desarrollar una nueva vida. Primero, les dije que estaba buscando comprar un negocio en el área y que estaba ansioso por conseguir algo pronto.

Bill, el gerente del bar deportivo, me invitó a su casa para una barbacoa. Él era de New Haven, Connecticut y me recordaba a un hippie de los sesenta. Tenía el pelo rubio oscuro, largo hasta sus hombros; su ropa y manera de hablar me recordaban a esa era. Hasta sus discusiones sobre filosofía oriental y conceptos espirituales reflejaban esa misma cultura. Tenía una foto del entonces 14to Dalai Lama encima del librero en su oficina.

Nos hicimos buenos amigos. Su ambición era trabajar fuerte, vender su casa y mudarse a un ambiente prístino en Belice en el Caribe.

Mientras comíamos la barbacoa, Bill dijo, "Rich, puede que te interese unirte a mí y a mi sueño de abrir un club pequeño en la playa y disfrutar la vida." Me habló de tener una familia en un ambiente pastoral.

Una gran idea, que hubiera sido ideal, pero que no era una opción sin pasaporte.

Manteniendo mi acto, dije, "Gracias por la oferta, Bill, pero en este momento de mi vida no deseo hacer algo así. Mi destino es comenzar un negocio en Nashville y disfrutar lo que esta área tiene para ofrecer."

Fue una barbacoa encantadora en su casa en el lago y yo aprecié el ambiente sereno del día mientras me preguntaba sobre mi futuro.

Después de seis semanas de vivir en el hotel, comencé a pensar que tenía que haber una manera de conseguir algún tipo de identificación que me consiguiera una licencia de conducir y me permitiera abrir una cuenta bancaria. Viendo televisión un domingo por la noche *60 minutes* tuvo un programa sobre miembros mexicanos de gangas en Los Ángeles vendiendo todo tipo de identificaciones para aquellos que estaban cruzando la frontera de México hacia el sur de California, otro de esos eventos de fortuna que tendría un impacto sobre mi vida en prisión y a quienes conocería allí.

Esta pareció ser la respuesta perfecta para mí. Busqué a alguien que fuera a California y me buscara una identificación. No me sentía cómodo viajando yo mismo y bregando con miembros de gangas en Los Ángeles.

Afortunadamente, dentro de nuestro grupito, Kyle acababa de perder su licencia de conducir por manejar intoxicado. Necesitaba una licencia nueva. Kyle estaba en sus veintes y tenía un fuerte acento sureño. Era rubicundo y usualmente vestía en mahones y camisas de franela.

"Kyle, si te pago el viaje a LA, ¿estarías interesado en conseguirme una licencia? Te pagaría la tuya también."

"¡Wow! Fantástico, Rich, ¿cuándo quieres que me vaya?"

Conseguí un folleto en el gimnasio que tenía fotos de todas las identificaciones estatales. Esto era necesario porque necesitaba tomarme una foto para mi nueva licencia de California. Crear identificación falsa requiere imaginación.

Cuando vi la tela azul cielo detrás de la foto en la licencia, inmediatamente pensé en los manteles en el salón de banquetes del hotel. Tomar prestado un mantel fue fácil y me fui a tomarme mi foto tipo pasaporte. Sin hacerme preguntas, el dueño de la tienda me ayudó y me dio un par de fotos. A este punto, ya Kyle y yo estábamos pensando en nuestras nuevas licencias de conducir de California y las oportunidades que estas nos abrirían.

En cuanto a mí, ni manejando ni alquilando un auto, le dije a la gente que había perdido mi licencia en un altercado manejando borracho, algo que todos entendieron. Yo era tan buen mentiroso que me creía mis propios cuentos. Yo mostraba un aire de confianza que convencía a la gente de que era un buen tipo tratando de comenzar una nueva vida en Nashville.

Kyle regresó de Los Ángeles con dos nuevas licencias de conducir y una tarjeta de seguro social para mí por un total de trescientos dólares.

¡Yipi! Esta era la parte positiva de acomodarme en mi nueva vida en Nashville, Tennessee.

En mi mente, continuaba estando preocupado sobre mi vida de fugitivo y no me perdía un episodio del programa televisivo de los sábados por la noche *America's Most Wanted* (Los más buscados en América). No estaba seguro cuán diligentemente los federales andaban buscándome y no me podía poner muy laxo caminando por doquier como *man gone*. Pasar tiempo en la barra me ayudaba, ya que entraba a la oficina del gerente solo y veía el programa antes de que entraran los clientes de la noche. Nunca me vi en el programa.

Años más tarde, descubrí que salí en *New England's Most Wanted* (los más buscados de Nueva Inglaterra) en par de ocasiones.

A principios de junio, algunos amigos se emocionaron porque *Pink Floyd* venía en concierto. Esta fue mi primera experiencia oliendo marihuana en grande. Me acompañó una joven unos 20 años menor que yo, aproximadamente de la edad de Douglas. Sí, mi vieja osadía estaba de vuelta.

Este fue mi primer concierto de este tipo. Nunca me había interesado la música o el ambiente, pero la nueva vida tenía sus retos y tenía que impresionar a alguien que estaba encantado de ver el espectáculo. El estadio de fútbol olía terrible. Me asombré cuando miré a mi alrededor y me di cuenta que la policía local estaba parada alrededor sin decirle nada a nadie que estaba fumando tabaco de marihuana tras tabaco.

Las ansias de apostar que había adquirido unos años antes me estaban acechando. En dos ocasiones, fui a Metrópolis, Illinois, a jugar en un bote de río que viajaba varias millas arriba y abajo en el Río Ohio.

En cada viaje, llevé a una mujer diferente y a una pareja conmigo. Mi primera cita preparó una ensalada de frutas para disfrutarla mientras manejábamos las tres horas por la carretera interestatal 24 hasta la salida hacia Metrópolis.

Entrando a la ciudad, mi compañera y yo vimos afiche tras afiche sobre Súperman.

"Parece que este es su hogar," dije. Me pregunté si ella querría parar en el museo. Afortunadamente, no. Yo estaba más interesado en jugar aunque ver el periódico local mientras esperaba abordar el bote me hizo reír. Tenía el *Daily Planet* en mis manos.

Disfrutamos el evento diurno del crucero y los juegos de azar. El ambiente en el Río Ohio era pintoresco y la emoción de los turistas era electrizante. En mi primer viaje tuve suerte en los dados. En media hora me había ganado $10,300 y viendo mi buena fortuna, me retiré ganador.

Fue un placer coger esas ganancias y me sentí que había sido muy fácil. Cuando me acerqué a la ventanilla, la cajera me pidió mi licencia.

Se la di.

Me preguntó, "¿Esta es su dirección actual, Sr. I?"

Las instalaciones de apuestas rara vez mencionan tu nombre completo en público. Mi licencia falsa tenía el nombre de Richard D. Infante.

Le contesté afirmativamente con la cabeza.

Entonces me preguntó, "¿Me podría dar su teléfono?" Murmuré un número cerca del mío, pero cambié los últimos cuatro dígitos.

Mientras completaba la forma impresa frente a mí, me preguntó, "¿Me puede dar su seguro social?" Nuevamente me inventé un número que correspondiera al área de Nueva Inglaterra.

Ya a este punto estaba algo nervioso por todas las preguntas. A manera de broma pregunté, "¿Quieres mi tipo de sangre y el nombre de mi primogénito?"

Ella me sonrió y dijo, "Ya casi terminamos." Me dio la forma llena y dijo, "Por favor, firme donde marqué." Miré la forma, la firmé y me fui tímidamente.

Me pregunté si todo el mundo que ganaba tenía que llenar esta forma. ¿Estaban interesados en que volviera a jugar regularmente? ¿Era para efectos contributivos? Entonces me dije a mí mismo, "es para el Tío Sam".

Esta fue mi primera corrida con la licencia y estaba curioso de saber cómo funcionaría.

Mi nerviosismo le ganó a mi curiosidad así que después de coger mi dinero fui a la barra y me quedé allí el resto del viaje. Esto fue bastante aburrido comparado con la acción en las mesas.

Como cinco semanas más tarde regresé pensando que mi buena fortuna me acompañaría aún.

No fue así.

Perdí $7,500 en la mesa de dados. El viaje se llevó a cabo sin novedades, excepto que perdí mis gafas Porsche Carrera. La gente con quien estaba viajando no eran jugadores, lo que me lo hizo más difícil. Como ellos nos manejaron hasta allá, me sentí obligado de entretenerlos, pero después de perder no tenía ánimo para mucho.

CAPÍTULO 10

ACOMODÁNDOME

Después de varios meses como parte de la escena del club, le pedí a uno de mis conocidos, Shawn, que fuera mi compañero de casa. Comenzamos a buscar una casa de alquiler. Este nuevo arreglo me ahorraría aproximadamente mil dólares al mes.

Todavía tenía dinero, pero no sabía cuánto tiempo me iba a tomar conseguir una fuente de ingreso.

La casa alquilada funcionó bien por un tiempo. Él tomó el primer nivel y yo el segundo piso de una casa hermosa en el Lago Old Hickory en Hendersonville, Tennessee, a un par de calles de la casa de familia de Johnny Cash.

Continué saliendo, pero era difícil encontrar a una mujer que me ayudara. Mis planes nunca cambiaron con respecto a asegurar una relación. La mujer que estaba buscando tenía que tener trabajo, alquilar o ser dueña de su hogar y estar económicamente segura. No parecía que era mucho pedir.

Nunca pude encontrar una mujer que cumpliera con estos criterios.

Durante los meses siguientes, me hice amigo de suficientes personas para disfrutar de una buena vida. Lo único que me faltaba era transportación y lo remedié rápidamente. Fue fácil para mi compañero de casa arrendar un automóvil porque teníamos una amiga que conocía a un distribuidor de autos Ford que nos ayudó. Los pagos eran alrededor de $330 mensuales. El manejar una nueva Ford Explorer roja del 1994 con mi licencia de conducir falsa aumentó mi flexibilidad.

Sin embargo, no tenía manera de explicar una licencia falsa si me paraban por una pequeña infracción de tráfico. Me mantenía fuera de las calles temprano en el día y no viajaba a ningún sitio tarde en la noche, a menos que fuera una emergencia. Cuando miro hacia atrás a mis viajes mientras era fugitivo, yo era bien atrevido o más bien loco o fuera de control.

Una vez en mi nueva casa, me sentía más seguro y empecé a conocer a mis vecinos.

Hay una diferencia enorme entre conocidos y amigos. Siendo una persona sumamente amigable, me era muy fácil conocer gente. Mientras estuve en Vietnam, había aprendido que los amigos son más difíciles de encontrar, y que en el mejor de los casos, los amigos de la vida se cuentan con los dedos de una mano.

Al cruzar la calle vivía un piloto con su joven familia. Muchas veces los veía afuera dándole mantenimiento a su propiedad. Hablábamos de vez en cuando. A mi izquierda vivía una viuda que nunca salía de su casa. Quizás la vi una vez en el año y pico que viví allí.

Al otro lado vivía un doctor retirado con su hermano. Estos hombres eran muy serviciales y me prestaban sus herramientas para darle mantenimiento semanal al patio. Nos hicimos más que conocidos y ellos me dejaban la puerta abierta para que yo pudiera coger lo que necesitara cuando lo necesitara.

Detrás de mí vivía una pareja trasplantada de Nueva Inglaterra, Steve y Joanne, que eran gente hermosa. Steve estaba retirado de Sikorsky Aircraft en Connecticut y Joanne de maestra de escuela elemental. Estaban en sus setentas y habían vivido en el área durante cuatro años. Pasé muchas horas conversando con ellos durante el verano.

Disfrutábamos de una botella de vino con queso y galletas en su balcón trasero en las tardes de verano, disfrutando de la belleza del paisaje y el lago de fondo. Les dije que era de Cape Cod y que me había mudado al área para montar un nuevo lugar y negocio para mí y mi esposa.

Estaba tan seguro de mis alrededores que me compré una lancha rápida Bayliner de 21 pies para pasear por el lago. Las mujeres comenzaron a acercársenos a mí y a Shawn durante los próximos meses. Mi vecino de al lado tenía un muelle que no estaba usando y con una botella de vino Pouilly Fuisse, me aseguré el muelle por el próximo año.

El único problema con el muelle en el lago era que estaba infestado con cientos de arañas saboreando los muchos insectos voladores. Sus desperdicios se convirtieron en un problema ya que tenía miles de manchas marrón oscuro por todo el bote blanco con líneas azules. Me tomaba una hora diaria limpiar el bote antes de sacarlo. Después de una semana limpiando, compré una cubierta para mantenerlo limpio mientras no lo usaba.

Era más tenebroso por las noches cuando regresaba a casa con todas las telarañas nocturnas por todo el muelle. Caminar, chocando con telarañas en tu cara, no es placentero. Mis amigas se aterrorizaban cuando llegábamos, así que dejé de salir de noche para evitar los gritos.

Con mi nuevo bote, disfrutaba de la pesca y me divertía muchísimo paseando por todos los islotes del embalse del Lago Old Hickory. Era una buena manera de pasar un verano divertido disfrutando mi nueva vida. En una ocasión pesqué una escorpina de 20 libras, que corté y felizmente me comí durante varias cenas. Fue un tiempo placentero mientras duró.

Compartiendo con amigos en el lago por la noche era más que especial. Las luces tenues de las casas se reflejaban en las aguas tranquilas mientras yo manejaba a 30 millas por hora. Las preocupaciones de la vida desaparecían rápidamente en momentos como estos, excepto por las arañas que esperaban nuestro regreso. ¿Quiénes de mis nuevos amigos hubieran jamás pensado que estaban con un fugitivo de la justicia?

Según pasaban los meses y no aparecía mi esposa, les cambié la historia a Steve y Joanne. Les dije que nuestro matrimonio estaba fracasando y me había mudado para salir de una mala situación familiar. Después de esta admisión nunca más pasamos tiempo juntos; solo nos saludábamos a distancia.

Al pasar del tiempo, aprendí a suprimir mis pensamientos de extrañar a Mary, a Jessica y a la familia. Sabía que estaban preocupados por mi bienestar, pero dadas las decisiones que había tomado, me parecía imposible regresar. En unos meses los pensamientos se hicieron cada vez menos frecuentes, mientras seguía activamente conociendo gente nueva y siendo mi nuevo yo en mi nueva vida. Me mantenía activo con amigos y un programa de ejercicios que mantenía mis días llenos. No era una gran vida, pero estaba libre-- o al menos eso pensaba.

Mis historias sobre mis circunstancias personales evolucionaban para encajar con cualquier situación. Yo me aseguraba de no pasar mucho tiempo con nadie. Sería muy fácil tropezarme. Años más tarde en la capilla de la prisión usé la cita de Mark Twain, "Si dices la verdad, no te tienes que acordar de nada."

Según pasaban diferentes mujeres a todas horas de la noche, mis vecinos comenzaron a distanciarse. Shawn trabajaba por las noches y no llegaba hasta las tres o las cuatro de la mañana. Esto no ayudaba con las relaciones con nuestros vecinos, así que aprendí a mantenerme alejado de casi todos.

Necesitaba a Doctor Bill y a su hermano, así que luchaba por mantenerlos como buenos amigos cercanos. En una ocasión los invité a cenar y me aseguré que los trataran como a realeza ya que esperaba entrar en negocios con ellos en el futuro.

Después de varios meses jugando como hermanos en una fraternidad, Shawn y yo comenzamos a tener problemas. Diariamente, me levantaba a una fragancia que ahora podía reconocer como marihuana.

CAPÍTULO 11

CONSEGUÍ UNA NOVIA

En mis viajes locales descubrí un club de música "country" que tenía unas mujeres hermosas. En unas semanas me convertí en cliente regular y comencé a salir con una hermosa dama sureña llamada Evelyn. Ella era una rubia de pote muy atractiva que usaba sombrero de vaquero con botas iguales para bailar en el club.

Medía como cinco pies con tres pulgadas y era de constitución media. Estaba muy consciente de su cuerpo y se había hecho liposucción en el abdomen bajo y se había dado tratamientos de láser para borrar unas manchas negras en sus brazos.

Nos llevamos bien y comenzamos a vernos regularmente. Ella estaba impresionada con mi carro, mi Rolex y mi casa. Jugué la carta de riqueza percibida y funcionó con esta dama rural.

Venía a mi casa frecuentemente y yo iba a la suya de vez en cuando. En cualquier dirección que tomaba en Nashville, la marihuana era gran parte de muchas vidas. El vecino de Evelyn en el dúplex alquilado la vendía: visitante tras visitante venía a verlo a diario.

Yo pensaba, guau, este tipo es popular, sin jamás darme cuenta que era distribuidor. Es difícil para mí ahora creer lo inocente que era ante el mundo de las drogas, su uso era algo inexplicable para mí. Yo siempre decía que la vida me arrebataba y que no necesitaba ninguna substancia para hacerme feliz.

El vendedor era un tipo buena gente que no se metía con nadie. Tenía tremenda hortaliza en la parte de atrás del dúplex. Nos regaló tomates frescos ese verano que me recordaron de mi hortaliza en Norwell. Me encantaba empacarlos y usarlos en una rica salsa en invierno con pasta hecha en casa.

En ocasiones, Evelyn y yo salíamos de noche al cine local. Durante los cortos, el FBI anunció un nuevo programa que estaban inaugurando. El Director del FBI dijo que iban a traer a la pantalla grande los *10 Criminales más Buscados* semanalmente.

Fue la última vez que fui al cine.

El esposo de Evelyn había muerto en un accidente de motora unos años antes y su hijo Jeff cumplió la edad para heredar los $25,000 del valor en efectivo de la póliza de seguro de vida de su papá. La primera misión que se propuso el joven fue comprar una libra de marihuana por $1,400, la cual compartió con varios amigos. La segunda misión fue comprarse un Camaro nuevo y conducirlo para impresionar a sus vecinos y amigos.

La segunda noche del nuevo carro, la policía local paró a Jeff por comerse un pare. Mirando dentro del carro, el oficial olió la marihuana. El muchacho fue arrestado y le pusieron fianza.

Las cosas no han cambiado mucho en cuanto a las nuevas fortunas.

¿Quién soy yo para criticarlo? Muchos botan sus herencias en cosas que les traen poca o ninguna satisfacción. Aunque yo fui testigo de esto de vez en cuando en la cooperativa de crédito, yo era el primero en la clase de desperdiciar fortunas. Yo actuaba la negación muy, muy bien.

Todo iba muy bien y a buen paso hasta el día que Evelyn pasó la noche. Al día siguiente se ofreció a plancharme la camisa para el regreso a su casa. Lo vi como un acto tierno y le mostré donde estaban la tabla de planchar y la plancha.

De repente estaba en la puerta de mi habitación.

"¿Quién eres?", me preguntó con fuerza.

La miré sorprendido. "¿Qué dices?"

Tenía mi camisa en una mano y estaba apuntando al monograma. "¿De quién son estas iniciales en tu camisa?"

Ups, crisis, pensé en el programa televisivo de los 1960s, *Perdidos en el espacio* cuando el robot gritaba, *"Peligro, Will Robinson"*. Tratando de ser rápido comencé a darle otro nombre falso para explicar la RDM cosida en la parte inferior izquierda de mi camisa. Mis compras de años anteriores estaban demostrando quién era y eso podría resultar en un serio problema para mí.

"Estoy huyendo por evasión contributiva," le dije.

Ella pareció comprar mis mentiras fabricadas, especialmente cuando le dije que mi licencia de conducir era falsa porque me estaba escondiendo. Lo bueno que salió de mi historia improvisada fue que Evelyn comenzó a conducirme a todas partes, ya que no quería que me dieran un boleto y que la policía me capturara. Ella se quedó con mi carro y nos mantuvimos cerca el uno del otro por los próximos seis meses.

En un momento, Evelyn y yo tuvimos una pequeña discusión y nos separamos por par de días. La realidad puede ser que se estaba acomodando ese día, o que me sentía solo, porque llamé a un amigo mío y de Mary para ver cómo ella estaba.

Él me dijo, "Ella está bien. Le haces falta, pero ella entiende."

No sé si eso me hizo sentir mejor o peor.

Sin embargo, mi descuido con el monograma fue un aviso. Con una navaja le corté mi nombre completo al abrigo y a los gabanes que me había llevado conmigo. También le quité las iniciales a esas camisas que me había llevado. Como había perdido peso, había comprado ropa nueva, así que fue fácil.

Mientras estaba huyendo, tenía par de sobrenombres para identificarme. Infante, el apellido de uno de los miembros de la junta de DCU, era uno y Rossetti era el otro. Siempre mantuve el primer nombre Richard porque pensé que me sería difícil acordarme de otro. Si alguien me llamaba George, ¿podría virarme y responder? Lo que estaba aprendiendo es que hace falta un corazón de hielo para seguir huyendo.

Antes de que todo se dañara, yo llamaba a mami dos veces al día, todos los días. Pearl había sido una mujer maravillosa. Era la cabeza de nuestra familia desde que yo tuve uso de razón. Había dirigido nuestro hogar como madre y padre y había trabajado fuerte para mantenernos. Aunque no teníamos mucho, llenaba todas nuestras necesidades.

Su amor y ternura hacia todo el mundo eran simplemente increíbles. Por más de 50 años, nunca escuché a mami quejarse o frustrarse.

Yo llamaba a mis hermanos, hermanas, amigos y conocidos regularmente. Yo podía ser hasta un fastidio. Pasaba gran parte de mi día en el teléfono en aquellos días.

Miraba el teléfono sabiendo que estas cosas, que antes eran tan simples, ya no existían. No me atrevía llamar a mi mamá sabiendo que su línea probablemente estaba comprometida, ni a Mary, ni a Jessica, ni a nadie cercano a mí. Los federales estaban esperando pacientemente por este tipo de acción.

Porque necesitaba abrir una cuenta de banco, llevé mi nueva identificación a una sucursal local. Me hice pasar por un sacerdote católico de Boston regresando después de haber vivido en Roma por 15 años. No me pregunten por qué un sacerdote, tiene que ser por mi extraño sentido del humor.

La oficial de cuentas nuevas fue muy amable con mucha hospitalidad sureña. Hablamos sobre vivir en Italia y lo que era estar cerca del Papa. Yo había visitado el Vaticano una vez de vacaciones, así que sonaba creíble. Yo era tan buen mentiroso y me había funcionado con tanta gente, que estaba probando mi suerte de nuevo. Completé las formas y entonces ella me dijo, "necesito que el gerente firme." Yo pensé "eso no es bueno" pensando que ella sospechaba algo.

Regresó después de unos minutos y me dijo, "Padre, hay un problema con su número de seguro social."

"¿Cómo puede ser eso si acabo de recibirlo de sus oficinas ayer?" Me aseguré que mi expresión mostrara sorpresa. La sorpresa era que hubieran descubierto mi número falso tan rápido.

"Aparece bajo otro nombre."

"¡Wow! Eso sí que es extraño."

Me fui diciendo que iba para la oficina del Seguro Social en el centro de Nashville.

Crucé la calle y estuve mirando la puerta del banco en caso de que alguien me hubiera seguido a ver la tablilla de mi auto. Mi carro estaba estacionado a una buena distancia en la eventualidad que algo así sucediera. Nadie miró para afuera.

Me fui y nunca más traté de abrir una cuenta de banco personal mientras estuve huyendo.

El incidente fue un recordatorio de que tenía que ser más cuidadoso. No tomaría mucho capturarme.

Quería volver a la bolsa de valores, a ver si todavía podía hacer dinero. Convencí a mi vecino, Doctor Bill y a Evelyn a abrir una cuenta de opciones por mí. Le dije a Bill que mi propósito al usar a Evelyn era ayudarla con su ingreso anual.

Por supuesto, eso era otra mentira, pero ¿qué otras opciones tenía al momento? Necesitaba una cuenta con cheques disponibles para poder llevar a cabo algunos negocios.

Bill puso $10,000 y yo le di a Evelyn $30,000 para abrir la cuenta. Desde este punto me pegué a la pantalla del televisor de 6 de la mañana a 5 de la tarde todos los días. Igual que en los viejos tiempos cuando estaba en tejemanejes.

Como Bill tenía una computadora, lo convencí de que comprara un programa para seguir el mercado basado en datos históricos. Yo tenía esperanza que esto me ayudaría a seguir los sube y bajas de la actividad diaria basado en las suposiciones que yo le diera.

Para solidificar mi relación con Evelyn y hacerla feliz, tomé otra decisión atrevida o estúpida de llevarla a Nueva York a ver la ciudad y un espectáculo. Ella nunca había estado en el este. Volamos de Nashville a la ciudad donde nos recogió una limusina. Nos quedamos en el Trump Plaza.

Esa noche vimos *Miss Saigon* y fuimos a cenar. Yo estaba tan cansado de levantarme temprano y el día de viaje que me dormí durante la obra. Evelyn estaba molesta porque no me mantuve despierto para disfrutar el programa con ella, pero me perdonó. El día siguiente vimos los lugares turísticos y esa noche regresamos a Nashville. Ese viaje de 24 horas me ayudó a utilizar a Evelyn en los meses siguientes para lograr lo que tenía que hacer.

Las cosas se estaban viendo bien para nosotros. Yo había comprado 500 opciones de acciones llamadas "puts" apostando que el mercado iba a bajar en las próximas par de semanas. Las noticias económicas habían apuntado a esa posibilidad y el tono general del mercado era negativo, así que aposté y tiré los dados esperando malas noticias.

El 17 de enero de 1995, un desastre masivo ocurrió en Kobe, Japón: el gran terremoto Hanshin registró 7.3 en la escala Richter. Miles murieron; el área estaba inestable. Pensé que estas malas noticias definitivamente tendrían resultados positivos para mis opciones. Anticipé la caída del Dow, lo que me dejaría con ganancias razonables. Con esta noticias, le añadí $30,000 esperando la caída del mercado.

En ocasiones anteriores yo había ganado millones con este tipo de eventos nacionales. La invasión de EEUU a Irak, conocida como Desert Storm es un ejemplo. Yo era un gran tomador de riesgos. Jugador desmedido sería un término más correcto. Mi corredor de valores que había sido un teniente marino durante Vietnam, siempre me recordaba que "si vives por la espada, morirás por la espada." Aún escucho el eco de sus palabras años después de mis comercios alocados y su muerte.

Para mi sorpresa, los mercados prácticamente no reaccionaron a las malas noticias. Mis opciones cerraron un chin más alto, no suficiente para hacerme comerciar por ganancias. Los días continuaron y el mercado continuó sin fluctuar, muy poco para arriba o para abajo. Cada día yo me aguantaba-- y cada día las opciones iban perdiendo valor a medida que se acercaba su fecha de expiración.

En mi antigua vida, tenía muchas personas a quienes llamar a pedirles consejos. Ahora estaba solo y dependía de mis instintos para guiarme cada día.

Perdí toda la inversión.

Mis apuestas estaban sin gasolina; supe que había perdido mi habilidad de negociar efectivamente. Me había hecho rico con la información de otros: ahora estaba solo y fracasé miserablemente.

Traté un par de comercios adicionales, solo para obtener el mismo resultado. En el transcurso de un par de meses, había perdido $80,000, la porción original de Bill y mis $70,000. No tenía el corazón para decírselo a Bill. Todos los meses, durante los próximos tres meses, le escondí los estados del corredor. El único consuelo es que él podría deducir algunas de las pérdidas en sus planillas contributivas ese año.

Nunca pensé que el dinero se me iba a acabar. Era extraño no tener un plan de contingencia. Después de esta gran pérdida, solo me quedaban unos pocos miles para vivir. Mi tiempo huyendo se estaba acabando.

Evelyn y yo continuamos viéndonos, pero ya no era lo mismo. Mi personalidad gregaria estaba flaqueando. Me puse sombrío. Para entonces ya ella sabía que toda mi supuesta fortuna era una farsa.

CAPÍTULO 12

ME ARROPA LA DESESPERACIÓN

Me estaba desesperando: la falta de dinero me limitaba mis maniobras. Estaba delincuente en mi renta mensual, preocupando a mi arrendador. Con el poco dinero que me quedaba, empecé a jugar la lotería, un juego para tontos en el mejor de los casos.

Estudiaba los números que habían salido y por medio de suerte trataba de escoger números que fueran escogidos cada día. Me gané $1,500 y $1,200. Durante la próxima semana, gasté mis últimos recursos, quedándome solo con lo suficiente para cubrir mi compra semanal.

Durante uno de mis viajes a comprar lotería a Franklin, Kentucky, viajando por la carretera interestatal 65, tuve la valentía de llamar a mi mamá. No quería hablar con ella; solo quería escuchar su voz y confirmar que estaba viva y bien. Asumiendo que el teléfono estaba siendo monitoreado, no quería estar mucho tiempo en línea. Llamar de un teléfono público en el expreso, me parecía seguro.

Cuando mami cogió el teléfono, mis ojos se llenaron de lágrimas y mi garganta se cerró. Me congelé por unos segundos. Después que dijo hola tres veces, colgué el teléfono. Estaba contento de haber llamado.

Me imaginé estar sentado en su mesa con mis hermanos y hermanas, su lasaña saliendo calientita del horno. Todos hablando a la vez. Mi imaginación no podía compensar por la realidad que había abandonado.

Lo único que me quedaba era mi Rolex y lo empeñé por $5,000 a un comerciante local. El valor actual en esos momentos era $16,000, así que no titubeó en prestarme los fondos. Inmediatamente fui a Mississippi a un casino y traté mi suerte con los dados. La desesperación era tal.

Me tomó unas horas perder todo el dinero del Rolex. Regresé a casa.

Mis opciones eran inexistentes.

Mi solución fue suicidarme.

Ese mismo día fui a una ferretería local y compré cinta adhesiva fuerte ("duct tape") y una manguera plástica. Esta era la segunda vez en mi vida que estaba contemplando el suicidio.

La primera vez fue cuando perdí mi trabajo en DCU y la humillación que lo siguió era más de lo que yo pensaba que podía aguantar. Me fui a Las Vegas donde planifiqué brincar del balcón de mi hotel.

Mis intenciones eran dejar a Mary con mi póliza de seguro de vida de $2,000,000 que tenía hacía años.

El fin de semana antes de que esto iba a suceder, estaba en casa en Norwell, Massachusetts. Hice una cita con mi hija Jessica, que cursaba el 11mo grado en nuestra escuela superior local.

La limusina nos llevó al Centro Comercial Copley Place en Boston, donde le compré toda la ropa que quiso. El centro comercial estaba tranquilo esa mañana y fuimos de tienda en tienda buscando la ropa perfecta. Pasamos varias horas comprando y luego fuimos a almorzar. Yo no tenía mucha hambre y picotee una ensalada de mariscos.

Mi vuelo era para esa tarde, el chofer me llevó al aeropuerto a tomar mi vuelo a Las Vegas y luego a Jessica de regreso a Norwell. Pensando que nunca iba a volver a ver a mi hija, fueron los momentos más preciados que había pasado con ella. Lloré cuando me despedí y la besé frente al terminal del aeropuerto. Fue una de esas lecciones que siguen fluyendo-- grandes emociones que llenan nuestro corazón cuando nos damos cuenta de cómo nuestras decisiones afectan a nuestros seres queridos, especialmente las decisiones más egoístas.

En cuanto llegué, me empecé a entretener con la vida rápida de Las Vegas a tiempo completo. Ser tratado como un príncipe y rodeado por muchas de las cosas que satisfacían mi carne sacaron los pensamientos de suicidio de mi mente.

Pasé tiempo probando un nuevo negocio y en las mesas de juego.

El hotel se propuso a mantenerme contento. Todo era gratis para mí. Mi parte era jugar por cuatro horas todos los días para satisfacer sus arreglos. Las botellas de Le Montrachet y Cristal Rosé estarían frías y las camareras me seguirían de mesa en mesa. Siempre había mujeres disponibles para descansos de la acción.

Durante mis seis meses viviendo allá, regresaba a casa uno que otro fin de semana. Lavé mis $1.5 millones en activos líquidos. En el proceso perdí $300,000 en apuestas y otros $400,000 en un negocio sospechoso de telemercadeo. ¿Empresario brillante, decías?

Estar jugando hora tras hora se torna aburrido rápidamente, como un trabajo monótono. Algunos días jugaba dados por una hora y me rendía. Mi apuesta regular era de $1,500. Si hacía $20,000, estaba contento. En la mayoría de las ocasiones perdía esa cantidad en mi tiempo asignado. Mi ganancia mayor fue de $128,000 una noche; mi mayor pérdida fue de $92,000.

Todos esos edificios y muebles hermosos no los proveyeron los ganadores. Eran los perdedores los que pagaban todo. Yo hice mi parte para contribuir con mi comportamiento fuera de control desde 1984 hasta 1991 y mi contribución fue reconocida.

Un vice presidente de un casino me dijo, mientras esperaba en fila para ver a Willie Nelson, "Sr. M usted pagó por la lámpara enorme que tiene hoy sobre su cabeza." El personal del hotel casino nunca te llama por tu nombre en lugares públicos, siempre se refieren a ti por la primera letra de tu apellido por razones de privacidad. Me chocó su comentario. Me molestó que me recordaran mis pérdidas.

Su comentario arruinó el poder disfrutar de la música de Willie Nelson esa noche.

CAPÍTULO 13

EL COMIENZO DE UNA VIDA CAMBIADA

¿Qué cambió mi vida?

En Hendersonville, Tennessee un evento me encaminó hacia lo que sería el resto de mi vida, aunque al momento no lo vi así.

Era el Día de la Independencia en el 1995. Marcó mi independencia de una vida insostenible.

Me reuní con Evelyn para una barbacoa y pasamos la tarde con algunos de sus amigos. Esa noche, llegué a mi casa y me senté en el sofá por una hora aturdido, preparándome mentalmente para quitarme la vida el 5 de julio. Todo estaba listo y en su lugar.

Una botella fría de vino blanco estaba en el refrigerador, mi licencia de conducir de Massachusetts estaba pegada en la ventana lateral, la manguera de plástico negro estaba pegada con cinta adhesiva a la pipa trasera del auto en la parte posterior de la Ford Explorer, sellada y lista. Mi idea era beberme la botella de vino y quedarme dormido, permitiendo que el monóxido de carbono hiciera su trabajo: una muerte sin dolor ni fuegos artificiales. Nada como mis viejos pensamientos de brincar de un balcón en Vegas.

Todo lo que tenía que hacer era ejecutarlo. Esa noche, cambiando los canales del televisor, una escena de Jesús siendo clavado en la cruz apareció en la pantalla. Paré un minuto a ver que decía el evangelista televisivo.

No podía dejar de mirar a Jesús en la cruz. La película estaba enfocada en la agonía de Jesús.

El predicador dijo, "Acércate al televisor. Pon tus manos contra las mías."

La cámara enfocó.

Lo único que podía ver eran dos manos frente a mí.

Extendí mis manos, cubriendo las manos en la pantalla.

Dije la oración que él estaba diciendo.

Lloré mientras le pedí al Señor Jesucristo que me perdonara por todos mis pecados y me recibiera como Su hijo.

Yo sé. Yo sé. Es un cliché, pero sentí que se levantó un gran peso de mis hombros.

Me sentí diferente sin saber por qué.

Pensé en mis planes para la mañana siguiente.

Casi en un trance, llamé al número 800 en la parte de abajo de la pantalla. Una mujer con una voz suave contestó.

"¿Si alguien comete suicidio, puede ir al cielo?", le pregunté.

"Lo siento, pero no puedo responder a su pregunta. Yo no sé. Esta línea es solo para donaciones."

"Gracias." Colgué.

¿Y si yo seguía con mis planes y acababa en el infierno? Ese desconocido no me llamaba la atención.

La mañana siguiente, desmantelé la tubería y despegué la licencia. Manejé dando vueltas tratando de encontrar una librería cristiana para comprar una Biblia. Quizás fue mi fortuna estar en el corazón del corredor bíblico; encontré una a solo unas millas de distancia.

Nunca había sido un hombre religioso. Me criaron católico, fui a la iglesia de niño, pero sabía poco de fe o de las tradiciones de la iglesia. Nunca había leído, ni querido leer la Biblia. Lo que el sacerdote predicaba me entraba por un oído y me salía por el otro. Mi dios era el dinero y los placeres que con este podía comprar y yo no tenía tiempo para más nada.

CAPÍTULO 14

PRIMER INTENTO DE ENTREGARME

Las próximas par de semanas fueron difíciles. Debía el alquiler. En vez de seguir evadiendo las llamadas de mi arrendador, lo llamé y le dije que me iba a mudar.

En los meses que viví allí había comprado un juego de cuarto, uno de sala, cosas para la cocina y nuevos enseres. Le pregunté si le interesaba comprarlo todo por $2,500. Yo le debía como $1,800 y eso me dejaría una ganancia neta de $700 para mantenerme a flote un ratito más. Funcionó.

Después de ir al banco en su carro, me llevó a casa. En una hora ya estaba de camino a Franklin, Kentucky a mi tienda favorita de boletos de la lotería para probar mi suerte. Era otra oportunidad para tratar de lograr un insumo de fondos suficientes para seguir huyendo.

Con el poco dinero que me quedaba para vivir y sin planes inmediatos de encontrar trabajo, no podía pensar en nada que me podría ayudar.

Decidí regresar a Boston y entregarme a las autoridades. Me imaginé entrando al edificio del tribunal federal y a la oficina de fiscalía, informándoles "aquí estoy".

Llamé a Evelyn. "¿Puedes recoger mi ropa y dársela a alguien que la pueda usar?"

Me preguntó por qué y cuando le dije, "Creo que es realmente mejor para mí regresar a Boston." Ella comenzó a llorar.

No le di los detalles completos para proteger mis opciones futuras. Era mejor que ella no supiera mi situación en su totalidad porque tenía miedo que ella me entregara a las autoridades antes de que yo pudiera hacerlo.

Me fui esa noche manejando mi vehículo arrendado de regreso a Boston. Conduje toda la noche para poder llegar por la tarde y pasar por la tumba de mi hijo, ver a mami, a Mary y a Jessica antes de entregarme la mañana siguiente.

Planifiqué dejar el auto en un garaje público en Boston donde alguien pudiera eventualmente darse cuenta que el carro con la tablilla de Tennessee estaba abandonado. La compañía arrendadora recibiría su vehículo de vuelta sin pérdida.

Primero, paré a ver a mami y a mi hermana Donna. Ellas vivían juntas. Le di a mi hermana media docena de libros de cocina que había acumulado mientras estuve en Nashville. A ella, al igual que a mí, le gustaba la cocina, así que quería que ella tuviera este regalo y disfrutara la colección, sin pensar que los agentes federales le iban a preguntar más adelante si yo les había dado algo. Donna tuvo que entregarles los libros a su oficina para que los verificaran.

Estaba tan cansado de estar huyendo que no estaba pensando claramente.

Mis planes eran dormir allá y luego ir a Fiscalía Federal en Boston a la mañana siguiente. Para mi sorpresa, mi hermano Larry estaba visitando con su esposa y sus nietos y yo no quería hacerlos sentir incómodos. Me despedí de todo el mundo con besos y me fui a llamar a mi esposa Mary y a mi hija Jessica.

Mary y Jessica se encontraron conmigo en la Bahía Scituate, a una milla de su casa. Nos abrazamos, lloramos e intercambiamos algunas palabras para ayudarnos a sobrellevar la situación. Le pregunté a Mary, "¿Tienes algún dinero que me pueda ayudar?" Mary me respondió, "¿Cuánto necesitas?"

"Lo que me puedas dar sería una gran ayuda," le dije.

Ella me dijo, "Déjame regresar a la casa a ver cuánto hay disponible."

Mientras Mary y Jessica regresaron a la casa, yo esperé al lado de la bahía, caminando para alante y para atrás sobre el paseo tablado como por media hora.

Mary regresó con un sobre sellado, "Esto es todo lo que tengo disponible."

Le di las gracias. Nos abrazamos y nos besamos y nos dijimos adiós por segunda vez. Mientras ella se marchaba, yo abrí el sobre y conté 60 billetes de veinte; mil doscientos dólares.

Estaba empezando a darme cuenta que hay que ser bien valiente para entregarse y más valiente aún para quitarse la vida. Ninguna de las dos era una buena alternativa.

Pensé que con este dinerito podría ganarme mucho si trataba la lotería una vez más: jugador consumado.

Mis sentimientos eran iguales a los que había sentido hacía 16 meses cuando me fui por primera vez. Estaba listo para esconderme de nuevo.

CAPÍTULO 15

NO ESTOY LISTO PARA DARME POR VENCIDO

Manejé toda la noche de nuevo para llegar a Nashville y llamé a Evelyn. "Necesito un lugar para quedarme por unas dos semanas."

No estaba contenta de escuchar de mí.

Me dio un poco de trabajo convencerla, pero me permitió quedarme en la casa móvil de su mamá en los montes de Tennessee central en un pueblito llamado Gainesboro. Su mamá estaría en el hospital por varias semanas, así que me daba tiempo para decidir mi próxima movida.

Mis opciones se estaban acabando.

Me enteré que la compañía arrendadora estaba acosando a Shawn por los pagos de la Explorer, le pedí a Evelyn que me siguiera de vuelta a Nashville a entregar el carro. Shawn no estaba allí pero le dejé las llaves con el gerente del club nocturno, Bill, y le dije que el carro estaba en el estacionamiento del hotel.

Bill me preguntó, "¿Estás huyendo de la mafia?"

"Pensamiento interesante, pero no", le respondí. "El IRS está a punto de capturarme por contribuciones atrasadas." Le dije la misma mentira que le había dicho a Evelyn.

Lo próximo en la lista era alquilar un carro. Evelyn sabía de un sitio donde costaban $15 el día. El carro era una chatarra, pero llenaba mis necesidades.

Durante esa semana manejé a Cookeville, Tennessee a explorar el pueblo. Cookeville era el pueblo más grande del área con aproximadamente 22,000 habitantes.

Yo quería buscar trabajo.

Quería buscar y a mí me estaban buscando.

Quería una licencia de conducir del Departamento de Vehículos de Motor

(DMV, por sus siglas en inglés) local y pensé que podría intercambiar mi licencia falsa de California por una de Tennessee.

Manejando por allí, encontré una oficina pequeña del DMV, donde pensé sería fácil intercambiar una licencia falsa por una buena. Pensé que estos campesinos locales no estarían al tanto de todo el fraude ocurriendo en California.

Al entrar al edificio, una señora muy sonriente me preguntó si me podía ayudar. La hospitalidad sureña me seguía por todas partes.

Esto va a ser fácil, pensé.

Me senté en su estación y le dije que me acababa de mudar de California y quería cambiar mi licencia. Le entregué mi licencia y ella comenzó a llenar los formularios de intercambio, cuando pausó. No estoy seguro qué lo motivó, pero me dijo que tenía que verificar algo atrás y procedió a salir tras las particiones donde yo estaba sentado.

Los minutos pasaron, ocho, nueve, diez.

No me podía arriesgar.

Me levanté de mi silla y salí por la puerta y caminé rápidamente hasta mi carro de alquiler. Nunca miré atrás una vez manejé por la parte opuesta del edificio.

Tenían mi licencia falsa. Yo había fallado otra vez en lo que parecía ser una tarea simple. Basta con el estereotipo que los sureños son más lentos que la gente del noroeste. Estos locales estaban bien conscientes de los tramposos.

Después de esa casi pérdida, manejé hasta el otro lado del pueblo. Fue entonces que vi una librería cristiana frente a una biblioteca. Entré buscando una Biblia en formato audio. No me imaginé que habría tantas de donde escoger. Un vendedor, viendo que estaba teniendo dificultades, se me acercó y me ayudó a escoger una.

Comencé a escuchar el Nuevo Testamento por horas diariamente. Durante las próximas semanas regresé a Cookeville y comencé a asistir a los servicios religiosos de la iglesia católica. Los sacerdotes eran muy amigables y yo pasaba a conversar con ellos de vez en cuando sobre la Biblia. Hasta les ofrecí mis servicios de limpieza; rechazaron mi oferta.

En las mañanas leía el Viejo Testamento y mientras manejaba el auto escuchaba el Nuevo Testamento.

Por primera vez noté el cambio en mis patrones de pensamiento. Dejé de maldecir y de decir malas palabras.

Los viernes por la tarde la iglesia estaba abierta para confesiones. Le confesé mis pecados al padre. El sacerdote se ofreció a ayudarme con las autoridades si lo necesitaba.

Yo creí que él era genuino y me quería ayudar. Seguí leyendo y escuchando la Biblia todos los días y sentí el cambio en mis actitudes y patrones de pensamiento.

Un día, caminando fuera de la casa de remolque de la mamá de Evelyn, vi una destilería casera de pitorro y para el otro lado, a unos veinte pies, una mata grande de marihuana, con moñas y todo.

Las cosas son diferentes en estos montes y las leyes no se hacen cumplir igual que en la ciudad. O tienen departamentos más pequeños que no conocen cada metro cuadrado de su zona.

Yo lo encontré bastante interesante. Aquí había un fugitivo escondiéndose en una casa donde cualquier día podría llegar un agente del DEA buscando al dueño de la casa.

Mi primer domingo en el área fui a una iglesia pentecostal que quedaba a una milla de allí. La gente estaba muy curiosa--- la mayoría no estaba acostumbrada a ver a un yanqui en el área, muchos no habían visto uno nunca. Yo resaltaba como un extranjero de tierras lejanas. Nunca regresé porque su curiosidad era demasiada.

Pensé que la Biblia estaba empezando a calar en mí, y como ya estaba casi sin dinero, empecé a buscar nuevas oportunidades cuando vi un letrero de "se solicita empleado".

El día siguiente ya estaba cortando y empacando tabaco en un palo en temperaturas de 90 grados con una humedad igual.

¡Guau! ¡Qué si era trabajo duro!

Durante cuatro horas y sudando muchísimo me gané $15.32. Contaron el número de palos que había llenado con el número de plantas correspondientes.

Un banquero era dueño del terreno y lo usaba para cultivar tabaco de enrolar cigarros. Era trabajo humilde, pero yo estaba contento de ganarme suficiente para ir a Aldi a comprar la comida necesaria. Esa noche el acto de ser quien no era me molestó más de lo normal. No sé si fue el trabajo laborioso del día anterior o simplemente que estaba cansado de hacer cosas que no eran yo. Cualquiera que fuera la razón, empecé a luchar contras las mallas y redes donde yo mismo me había atrapado.

La mamá de Evelyn tenía carne de venado en el congelador, así que con unos cuantos vegetales, pude hacer un guiso que me alimentaría por varios días. Vivir en la casa de remolque de nueva construcción y tamaño doble, me era muy cómodo.

Mientra estuve allí todo era silencioso. Veía un poco de televisión con antenas de orejas de conejo, pero mayormente, leía la Biblia.

Luchando contra mi mejor juicio, analicé todos los ángulos, y hasta llamé a mi viejo amigo, Paul. Era un hombre mayor de buen corazón. Lo convencí de que me enviara $2,500 por Western Union.

Mi estúpido comportamiento le costó $50,000 en gastos legales y 18 meses encerrado en su casa por ayudar a un fugitivo. Siempre me voy a sentir mal por eso.

Mis viejas andanzas regresaron y traté nuevamente de hacerme de dinero jugando la lotería. Iba y venía de Kentucky constantemente. Tennessee no tenía lotería.

De más está decir que boté $1,500 del dinero de Paul tratando de ganarme una cantidad que me permitiera seguir huyendo.

Evelyn me vino a decir que su mamá iba a salir del hospital próximamente y que tenía 48 horas para encontrar otro lugar donde quedarme. Ella estaba muy fría y abrupta conmigo, nada de la ternura y el calor de antes. Mientras traté de acercarme, se echó para atrás y me dijo sin palabras, ¡no me toques!

Empecé a buscar lugares en Cookeville, Tennessee. No me tomó mucho tiempo encontrar un motel barato que me alquilara una habitación por semana. Pagué $150 por la semana y me di nuevamente espacio para respirar y decidir mis próximos pasos.

CAPÍTULO 16

LA ÚLTIMA PIZZA PARA UN *MAN GONE*

Mientras manejaba encontré una pizzería local y paré a probar el lugar. El pequeño restaurante estaba solo en un área abandonada. Parecía una construcción de principios de los 1950s con listones de madera en el exterior y un techo plano. La vitrina tenía un letrero grande: Pizza al estilo Nueva York.

Eso fue lo que originalmente me llamó la atención. La mayoría de los lugares que había probado en el área no eran muy buenos. Cuando entré por la puerta, noté la bandera italiana colgada de la pared. Toda la decoración era en los colores de la bandera: verde, blanco y rojo. Hasta los manteles tenían esos colores.

La sensación del viejo mundo me llevó de vuelta a mis años de infancia en East Boston. Como las pizzas de antaño, su pizza era magnífica.

Para mi sorpresa, los dueños eran una pareja italiana que se había trasplantado de Florida unos meses antes. Nos caímos muy bien inmediatamente, eran muy hospitalarios y me ofrecieron un trabajo ayudando.

Al momento me pareció una buena idea, pero me decidí en contra y estoy agradecido que mis sentidos estuvieran correctos. El dueño, Sal me mostró el lugar, y fuimos atrás a ver su cocina, inventario y área de cocinar.

El inventario estaba en un cuarto con tablillas de madera con varios productos de Italia. Tenía botellas de medio galón de aceite de oliva y diferentes tipos de tomates, pimientos y aceitunas enlatados. Mientras estaba mirando los productos variados en las tablillas, me fijé que no tenía seguridad de alarma ni una cerradura buena en la puerta trasera. Le comenté que debía tener cuidado en este vecindario. Nos despedimos y no lo llamé en un par de semanas.

La próxima vez que lo llamé su voz sonaba ansiosa y me dijo que quería verme. Pensé que quizás iba a tratar de convencerme de que trabajara en su restaurante. Esa noche, pasé por allí y me senté en el mostrador mientras él trabajaba atrás. Entonces noté que estaba hablando con uno de sus empleados y le entregó algo, entonces vino y me echó el brazo. Su empleado inmediatamente nos tomó una foto. Cuando me di cuenta, me pregunté cómo le podría quitar la película a la cámara sin que él se diera cuenta.

Sal me dijo que a los pocos días de yo haberle comentado sobre la puerta, alguien entró y les robó algunas cosas del restaurante. En la primera persona que pensó fue en mí ya que se acordaba que yo le había hablado de la seguridad pobre.

¡Guau!

Me quedé sentado allí, anonadado, pensando, ok, sé atrevido, camina alrededor del mostrador, coge la cámara y ábrela y expón la película a la luz. Entonces caí en cuenta que el propósito de la foto era mostrársela al oficial que estaba investigando el caso.

Pero antes de que pudiera bajarme del taburete, lo escuché decirle a su esposa, "Llama a la policía".

No puede ser, aquí vamos. Me paré del taburete y les dije adiós y me fui hacia la puerta. Un par de empleados me siguieron con otros detrás. Traté de montarme en mi carro. Pero me bloquearon el paso.

¿Qué debía hacer?

Estaba en buena forma física y mis destrezas corriendo estaban excelentes, así que corrí. Necesitaba tiempo para desarrollar un plan para regresar a mi motel. Uno de los hombres más jóvenes me empujó antes de que pudiera coger velocidad. Me caí hacia el frente, me tropecé y me di duro en la rodilla con el murito de cemento que usan en los estacionamientos para marcar los espacios.

El caerme me dolió mucho.

En este punto había una multitud alrededor de mí. No me podía mover. Mi rodilla me ardía. Yo estaba sentado, inmóvil, en el bloque de cemento del estacionamiento que había parado mi caída, mientras esperaba que la policía llegara.

Los diez minutos de espera parecieron horas.

La esposa del dueño, Louise, me seguía preguntando, "¿por qué vandalizaste nuestro restaurante?"

Le traté de decir que no fui yo, pero ella seguía diciendo que sí fui yo.

Yo era tan inocente como era posible en esta ocasión, pero cuando alguien piensa que eres culpable es bien difícil cambiarles la mente.

Un conocido años antes me había aconsejado al respecto de pegarle cuernos a nuestras esposas, "si tu esposa piensa que se las estás pegando, debes de pegárselas para que no se equivoque."

Interesante pensamiento que ciertamente resuena con muchos que asumen la culpabilidad de otros sin conocer todos los hechos. Mi crimen era fraude, lavado de dinero y conspiración, no entrar a robar en un restaurante.

La patrulla entró al estacionamiento. Un oficial joven y guapo se me acercó y me preguntó, "¿Puedo ver su licencia de conducir, por favor?"

Le dije, "La dejé en el motel cuando salí de prisa a buscar una pizza e iba de regreso cuando esto ocurrió."

Con bolígrafo y papel en mano, me preguntó, "¿Cuál es su nombre?" Yo le respondí, "Richard Rossetti, oficial."

Caminó hacia el lado del pasajero de su patrulla y abrió la puerta. Lo podía oír llamando por radio pidiendo que buscaran a Richard Rossetti. Esperó en el carro unos minutos y regresó informándome que, "el despacho no lo encontró en nuestra computadora".

Yo le dije, "¿Tiene el segundo nombre correcto? Es D de Dennis." Estaba tratando de comprar tiempo.

Exactamente en ese momento su patrulla recibió una llamada del despacho diciéndole que abandonara esta escena y fuera inmediatamente a otra área donde había ocurrido un accidente de tránsito.

El oficial me dijo, "No maneje su carro porque no tiene su licencia consigo," y añadió, "mañana un detective va a pasar por el motel a hablar con usted." Se fue.

La multitud regresó a entrar al restaurante mientras yo cojeaba a cruzar la calle.

De la gasolinera al cruzar la calle, vi a uno de los empleados parado al lado de mi carro, así que no pude llevármelo. Esperé unos minutos y unos jóvenes vinieron a echar gasolina. "Necesito pon hasta mi motel. Está a tres millas. ¿Me pueden ayudar?" Como recompensa por llevarme les pagué los $20 de gasolina que le habían echado a su vehículo.

Según nos íbamos, vi una grúa llegar al restaurante y hablar con el hombre que estaba al lado de mi carro. Mi único pensamiento fue ¿y ahora qué?

Regresé al motel, fui a la oficina y le pregunté al empleado sobre quién era el gruero del pueblo. Me dio el nombre y me fui de prisa a mi cuarto a llamar a la compañía. Afortunadamente, conseguí la compañía justo a tiempo; mi carro estaba de camino al lote del pueblo donde retienen los autos.

El despachador me dijo, "Se lo podemos llevar a usted por $75."

"No hay problema," le respondí.

Con un suspiro de alivio, cojeé a mi habitación y empaqué. Una hora más tarde pagué por el vehículo afuera del motel, listo para moverme a otra localización. Con la policía visitándome el día siguiente tenía que haberme ido lejos.

Temeroso de que la policía estuviera cerca, a minutos después de que me dejaron el carro, le pedí a un joven vecino que lo manejara hasta el lado del hotel para yo poder empacarlo. Como me vio cojeando, mi excusa pareció válida.

Una vez en el carro, cogí el expreso hasta la primera salida y cambié a carreteras vecinales.

Pensando que le habían notificado a la policía estatal mi información, no quería que me pararan, ya que tenían el número de tablilla de mi chatarra.

Guié por una hora a los límites de velocidad posteados, sin saber dónde estaba. Esto fue antes de los GPS. Yo no tenía un mapa. De pueblito en pueblito, manejé sin rumbo. Ya era la 1:30 de la madrugada y conducir por estas carreteras vecinales podía hacer que alguna autoridad local me parara sin razón.

Empecé a buscar un motel donde quedarme por unas horas. El próximo pueblito tenía lo que yo necesitaba. Tomé una habitación y pasé la mañana dando vueltas en la cama con mi rodilla inflamada.

Me levanté alrededor de las 9 de la mañana por el ruido de la camarera limpiando el cuarto vecino al mío, lo tomé como señal de seguir mi camino. Mi rodilla estaba tres veces su tamaño y parecía tener líquido acumulado por la caída. Cojeando al carro y aunque casi sin poder caminar, sabía que me tenía que ir de este pueblito.

Manejar una hora adicional me dio buenos resultados. Comencé a ver lugares conocidos y estaba a solo 10 millas de Bowling Green, Kentucky. Estaba a 116 millas de Cookeville, Tennessee.

Una vez en Bowling Green, encontré un hotel barato en la calle principal. Llamé a Evelyn a verificar si alguien me estaba buscando. Me dijo que no, pero me enfatizó que tenía que devolver el carro. No se quería quedar con la cuenta. En este punto ella sabía que yo estaba huyendo, quién era y los riesgos de darme albergue

Cuando yo dejé todas mis pertenencias con ella, se puso curiosa y encontró unos papeles que delataban mi identidad. Inclusive, llamó a un amigo mío a ver como yo estaba. Me enteré más adelante que fue a Paul y que este le contó todo. Mi falsa identidad no era tan buena, ¿verdad?

Me sentí como un fraude y me angustié cuando vi en lo que me había convertido. Había caído en arena movediza-- mientras más luchaba, más profundo me hundía.

CAPÍTULO 17

SEGUNDO INTENTO DE ENTREGARME

Al día siguiente visité la iglesia católica local cerca del hotel donde había pasado una hora hablando con un sacerdote anciano llamado Padre Peter, un hombre muy amigable y abierto. Yo no le dije quien era; solo hablamos sobre la Biblia y por qué la gente no va a confesarse ya.

Después de despedirme, visité el Kmart local y compré una camiseta de los Bravos de Atlanta con letras grises y anaranjadas y un par de pantalones cortos azules. Los Bravos habían ganado su división el año antes y las camisetas estaban en especial. Ayudaban contra el calor.

Estábamos ya a fines de agosto del 1995, muchos meses después de haber partido de Norwell, Massachusetts en marzo del 1994.

Esa noche, supe que mi tiempo huyendo se había terminado. No podía acobardarme de nuevo. Si esta era mi última noche en libertad, quería hacer cosas que quizás nunca iba a poder volver a hacer.

Fui a ver una película de estreno, *Water World* con Kevin Costner. Después del cine, fui a comer pizza y antes de regresar al hotel, paré a comerme un "banana split": un postre de varios helados y siropes, crema y cerezas entre una banana picada en dos. Es extraño como funcionan nuestras mentes, me recordé de esas golosinas durante los próximos 18 años.

La mañana siguiente, me levanté sabiendo que era mi último día de libertad. Pero, ¿había sido realmente libre todos esos meses de constantes preocupaciones?

Todavía hacía calor.

Regresé a la iglesia católica a entregarme con el sacerdote anciano que pensé que podría ayudarme. Había cometido un crimen de cuello blanco, así que estaba seguro que el FBI no llegaría con armamentos, pero como quiera, quería cierta protección. Quizás a otro nivel, necesitaba protección espiritual además de física.

Me desilusioné cuando un sacerdote joven me saludó en la puerta.

"¿Dónde está Padre Peter?", pregunté.

"Está libre hoy."

"Puedo ayudarlo; mi nombre es Padre Michael."

Mientras lo seguí dentro de la iglesia, noté que había una secretaria en la primera oficina a la derecha. Una mujer de mediana edad, gruesa, con el pelo en un moño, me sonrió parada en la puerta de su oficina.

El sacerdote me ofreció una taza de café y mientras bebíamos me confesó, "Esta es mi primera semana, acabo de ser ordenado", me dijo. Yo le creí. Se veía joven.

La iglesia era moderna, a diferencia de la Most Holy Redeemer en la Calle Maverick en East Boston, a la que yo asistía de niño. Aquella iglesia la podía haber levantado el viento y llevado a cualquier aldea en Europa y hubiera parecido que estaba allí hacía cientos de años. Esta iglesia era muy moderna y de un solo piso. La única cosa que la distinguía de cualquier otra instalación de oficinas era la cruz que tenía en el techo.

Quizás era simbólico de que yo estaba abandonando mi pasado y moviéndome hacia un nuevo futuro.

Todavía podía cambiar mi manera de pensar, excepto que ya yo sabía que no podía continuar mi vida huyendo. Man gone tenía que convertirse en man not gone… hombre no desaparecido. Respiré profundo. "Quiero entregarme al FBI."

Me miró por un minuto y salió del salón, regresando unos minutos más tarde.

Me sentía cómodo. El aire acondicionado me estaba aliviando del calor del verano.

Cuando Padre Michael regresó me dijo que su secretaria iba a avisarle a las autoridades que yo los estaba esperando para que me recogieran.

Discutimos la Biblia y varios temas relacionados a los apóstoles y las enseñanzas del Señor durante varias horas.

De vez en cuando él miraba su reloj. Yo no entendía el atraso. Yo había estado evitando a las autoridades por meses y aquí estaba ahora, esperándolos y nada.

Pasaron dos horas más.

Finalmente, él fue a donde la secretaria y lo escuché decir, "¿Alguien lo viene a recoger?"

"He llamado al FBI, al ATF, a los agentes federales de custodia, a fiscalía federal; nadie me ha llamado de vuelta," dijo ella.

Más espera. Pasó otra hora y la secretaria vino y se paró delante de nosotros. "Alguien devolvió la llamada finalmente. Preguntaron si es peligroso y quieren hablar con usted."

El sacerdote movió su cabeza consternado. Estoy seguro que nada en su entrenamiento lo había preparado para esto durante su primera semana en el sacerdocio ni en ningún otro momento en su futuro.

Lo escuché decir por teléfono, "No, no creo que sea peligroso. Llevamos discutiendo la Biblia por las últimas tres horas."

Si no hubiera sido mi vida; si no hubiera sido mi futuro; lo único que podía pensar es que hubiera sido un buen acto cómico.

No quería ser grosero, pero tenía hambre. Él me hizo un emparedado de tocineta, lechuga y tomate y me sirvió un vaso de leche. Fue un momento agradable para el comienzo de mi viaje a prisión. Una vez la decisión que alteraría mi vida para siempre estuvo tomada, aunque me llevaría al peor período de mi vida, con excepción de la muerte de mi hijo, me sentí en paz.

Más tarde, descubrí que el sacerdote recibió una recompensa de $25,000 por su ayuda con mi arresto. Me complace saber que le donó el dinero a dos hogares católicos para niños en el área de Lawrence, Massachusetts. Fue un buen uso del dinero.

CAPÍTULO 18

BAJO CUSTODIA

Un agente del FBI muy alto y guapo llegó al área de la cocina de la iglesia donde ahora estábamos sentados el sacerdote y yo. Parecía que había salido de rodar una película: traje elegante, camisa almidonada, corbata complementaria, zapatos brillados y una presencia autoritaria. Yo me iba con estilo hasta el final.

Era mi tocayo, Richard. Me caminó al carro sin esposarme. Cuando nos acercamos a su Ford Taurus negro, se detuvo. "Lo tengo que esposar ahora." Me di la vuelta en lo que me ponía las esposas. Esta fue la primera vez en mis 49 años que había sentido el frío acero en mis muñecas. No sería la última.

El asiento de atrás del carro estaba recogido. Su escopeta estaba amarrada a la malla de acero que nos separaba. Dios mío, ¿qué me esperaba? Yo no crecí en un mundo de armas de fuego. Las armas eran para los verdaderos criminales que disparaban y mataban gente.

Hablamos de camino al tribunal, donde él me acompañó a una celda que quedaba en la parte trasera del edificio. Pasó una hora antes de que Richard regresara. "Me voy y me gustaría darle la mano." Introdujo su brazo entre las barras y nos apretamos las manos por un rato. "Usted es el criminal más simpático que yo haya conocido jamás.", dijo y se fue.

Pasó alrededor de otra hora cuando llegaron dos agentes federales de custodia al área de las celdas. Me preguntaron mi nombre y luego se sentaron y hablamos un rato.

Uno de ellos tenía mi foto del archivo policial, recibida por fax y me la enseñó diciendo, "no en balde no lo podíamos capturar."

Yo no reconocí la foto tampoco.

Mi próximo paso fue ir frente al magistrado local quien me preguntó si quería regresar a Boston. Le dije que sí y se acabó el asunto.

Los agentes federales de custodia me llevaron a la cárcel del condado local donde pasé la noche. ¡Qué revelación fue aquello! Me pusieron a compartir la celda con un asesino convicto. Este fue mi primer contacto con un verdadero criminal y fue muy interesante. Fue convicto por asesinar a su esposa, a quien encontró en la cama con otro hombre.

Esa noche llamé a Mary. Ambos lloramos en el teléfono. Aquí estoy, un criminal más grande que la vida, en el teléfono en frente de 20 hombres en una sala recreacional, llorando en el teléfono. Pienso que mis lágrimas eran más del alivio que había finalizado mi odisea, que el viaje se había acabado y que ahora estaba listo para enfrentar la condena que me impusiera el juez.

Estaba cansado de correr, cansado de mentir, cansado de ser otra persona. Estaba cansado de estar cansado.

Me llenó un gran alivio. Podía ver a mami, a Mary, a Jessica, a la familia, sin temor a que me capturaran. Haberme ido por 18 meses había afectado grandemente a mi familia. El gobierno los acechaba constantemente a medida que pasaban los meses, los entrevistaban tratando de verificar si me había contactado con alguno de ellos. Una vez sacaron sus armas cuando miembros de la familia visitaron a Mary en nuestra casa en la Calle River en Norwell.

Mi cuñado y su esposa volaron de California a visitar a Mary. Cuando su auto se paró en la marquesina, lo rodearon agentes del FBI con armas apuntándoles. De más está decir que estaban aterrorizados. Los agentes pensaban que yo estaba escondido en el baúl y había venido a visitar a Mary.

En una ocasión, mi esposa Mary, junto a algunos de mis hermanos y hermanas, voló a visitar a unos familiares de mami en Nova Scotia, Canadá. Cuando regresaron los detuvieron a los seis en el Aeropuerto Internacional Logan en Boston por par de horas. Evidentemente, los agentes pensaron que yo me estaba escondiendo en Nova Scotia. Cada miembro de mi familia, amigos y conocidos tiene al menos una historia sobre recibir visitas del FBI o de los agentes de custodia federales.

Algunos fueron interrogados ante un gran jurado sobre mi paradero. Hasta siguieron a mi hija Jessica a Inglaterra cuando se fue de retiro con su clase de escuela superior. Yo le proporcioné mucha angustia a mi familia; la gente egoísta puede hacer cosas sumamente estúpidas en algunos momentos. Yo había sido increíblemente egoísta.

Me tomó tiempo poderle pedir perdón a todo el mundo y dejarles saber lo avergonzado que estaba por mi comportamiento terrible. Les escribí a cada uno y les expresé lo arrepentido que estaba por todo el dolor que les había hecho sufrir individual y colectivamente. Algunos miembros de la familia se mantuvieron alejados por meses; yo no podía culparlos. Me merecía toda su frialdad, ya que yo solo había ocasionado todo el coraje que sentían hacia mí.

Nunca me imaginé que era una celebridad tan famosa hasta que regresé a Boston y escuché todos los cuentos de mis familiares y amigos que fueron interrogados durante los 18 meses que yo fui un *man gone...*hombre desaparecido.

Al día siguiente, dos agentes federales de custodia vinieron de Boston a buscarme. Durante nuestro viaje de regreso y vuelo, me trataron con el mayor respeto. Las esposas en mis muñecas no estaban apretadas: me pusieron unas toallas sobre las manos para taparlas del público y no llamar la atención.

Nos sentamos en la parte trasera del avión. Yo estaba en el pasillo, con un agente al lado mío a mi derecha. El segundo agente estaba sentado detrás de mí. Llevaban sus armas en un bulto que colocaron en el asiento vacío al lado del agente que estaba detrás de mí.

Durante el vuelo, vi a alguien que había conocido en Cape Code unos cinco años antes. Cuando se paró a ir al baño, me saludó, lo que levantó la alarma en mis agentes. El que estaba sentado al lado mío me dijo, "no le vuelvas a hablar."

El que estaba detrás de mí, se paró y me dijo, "No le respondas si te dice algo más." Lo velaron como falcones listos para atacar a su presa.

Cuando salió del baño, me pasó por el lado sin decirme nada. Él, al igual que yo, pareció percibir un problema y respondió con silencio. Ni siquiera recuerdo su nombre, pero sí nos recuerdo a los dos haciendo carreras por la calle principal en Hyannis, Massachusetts.

Yo estaba en mi Ferrari; él en su Porsche 944. Me provocó a destrozarlo porque su 944 no era competencia para el 328 GTSi turbo. Corrimos como por 50 yardas antes de que ninguno soltara el pedal de la gasolina. Mi récord recibiendo boletos por exceso de velocidad era legendario con la policía. No quería perder mi licencia por lucirme.

Ser un escuincle malcriado de 44 años viene por causa de obtener una fortuna rápida y la mentalidad de invencibilidad. La arrogancia era un rasgo que había adquirido gracias a los millones que me había ganado en el mercado de valores. No me tranquiliza saber que esta es una condición terrible en la que muchos caen víctimas.

El agente a cargo de mi caso estaba muy satisfecho de que me hubieran capturado. Cuando llegamos a Boston, me pusieron en una celda temporera en las oficinas de los agentes federales de custodia. Desde mi punto de vista, pude ver muchas sonrisas y manos chocando con sus compañeros agentes. Para este momento, todo el mundo estaba feliz que mi carrera como fugitivo hubiese terminado.

Esa tarde los agentes me llevaron a la Correccional en el Condado de Plymouth, Massachusetts. Esta es una instalación estatal en la que los federales contratan camas para criminales federales en proceso de asistir a vistas en los tribunales.

Cuando llegué a Massachusetts tenía $51 en el bolsillo. Esto era todo el dinero que me quedaba de los millones que había acumulado en un período de 27 años. Muchos continúan pensando que yo tengo activos guardados para un día futuro. Me río, y pienso, guau, eso estaría bueno; pero no es así.

Definitivamente, hubiera podido ser así, pero dadas mis malas decisiones y mi estilo de vida flamboyante, es solo envidia o deseos reprimidos por parte de algunos, lo que surge de vez en cuando.

La seguridad en la instalación pintoresca de Bowling Green, Kentucky, palideció en comparación a la rebúsqueda de las cavidades corporales en Plymouth.

Eso sí que fue revelador y un vistazo de lo que vendría.

CAPÍTULO 19

ENCONTRANDO AL HERMANO DE MI MEJOR AMIGO EN UN LUGAR EXTRAÑO

Después de desvestirme y llevarme descalzo y desnudo a una celda temporera, me dejaron solo en lo que el personal procesaba a otros.

Al entrar a la celda, vi a otro hombre encorvado en el banco de bloques de cemento. Parecía estar borracho y en una condición terrible. Me parecía familiar, pero no sabía de dónde. Él, sin embargo, se acordó de mí, "Richie, ¿cómo estás?"

¡Guau! Era el hermano menor de mi mejor amigo, Clyde, con quien me había criado en los proyectos de East Boston. Yo era como parte de su familia hasta que me fui de East Boston para mudarme a California con mami y mis hermanas Donna y Dianne.

La mamá de Richie me consideraba familia porque yo pasaba mucho tiempo en su casa durante la semana. Él nació mientras yo estaba en California y ella me dijo que le había puesto mi nombre con la esperanza de que saliera tan buen muchacho como yo.

Yo estaba contento de ver una cara familiar, pero no en el lugar ni bajo las condiciones en que nos encontramos. La cara redonda de Richie estaba hinchada y la peste a alcohol permeaba toda el área en la que estábamos confinados. Su pelo negro estaba despeinado, como si se hubiese acabado de levantar. Estaba en un terrible letargo.

El problema de Richie se notaba a leguas, se veía claramente que era un borrachón. Triste caso, en verdad. Yo sé que todos tenemos un espacio vacío en nuestros corazones; algunos lo llenan con alcohol, drogas, riqueza, sexo, deportes, carreras, películas, etc., pero todavía me dolió verlo así.

Con palabras mal articuladas, me explicó lo que le había pasado en un autobús en East Boston. Estaba bebiendo en el autobús y peleó con el chofer quien se lo notificó a la policía de la Autoridad de Transportación de la Bahía de Massachusetts (MBTA, por sus siglas en inglés). Trataron de bajar a Richie del autobús. Como no se quería ir, peleó con ellos, la situación escaló hasta que acabó aquí conmigo.

Después de nuestra indoctrinación en el Condado de Plymouth, nos dieron monos marrones y nos asignaron literas en un área grande y abierta, similar a lo que yo había experimentado en la Fuerza Aérea. Mi entrenamiento militar muchos años antes me vendría bien dentro del sistema de cárceles, ya que mucho de lo que se hace dentro de este marco es de esa misma naturaleza, desde cómo hacer las camas, cómo colocar las botas debajo de la cama, hasta cómo mantener nuestros armarios.

Richie y yo encontramos dos literas vacías, una al lado de la otra y ahí nos acomodamos a pasar la noche. La mañana siguiente, nos despertó la entrega de las bandejas del desayuno. La mayoría de los hombres se levantaban temprano a desayunar luego regresaban a sus literas a seguir durmiendo.

Nos alimentaban con una porción pequeña de cereal frío, dos pintas de leche y una manzana. Esta sería la norma para la mayoría de mis mañanas por los próximos 18 años.

Desde el dormitorio podía llamar a mi esposa con cargos revertidos y dejarle saber que me encontraba bien y me estaba ajustando a mi nueva vida. Las llamadas con cargos revertidos eran carísimas, casi prohibitivas. Una llamada de quince minutos salía en $8. Durante el transcurso de mi vida en prisión rara vez usé esta opción, ya que no podía justificar gastar tanto dinero a menos que fuera una emergencia.

"¿De veras?," dijo Mary cuando le conté que Richie estaba conmigo. Compartimos recuerdos de la familia de nuestro amigo mutuo, Clyde, a la que no había visto desde la muerte de Clyde en febrero de 1989.

Cuando colgué estaba casi ahogado en recuerdos de mi infancia. Dondequiera que uno de nosotros estuviera, el otro no estaba muy lejos. Una gran amistad se desarrolló durante aquellos años y no concluyó hasta que mi amigo murió.

CAPÍTULO 20

APRENDIENDO EL SISTEMA

Me quedé en el Condado de Plymouth durante seis semanas. Fue bueno tener a Richie conmigo por unos días. Él me ayudó a familiarizarme con el sistema y me dio buenos consejos para maniobrar dentro de la instalación. Después de completar el proceso de entrada, nos asignaron a diferentes áreas dentro del edificio.

Nunca volví a ver a Richie. Después me enteré que su familia había dejado de comunicarse con él por su alcoholismo.

Mi nueva vivienda era una celda con cuatro literas de acero con una pequeña apertura por debajo para guardar artículos personales pequeños. No había más nada para guardar cosas. Todos los confinados dentro de nuestra área estaban mezclados, algunos era federales, mientras que la mayoría eran estatales que estaban allí temporeramente esperando vistas en el tribunal o ser sentenciados.

Cada área tenía capacidad para 75 hombres; dos pisos con un par de duchas al fondo de cada uno. Comíamos en mesas cuadradas para cuatro. Los calzoncillos eran un lujo (dos por hombre) así que cada uno de nosotros lavábamos la ropa interior en la ducha con jabón y los secábamos en nuestras celdas para reusarlos en días alternos.

Era muy difícil conocer gente allí. Yo estaba extremadamente reservado y nervioso de estar alrededor de hombres que yo sabía que eran peligrosos, pero no cuán peligrosos. Algunos eran asesinos, asaltantes de bancos y varios diferentes asaltantes sexuales. Éramos una mezcolanza de los desechos de la sociedad. Yo no sabía como encajar en esta matriz de la humanidad.

CAPÍTULO 21

CONFIRMADA LA SENTENCIA DE 24 AÑOS

El 12 de septiembre de 1995, alrededor de dos semanas después de mi llegada a Boston, fui sentenciado por el Juez Federal William G. Young en la sala nueve del tribunal.

Antes de sentenciarme, los guardias federales permitieron que mi mamá me visitara en la celda de espera. El salón tenía ventanas grandes en todas las paredes incluyendo una ventana en la puerta. Me sentía como un pececito en una pecera que todos podían mirar. El ambiente era bastante incómodo para mi mamá y yo. Solo pudimos hablar por unos minutos. Oramos para que todo saliera bien.

También me reuní con mi abogado Bill quien vino de Nueva Jersey para la vista de sentencia. Discutimos brevemente las guías de sentencia de los Estados Unidos y lo que él pensaba que el juez me impondría como sentencia.

Una vez terminamos nuestra conversación, dos guardias federales llegaron, me esposaron y me escoltaron por el pasillo a un ascensor. Iba uno a cada lado mío entrando a sala. Una de las agentes era muy linda con pelo rubio en un rabo de caballo. Muchos de los hombres en la sala estaban prestándole toda su atención a ella, no a mí.

Una vez en la sala, me senté con mi abogado y escuché los comentarios del fiscal y el juez con respecto a mi caso y a mi comportamiento.

Los dos federales estaban parados varios pies detrás de mí. Fue obvio que no me iría bien debido a mi huída. Yo estaba en paz sabiendo que mi vida estaba en sus manos y que yo solo tenía que escuchar y aprender de estas experiencias.

Después de que el juez proclamó su sentencia de 24 años, mi abogado Bill se puso de pie y le mencionó al juez que la sentencia era de naturaleza muy severa. El juez afirmó este pensamiento y dijo que el caso y mi comportamiento la justificaban.

El Juez Young dijo, "Sr. Mangone, usted le ha arruinado la vida a muchas personas, a mucha gente que ni conoce. Estar arrepentido no es ni la mitad del asunto. Esa es la sentencia de este tribunal. A la misma vez, no soy insensible ante la severa naturaleza de la sentencia. Creo que es apropiada bajo las circunstancias y llego a ella después de una cuidadosa reflexión. Esta es la sentencia de este tribunal."

Cuando el juez me preguntó si tenía algo que decir, irrumpí en llanto por un corto tiempo. Soy una persona emocional, pero el llanto era más de pena hacia mí mismo, no por lo que había hecho. No fue hasta muchos años después que logré aceptar la responsabilidad total por mis crímenes y acciones durante esos años de vivir sin preocupaciones.

Leí una declaración que escribí una hora antes, mientras esperaba por los federales. Mi declaración genérica era como las que otros habían redactado diciendo que estaba arrepentido de lo que había hecho y por los que había lastimado. Una declaración genérica que tuvo muy poco impacto en la corte o en otros hasta que dije que iba servir a Dios en prisión y fuera ya que mi vida ahora estaba dedicada a Él.

El juez dijo, "Usted ha afectado negativamente la vida de muchas personas y desconoce la mitad del daño que ocasionó." No tenía razón para dudar de sus comentarios. En el mejor de los casos mi visión era mínima.

En un aparte pude leer en el monitor que el fiscal quería que el juez me enviara a una prisión de máxima seguridad. El juez denegó esta petición y dijo que no había evidencia en mi crimen ni violencia que exigiera este tipo de institución.

Veinticuatro años era la sentencia más larga jamás impuesta a un criminal de cuello blanco en Massachusetts hasta aquel momento. Había hecho historia en una manera muy negativa y personal. Era difícil aceptarlo.

Mi familia me escribió en muchas ocasiones; algunos me visitaban semanalmente en el Condado de Plymouth. Los podía ver a través de una ventana de cristal y hablarles por teléfono. Algunos de los teléfonos estaban rotos así que en algunas ocasiones solo podíamos mirarnos y sonreir.

Me rompía el corazón ver a mi madre de 89 años tan triste por verme en prisión. Una vez había estado tan orgullosa de su hijo, graduado de universidad, director ejecutivo de una institución financiera.

A pesar de mis alrededores, anhelaba la bendición de ver a aquellos que amaba. Cada visita de una hora pasaba muy rápido para nosotros, demasiado rápido.

Cada tarde había un aviso de correo antes de encerrarnos por una hora antes de la cena. El correo era un evento importante en mi vida. Me recordaba los avisos de correo en la provincia Da Lat en Vietnam cuando serví en la Fuerza Aérea.

La mayoría de los hombres no reciben correspondencia a menudo de sus seres queridos. En vez, esperan con gran anticipación y corazones ansiosos la llegada de las queridas visitas personales. El vivir cerca de la familia y amigos tenía sus beneficios.

Yo estaba rabiando por la sentencia del juez durante un aviso de correo. Mientras los hombres se paraban alrededor del podio de los oficiales de corrección, yo no estaba pendiente al correo, pero cuando escuché mi nombre me alegré bien pronto. En ese punto, la alegría llenó mi corazón.

La carta fue más emocionante porque era de mi hija Jessica, la primera que me enviaba desde que fui encarcelado.

Corriendo a mi litera, la abrí y me saboree cada palabra como si fuera una copa de un vino carísimo. Nuestra celda albergaba cuatro confinados y los otros tres estaban leyendo su correspondencia o en contemplación silenciosa.

Después de leerla dos veces, puse el sobre debajo de mi colchón a la cabecera de mi cama. Poco me podía imaginar que un pequeño haitiano de mediana edad llamado François me estaba observando del otro lado de la celda. Él no consideraba que el aseo personal era importante.

Era bastante extraño. Yo lo había observado practicando su religión, el vudú. Su altar estaba en el piso al pie de su cama, y cada día él hacía sus oraciones y ofrendas. Yo le pregunté sobre sus creencias y él felizmente me explicó su religión.

Tanto las enseñanzas católicas como las protestantes presentan al vudú como magia y brujería. Ambas condenan sus prácticas, aunque la mayoría de los haitianos creen que sus prácticas pueden coexistir con el catolicismo.

Un par de días después recibí una visita de mi esposa Mary. Estaba llorando en la sala de visitantes.

"¿Qué pasá?", le pregunté.

"Un hombre llamado François le escribió a Jessica diciéndole que te conocía y que quería que Jessica fuera su novia."

Impactante no es suficiente para describir mi reacción.

Mi esposa ya había tomado medidas. Había llamado a los federales y les había explicado lo que había pasado. Le dijeron que ellos se ocuparían del asunto y que no se preocupara por la carta.

Después de un incómoda visita con Mary, regresé a mi celda. No podía contener mis emociones. Cuando entré quería caerle encima a François. Mi mejor juicio me hizo contenerme.

Le pregunté, "¿Por qué hiciste semejante barbaridad?"

No me respondió. En vez me dejó saber que tenía muchos amigos en el sistema de prisiones. "Si me causas algún problema, me aseguraré que tengas una vida miserable donde quiera que vayas."

Poco tiempo después me llamaron a la oficina de un miembro del personal quien me explicó que los federales habían llamado y habían decidido cambiarme de unidad para evitar más asuntos. Cuando llegué a mi celda noté que François y su altar no estaban. Nunca lo volví a ver ni nadie en mi familia recibió más comunicados de él después de ese incidente.

Fue mi primera experiencia aterradora y pudo acabar en un altercado físico. Me alegro que me pude controlar. De ese punto en adelante siempre rompía la parte superior izquierda de los sobres donde estaba la dirección y los echaba al inodoro. Continúo haciendo esto en plena libertad y viviendo en mi apartamento.

La segunda experiencia aterradora ocurrió justo antes de ser transferido al norte de Nueva York. Yo acostumbraba a invitar a otros confinados a nuestro programa semanal de estudios bíblicos. Un día invité a Steve que cenaba en nuestra mesa regularmente, a que asistiera. Me gustó que dijo que sí.

Steve, de unos 35 años, era un hombre musculoso como de seis pies con un cuerpo que decía que pasaba horas en el gimnasio. Su cara estaba endurecida. Nunca lo vi sonreír ni le escuché reírse en las semanas en que compartimos el pan o asistimos a estudios bíblicos.

Me dijo que estaba con nosotros por una revuelta que había ocurrido hacía un mes en otra prisión de Massachusetts. Steve estaba esperando una vista en corte en relación a los cargos de haber atacado a un oficial correccional durante la revuelta.

Una tarde, anunciaron que nuestro programa de estudios bíblicos estaba retrasado y el oficial en la puerta nos hizo claro que teníamos que avanzar si pensábamos asistir ese día. En seguida busqué a Steve para dejarle saber, pero no lo vi en la unidad. En mi prisa salí de la unidad y me fui al estudio. Esa noche, después de la cena, Steve me llamó a su celda.

"¿Qué hay?", le pregunté.

Steve me dio una cachetada. La fuerza fue tanta que mi cabeza se echó hacia atrás. Casi no me podía parar. Me senté en la litera de otro confinado. "¿Por qué?" le pregunté, aunque el dolor casi me imposibilitaba hablar.

"Estoy molesto. No me buscaste para estudios bíblicos hoy."

"Lo siento. Nos sacaron de prisa de la unidad. Pero te busqué."

No aceptó mi explicación. Justo cuando creía que me iba a pegar de nuevo, el oficial de la unidad entró a la celda.

Pensé que nos había escuchado y venía a ver si había alguien herido. Para mi sorpresa, dijo, "Mangone, empaca. Te vas mañana por la mañana."

¡Qué alivio! Mi dolor me abandonó inmediatamente cuando me di cuenta que me estaría alejando de este hombre peligroso y perturbado. No me puedo imaginar cuán difíciles hubieran sido esos días si no me hubieran transferido.

Más adelante, un psicólogo de la prisión me dijo que más del 50 por ciento de la población de la prisión está clasificada como esquizofrénica-paranoide. Esto me ayudó a entender el ambiente en el que estaba viviendo y los peligros diarios a los que me enfrentaba.

Bien temprano la mañana siguiente, dos guardias federales nos recogieron a mí y a dos confinados más. ¡Qué sensación de gozo llenó mi corazón al dejar atrás los recuerdos de François, Steve y el Condado de Plymouth!

Mis experiencias viajando con los federales siempre eran placenteras. Trataban a los confinados con mucho más respeto que cualquier otro personal de prisión de condado o federal. No estoy seguro por qué. Quizás es su entrenamiento, pero sus actitudes eran mucho más profesionales que lo que yo experimenté en años subsiguientes. Eran más amigables y habladores, haciendo preguntas sobre cómo nos estábamos ajustando a la vida en prisión y qué pensábamos de la prisión. Parecían estar verdaderamente interesados en nuestro bienestar. Cuando paraban a tomarse un café siempre nos preguntaban si queríamos algo de comer o beber.

Los federales nos llevaron de Plymouth, Massachusetts a la autopista interestatal 93, a través de New Hampshire hasta la autopista interestatal 89 hasta St. Albans, Vermont. Cuando llegamos a St. Albans pasamos la noche en una instalación local del condado.

La mayoría de estas instalaciones pequeñas albergan criminales locales que han cometido crímenes que exigen cierto aislamiento y castigo por infracciones menores como uso de pequeñas cantidades de drogas o asuntos relacionados al alcohol que son más bien una molestia social, más que un crimen.

El gobierno federal mantiene contratos con estas instalaciones para espacio de camas incluyendo proveer medicamentos recetados, comidas y albergue durante un momento particular dependiendo de los casos particulares.

Para distancias más largas usan sus propios autobuses con centros dentro de cada región y aviones para llevar a los confinados a través de la red de 116 instalaciones federales dentro de los Estados Unidos que albergan aproximadamente 209,000 confinados federales.

CAPÍTULO 22

LLEGANDO A LA CASA GRANDE

Muy temprano la mañana siguiente, nos recogió otro equipo de agentes federales de custodia que nos guiaron por aproximadamente dos horas a una instalación de seguridad mediana llamada Institución Correccional Federal (FCI, por sus siglas en inglés) Ray Brook, en el estado de Nueva York.

Al llegar, cada confinado pasa por un examen exhaustivo para determinar su vivienda en la instalación. El caso o crimen, o si alguien tiene cómplices en la instalación con quienes le está prohibido mezclarse, determina dónde se va a hospedar finalmente.

La mayoría van a población regular, mientras que algunos van a la unidad de vivienda especial (SHU, por sus siglas en inglés) o como le llaman los confinados: el Hoyo.

Como mi crimen era de vainilla por naturaleza, me asignaron a la población general en una unidad llamada Mohawk-A. FCI Ray Brook tenía seis unidades llamadas como seis ríos del estado de Nueva York. La mayoría de las unidades tenían dos lados: A y B con aproximadamente 112 hombres por unidad, excepto Saranac (confinados de campamento) que dormía un máximo de 48 hombres que hacían faenas dentro y fuera de la prisión.

Todas las unidades quedaban en el lado de un cerro, lo que permitía el mejor uso del terreno disponible. Detrás de las unidades, el paisaje se inclinaba 40 grados hasta la cima de la loma. El resto de la instalación estaba en la parte baja del terreno. La prisión quedaba como a 1,500 pies sobre el nivel del mar entre las Montañas Adirondack.

Durante mi proceso de entrada, nunca me olvidaré de un director de caso que examinando mi archivo, me preguntó, "¿Dónde están los cuerpos?

Yo pensé que estaba bromeando. No lo estaba.

Capturado: La carrera de un banquero a prisión

Nunca antes había visto una sentencia de 24 años por un crimen de la índole del mío. Muchos años más tarde, este señor fue muy proactivo ayudándome a llegar al nivel de menor seguridad, el campamento.

La oficina de entrevistas en R&D estaba mugrosa, probablemente por los años que hacía que no la pintaban. Quizás había sido un salón de archivos en otro momento, ya que había manchas y raspaduras de gabinetes a mitad de las paredes cremas. Lo único que había allí en ese momento era un escritorio negro y dos sillas plásticas cremas. El entrevistador y yo nos sentamos en ellas mientras él procesaba mi archivo.

La mayoría del personal era local y trabajaban en Ray Brook por la falta de oportunidades que había en el sector privado. Los empleos de gobierno eran lo mejor en esta área, más el beneficio de poder retirarte a los 50 con 20 años de servicio era tremendo atractivo.

Muchas de las posiciones de mayor antigüedad las transferían como cada dos años. Estos empleados estaban alineados para la vía rápida en otras posiciones y locales del Negociado de Prisiones (BOP, por sus siglas en inglés).

Mi llegada a Ray Brook fue reveladora, después de haber estado encerrado en una celda con movimiento limitado por muchas semanas. La instalación estatal tenía muy pocas actividades al aire libre y movimientos muy restringidos durante el día.

Cuando yo llegué en noviembre del 1995, la prisión estaba saliendo de un cierre total producto de la Marcha de un Millón de Hombres del 16 de octubre de 1995 en Washington, D. C. Las comunidades negras y musulmanas habían estado movilizándose y causando problemas para mostrar su solidaridad con la marcha en Washington.

Un informante dentro de los confinados le notificó al teniente de los servicios investigativos especiales (SIS, por sus siglas en inglés) que un grupo estaba planificando secuestrar al director para negociar mejores condiciones de vivienda. El personal evitó el secuestro y castigó a la población con el cierre. Se usaron autobuses de BOP para transferir a más de 100 confinados a cárceles de máxima seguridad por su envolvimiento en el atentado. Las cosas estaban regresando a la normalidad cuando yo llegué.

De repente estaba viviendo en un local de 10 acres con seis unidades de vivienda, incluyendo un edificio administrativo, cocina/comedor, lavandería, mantenimiento general, recreación, educación, una fábrica en la prisión (Unicor), capilla, comisaría, hospital y departamento de psicología. Los primeros días se me hizo fácil perderme, no sabiendo todavía donde quedaba cada departamento.

La mayor parte de mi tiempo estaba trabajando, en el cuarto o en la capilla. Me mantuve solitario los primeros meses en lo que trataba de aprender mi camino y entender lo más posible del sistema.

Unicor, también conocida como las Industrias de Prisiones Federales (FPI, por sus siglas en inglés) es una corporación del gobierno de los EEUU, formada en el 1934 para utilizar labor penal para producir bienes y servicios para el Gobierno Federal y ahora también para el sector privado.

Durante sus 30 años de operaciones, la Unicor de Ray Brook ha mantenido una imprenta, creado frisas para desastres, sábanas, guantes y ha cumplido con contratos militares produciendo cubiertas para cantimploras, bolsos para municiones y bultos para cascos.

Hoy día, la fábrica manufactura camisas y abrigos de invierno para los confinados y se las vende a otras prisiones dentro del BOP.

En su momento pico, la fuerza laboral era de aproximadamente 250 confinados. Recortes y límites en los contratos han reducido los empleos a más o menos 100 hombres.

Una prisión federal es una ciudad autónoma. Todo lo necesario para las operaciones diarias está allí. Toda la comida y suministros llegan a los edificios exteriores en camiones y se entran a la prisión en montacargas que remolcan carretas de superficie plana.

Los 1,200 confinados dentro de la instalación le dan mantenimiento general, cocinan y llevan a cabo el trabajo de la fábrica, supervisados por personal entrenado. Nuestra prisión empleaba a aproximadamente 300 empleados federales cubriendo tres turnos, para supervisión y vigilancia 24/7.

Comparo a BOP con un sistema sofisticado de Holiday Inn. Todos los confinados son examinados y reciben puntos por todos los aspectos de sus crímenes, incluyendo su historial criminal y lo largo de su condena. Cada prisión está designada entre campamento hasta Instalación de Seguridad Súper Máxima. FCI Ray Brook es una instalación de seguridad mediana. Mientras más puntos tiene un confinado, más subirá en el sistema.

Debido a mis 24 años de sentencia con un mínimo de puntos, me asignaron a una instalación de seguridad mediana. Uno de mis ex-compañeros, con los mismos puntos que yo, pero con una sentencia de 15 años, fue asignado a una instalación de baja seguridad. Otros dos fueron asignados a campamentos porque iban a servir menos de diez años con puntuación similar.

Cada uno tiene una localización asignada dentro del sistema con los puntos que reflejan quiénes somos y qué hicimos. Yo empecé con seis puntos y bajé a cero para los últimos 10 años de mi sentencia. Te quitan puntos por buena conducta, educación y programación, asignaciones de trabajo, edad y tiempo servido.

Los directores de casos tienen un *Plan de desarrollo de destrezas del confinado* para cada confinado que dirigen. Hay nueve destrezas en el plan que cubren todos los aspectos de la vida del confinado en prisión. Las áreas incluyen académica, vocacional, interpersonal, bienestar, salud mental, cognitiva, carácter, tiempo libre y diario vivir.

A tu director de caso no se le escapa nada. A los confinados les conviene prestarle atención a estas áreas, ya que son la base para recibir programación adicional en un hogar transicional o ser transferido a una prisión de menos seguridad según va terminando su sentencia.

Los confinados usan ropa caqui con sus nombres y números de identificación impresos en un parche colocado sobre el bolsillo izquierdo de la camisa y sobre el bolsillo trasero izquierdo del pantalón. Esto es para que el personal nos pueda identificar, pero así nos conocemos nosotros también.

Yo era 19201-038. El Departamento de Probatorias asigna los números. Esto le dice al personal y otros que soy del área de Boston (038) y que era el confinado 19,201 de mi área.

Si mis últimos tres números hubiesen sido 748, yo hubiera estado clasificado como un confinado de crimen organizado. 000 me identificaría como confinado cubano. Si mi caso hubiera sido de Washington, D.C., yo hubiera sido 007 como James Bond.

Aparte del 748 y el 000, todos los demás números finales reflejan el área de donde viene el caso del confinado. Esto es similar a los números de seguro social, donde los primeros tres dígitos reflejan el área donde sacaste tu número.

Al llegar a mis aposentos (Mohawk) un compañero confinado me bendijo con una Biblia de referencia en cuero Thompson Chain KJV. ¡Qué regalo más genial! Es uno que continúo usando el día de hoy. Una iglesia local con un ministerio en prisión enviaba una Biblia al mes para estudiantes serios de la Palabra. Jim, quien me dio la Biblia, era del área de la iglesia y ellos le permitían escoger a quien dársela, quien él pensara que la iba a aprovechar a plenitud.

La Iglesia Cristiana Harvest de Bennington, Vermont fundó el Ministerio de Prisión Harvest (HPM, por sus siglas en inglés) en 1993. El propósito de

HPM es proveer apoyo cristiano y motivación a individuos encarcelados y a sus familias a través de los programas de Biblia y el árbol de ángeles (Angel Tree).

Los programas están financiados por miembros de la iglesias y personas previamente encarceladas que han reingresado a la sociedad.

El Programa Angel Tree lo empezó un ex-confinado que vio la necesidad cuando sirvió una sentencia por su rol en el escándalo de Watergate que derrocó al Presidente Richard Milhous Nixon. El confinado que comenzó el ministerio de prisión que continúa hoy como Prison Fellowship fue Charles (Chuck) Colson.

CAPÍTULO 23

CONSIGUIENDO TRABAJO DENTRO DE LA PRISIÓN

Jim era de Brattleboro, Vermont y estaba en prisión por una violación federal de un criminal en posesión de un arma. Me contó que lo arrestaron por perseguir a su esposa por la calle con una escopeta. Era un tipo bastante extraño, con una personalidad que me hacía sentir incómodo solo estando en la celda con él. Pero como yo era nuevo, estaba obligado a aceptar lo que él me ofrecía.

Además de darme una Biblia, él fue instrumental en ayudarme a obtener mi primer trabajo. Él trabajaba en la lavandería de la prisión; su recomendación fue aceptada y el capataz de la lavandería me empleó para trabajar ayudando a doblar frisas y sábanas todos los días de lunes a viernes.

Lo primero que vi al entrar a la lavandería fueron las columnas de pantalones caqui ordenadamente colocados en las tablillas de madera. La operación es muy profesional y no se diferencia de las instalaciones militares donde visten a los nuevos soldados. El equipo de lavandería está acomodado en la parte trasera del edificio con espacio para una máquina de coser y un área para botas para cubrir todas las necesidades de vestimenta.

Nunca olvidaré mi primer cheque. Estaba ganándome 12 centavos la hora y mi paga mensual era de $18.00. El repago de mis costas legales y el contrato de restitución que yo había firmado cuando llegué requerían un pago de $25.00 mensuales. Inmediatamente quedé en negativo $7.00.

Hoy día esto parece algo pequeño, pero en los primeros días de mi vida en prisión fue un golpe muy fuerte ya que mis fondos eran pocos. Ni siquiera tenía para cubrir las necesidades de higiene personal. En un mes me aumentaron a 17 centavos la hora, lo que cubría mi gasto mensual pero no me dejaba nada para mí.

¡Qué cambio de mi ingreso de seis cifras en la cooperativa crediticia!

Mi familia no tenía idea de que todos mis objetos personales, ropa, zapatos, productos de higiene personal y cualquier bebida, como café, había que comprarlos en la comisaría de la prisión. La asignación de ropa de la prisión era de cuatro camisetas, ropa interior, termales, medias y un par de botas. Un abrigo con capucha, tres pares de uniformes de trabajo, un sombrero, una correa, una bufanda y un par de guantes. Las temperaturas de invierno locales llegaban a -20°F, lo que es normal en las Adirondacks. Cualquier otra ropa que un confinado desee tiene que comprarla en la comisaría.

Trabajar en la lavandería tenía sus recompensas. Aprendí a usar las lavadoras y secadoras comerciales mientras ayudaba en todos los aspectos operacionales de la lavandería. Cinco meses más tarde, el capellán de la prisión me pidió que me convirtiera en su asistente clerical. Esto me parecía una promoción ya que me ganaría alrededor de $50.00 mensuales y disfrutaría de la compañía de un hombre que disfrutaba su ministerio.

Era muy divertido montar las sillas semanalmente para la iglesia y los bautizos. Yo también ayudaba a catalogar los cientos de libros y grabaciones que estaban en la capilla cubriendo todas las religiones mayores y algunas menores como las de los nativo americanos, la santería, la brujería y el paganismo nórdico. La libertad religiosa está vivita y coleando dentro del marco del sistema de prisiones de los Estados Unidos.

Los musulmanes, que están radicalizados, aparentan ser los más peligrosos para los estadounidenses según informado por Chuck Colson al Congreso a mediados de los años 80. Muchos negros descontentos se unieron al grupo primero para protección y luego, después de muchos meses, para ser radicalizados por sus hermanos más combativos. Varias sectas de fe se reúnen en la capilla semanalmente para orar y estudiar. Se ha escrito mucho sobre estos eventos y habiendo sido testigo ocular de sus reuniones, puedo decir que estos informes que están siendo publicados son ciertos.

Disfruté de cinco meses trabajando en la capilla hasta que ocurrió un evento que me causó angustia y dolor. Nuestra capilla en la prisión pertenecía a la misma afiliación eclesiástica que el capellán regional. El capellán regional conocía a mi sobrino Larry quien vendría a las iglesias locales de nuestra área para recaudar fondos para su primer viaje misionero a Bangladesh.

Después de varias llamadas telefónicas, nuestro capellán me dijo, "Tu sobrino Larry viene a FCI Ray Brook a predicarle a los hombres en un servicio especial de sábado en la tarde."

Me emocioné. Yo no había visto a Larry en varios años porque él vivía fuera de Boston.

Trajeron a Larry a la capilla a conocer a nuestro capellán y a discutir su viaje a Bangladesh. Si muchos de los hombres estaban emocionados, yo estaba extático.

Él discutió la extrema pobreza de este país tercermundista, al que llamaban cuartomundista por sus niveles de pobreza. Nos dijo que una familia pobre de cinco en esa nación vive con $100 al año. Esto es mucho menos que ningún confinado viviendo dentro de nuestro sistema de prisiones.

Los hombres no podían creerlo.

"Los pobres se transportan brincando en los lados de los autobuses, agarrándose de las ventanas hasta que saltan en su parada deseada," dijo y continuó, "Algunos diez minutos antes de yo llegar, un niño se cayó del autobús."

Las gomas traseras del autobús le pasaron por encima y lo mataron. Pero lo más trágico no fue su muerte. "Dos hombres arrastraron el cadáver al lado de la carretera y lo dejaron allí. Ni siquiera lo cubrieron. La gente de la villa local, furiosos por el incidente, quemaron el autobús en venganza mientras el chofer se escapó corriendo. Llamaron el quemar el autobús justicia de la villa."

Muchos de los hombres presentes, que se habían escapado de México y América del Sur y creían que venían de pobreza extrema no conocían de la pobreza más profunda en otras partes del mundo.

El sermón de Larry nos tocó profundamente. Después del servicio, pasé algunos minutos hablando con él antes de que llamaran a los confinados.

Nunca me di cuenta de las repercusiones que tendría.

CAPÍTULO 24

Y CAIGO EN EL HOYO

Dos días más tarde entendí el impacto que tuvo Larry sobre la administración de la prisión. Su visita aprobada causó una serie de problemas potenciales de seguridad para el capellán y para mí.

Mientras trabajaba en la capilla, dos guardias de la prisión vinieron al área del capellán. "Vírese." Me esposaron.

"¿Qué pasa?," pregunté mientras los vi hablando con el capellán brevemente. Nunca supe lo que dijeron.

Me llevaron a la unidad de vivienda especial (SHU, por sus siglas en inglés), también conocida como el Hoyo.

Cuando entré al área de seguridad máxima dentro de la prisión me quitaron la ropa y me dijeron que me pusiera las manos en las nalgas, las abriera y tosiera: algo normal que le hacen a los confinados cuando los van a encerrar. Me pusieron en una celda seca a la izquierda de la estación del oficial para que me pudieran observar.

Cuando un prisionero está en una celda seca no puede halar la cadena de su propio inodoro (colocan una trampa para que el personal pueda examinar tus desperdicios.) Una plancha de cemento que parece la mesa en una morgue está en el centro de la habitación y se convierte en el lugar para dormir. Hay brazaletes de hierro a los lados de la mesa en caso que haya que usar correas de cuero para restringirte. El personal está buscando drogas que puedas haberte tragado o insertado en la cavidad anal.

Me dieron un mono anaranjado sin ropa interior ni asuntos personales. Sin colchón, sin sábanas, sin frisa, solo el mono de algodón liviano para calentarme. Traté de dormir en este cuarto sobre alumbrado con cuatro lámparas fluorescentes colgando del techo. No pude dormir nada la primera noche.

La segunda y tercera noche, bregué con estas condiciones. No me daban nada más que una bandeja de comida tres veces al día; nada para leer o escribir. Estaba verdaderamente aislado.

Cuarenta y ocho horas más tarde, descubrí que me estaban investigando por entrar drogas a la población de la prisión a través de mi sobrino Larry. Suena loco, pero estas cosas pasan. En mi caso, agradezco que eso no estaba en nuestras mentes.

A pesar de las acusaciones, la investigación no produjo nada. Observaron mis excrementos por tres días completos.

El capellán vino a entrevistarme después de tres días. A él también lo estaban investigando porque él y su esposa tenían una buena casa y el personal de SIS pensaba que quizás yo había contribuido a su bienestar. Parece que alguien había informado que el capellán y yo nos estábamos haciendo amigos y el personal de la prisión se preocupó ante estos informes. Mi historial no me benefició porque el personal investigativo pensó que yo estaba tratando de coger al capellán de tonto.

Nadie salió afectado, pero las sospechas volaron por todas partes. Me dejaron en el Hoyo por cinco días. Había perdido mi celda y algunos efectos personales en la transferencia cuando empacaron, lo cual es rutina cuando un confinado va al Hoyo. La propiedad federal regresa a la lavandería para cuidarla y los efectos personales del confinado los guardan en cajas plásticas en el Hoyo. Estos efectos te los devuelven cuando te sueltan y los guardan en bultos militares para el transporte de vuelta a la unidad.

Durante los cinco días solo hablé con el capellán. Nadie más del personal me vino a entrevistar. Al soltarme, de camino a recoger mis cosas en la lavandería, le pasé por el lado al capitán de la prisión. Le pregunté por qué me habían encerrado y me respondió, "Por fraternización con empleados." Le pregunté si volvería a trabajar en la faena de la capilla y dijo, "¡NO!"

Perdí un gran trabajo por sospechas falsas. Aprendí mucho de esta experiencia y de la vida en prisión en general. Todo el mundo es culpable hasta que lo prueban inocente, lo opuesto a lo que dicen las alegadas libertades que tienen todos los estadounidenses, excepto los criminales convictos. Cuando entras a la oficina del capitán hay un letrero que dice: "Cuando tengas dudas, reta."

Richard D. Mangone

CAPÍTULO 25

FUGA DE LA PRISIÓN

Durante los 35 años de historia de FCI Ray Brook, solo se escaparon dos veces. Las dos veces escalaron dos verjas con alambre de púa. La primera vez fue en 1982 durante su segundo año de operaciones. La segunda, aproximadamente catorce años después, incluyó a dos hombres del dormitorio llamado Mohawk. Yo estaba en esta unidad antes de que la dividieran en dos unidades, lado A y lado B.

El sindicato de empleados del Negociado de Prisiones había luchado fuertemente para conseguir personal adicional. Cuando se escaparon en el 1996, solo había un oficial correccional para ambos lados velando a aproximadamente 240 hombres.

Yo conocía a los dos hombres, Phil Prescott y Eric Vreeken, que se escaparon de FCI Ray Brook. Habíamos hablado en par de ocasiones.

Varias semanas antes de que se escapara, Prescott se me acercó preguntándose si yo podría ayudarlo en un asunto que parecía ser de suma importancia.

En la unidad una tarde, Phil me vio al lado del microondas calentando mi café. "Hola, soy Phil, leí sobre ti en los periódicos, me estaba preguntando dónde te enviarían los federales."

Yo saqué mi café del microondas.

"Y qué, ¿cómo te gusta Ray Brook hasta ahora?"

Yo acababa de colgar con mi esposa Mary después que me dijo sus planes de venir a visitarme el fin de semana próximo. Me estaba sintiendo bastante bien en ese momento.

Phil me preguntó, "Rich, ¿me puedes aconsejar sobre cómo yo podría obtener una tarjeta de seguro social y una licencia de conducir?"

Me sorprendió su pregunta viniendo de alguien que era prácticamente un extraño.

92

Mirándolo directamente a los ojos, le respondí, "lo siento Phil, yo no tuve éxito en esa área." Entonces me empecé a preguntar si él sería un delator tratando de sacarme información de lo que más tarde me podría arrepentir. Unos meses después descubrí por qué me preguntó sobre identificaciones.

El viernes, 19 de julio, después del desayuno como a las 6:30 am, yo estaba en el área recreacional. Estaba cayendo una llovizna leve con neblina posándose sobre el patio. Era una hermosa escena con par de confinados deambulando por el área. Me parecía extraño que más de 1200 hombres vivieran aquí, pero el lugar pareciera que necesitaba anunciar vacantes en la puerta principal.

Había caminado una vuelta antes de notar al Sr. Kelly, el oficial recreacional, parado al lado del portón de entrada al área. Paré a decirle hola y ambos comenzamos a hablar del servicio en la iglesia programado para el siguiente domingo. El Sr. Kelly me dijo que estaba emocionado porque iba a dirigir la música.

Mientras hablábamos, noté que Phil Prescott estaba parado a mi izquierda a unas 10 yardas. Estaba parado allí mirando hacia las montañas.

Kelly y yo continuamos hablando como por 15 minutos y me pareció extraño que Phil no se hubiera movido ni un pie de su lugar. Continuaba mirando el panorama como si estuviera en un trance.

Un ratito después dejé a Kelly y a Phil en el patio. No fue hasta una semana más tarde que me di cuenta que Phil se estaba preparando mentalmente para la fuga que iba a ejecutar con su socio Eric más tarde ese día.

Era un día de trabajo regular y estábamos encaminándonos a nuestros empleos asignados.

Más tarde esa noche, alrededor de las 8:40 pm, yo estaba en mi celda con Kenny, leyendo en nuestras literas. De repente las bocinas de la unidad comenzaron a chillar "Retírense, retírense, todos los confinados retírense a sus celdas. Mis pensamientos inmediatos fueron que algo había sucedido en el patio. La hora de retirarse regularmente era a las 9:30 pm.

La mayoría de los confinados aprenden a notar las inflecciones de voz de los oficiales para poder darnos cuenta si algo serio está sucediendo. Esta fue una de esas veces.

La práctica común cuando escuchamos esto es correr a la máquina de hielo para llenar neveritas de dos cuartillos y calentar agua en los microondas, por si acaso. Sabíamos que una encerrona era inminente y estar preparados era importante.

Los que entraron del área recreativa, no mencionaron ningún problema afuera. El oficial de la unidad dijo que estaríamos adentro toda la noche, pero todavía nadie tenía idea de lo que había causado el encierro temprano.

Un ratito después, todas las celdas estaban cerradas. Solo había silencio.

Eran como las 9 pm y todavía había un poco de luz afuera cuando miramos por la ventana. Lo único que podíamos ver eran los vehículos de los oficiales guiando arriba y abajo en la carretera del perímetro.

Ninguno de nosotros adivinó que alguien se había escapado --las encerronas eran casi siempre causadas por hombres peleando.

No escuchamos las sirenas sonoras que las películas presentan para informarle a la gente del pueblo que hay alguien escapándose de la prisión.

Como la prisión estaba más silenciosa que de costumbre, nos quedamos dormidos como a las 10 pm. Las encerronas tenían sus ventajas, pensé, porque eran un gran momento para dormir, leer, estudiar y apreciar la tranquilidad de la unidad.

Durante las encerronas no había trabajo. Era divertido recibir la comida en nuestra puerta mientras pasábamos el día disfrutando la soledad.

La mayoría de los confinados detestaban el encierro adicional, el Hermano Kenny y yo amábamos estos momentos porque teníamos muchísimo con que ocuparnos de nuestros estudios privados.

Temprano la mañana siguiente, Kenny me levantó como a las 7:30 am dando vueltas por la celda. Nos entregaron nuestra bolsa con un desayuno de dos huevos hervidos, cuatro lascas de pan blanco, dos pedazos de queso de soya amarillo y una manzana.

Esto era comida normal para una encerrona con el personal manejando la cocina en esos días. No fue hasta el 1999 que los confinados de la cuadrilla de Saranac comenzaron a empacar nuestras comidas.

Alrededor de las 8 am, comenzamos a escuchar dos helicópteros arriba, iban y venían alrededor de la propiedad dando vueltas por más de una hora. Kenny notó que uno era de la policía estatal, así que me dijo, "Hermano Rich, voy a escuchar qué pasa en el radio."

No teníamos idea de lo que había sucedido hasta que Kenny escuchó un informe en la radio que informó que dos prisioneros de FCI Ray Brook se habían escapado. No mencionaron nombres, pero sabíamos que el personal de la prisión tenía idea de quienes eran.

Cuando el oficial de la unidad vino a vigilarnos, le pregunté quiénes eran. "No te metas en lo que no te importa," dijo, una respuesta extraña viniendo de alguien que usualmente era muy hablador.

Nos dejaron salir de nuestras celdas para ducharnos y para confinamiento en la unidad, en la tarde del próximo martes.

En el llamado regular al trabajo el miércoles, nos enteramos de quien se había escapado. La población entera estaba hablando del evento. Había mucha emoción y felicidad porque alguien se había escapado de FCI Ray Brook.

Uno de los hombres, Sanders, que trabajaba en Unicor, imprimió un letrero enorme en la fotocopiadora de Unicor y lo pegó haciéndolo ver como un banderín deportivo. El banderín era de como 20 pies de largo y lo colgó con hilo de la pared de Mohawk, decía: "Mohawk 2, Capitán Clemmons 0."

Los hombres se murieron de la risa cuando vieron el letrero. Duró como 30 minutos antes de que el personal lo rompiera y botara.

Sanders era un verdadero personaje, siempre buscando risas. Era mitad judío y se modelaba tras los grandes comediantes judíos. En temperaturas bajo cero lo veías a las 6 am caminando al comedor en pantalones cortos. Tenía un número de identificación de Alaska, lo que podría explicar su ropa de invierno tan liviana.

El capitán de una prisión federal es el oficial de seguridad principal de la institución. Clemmons no cogió graciosamente nuestro insulto personal. Como un mes más tarde, lo transfirieron a otra institución. Su mala suerte lo siguió, ya que el primer día allá un confinado se fue caminando del campamento. Una ocurrencia normal, pero se vio mal para el capitán.

Se informa que alrededor de 100 personas en total se escapan anualmente de todos los campamentos federales alrededor de la nación. Muchos de estos eran por huidas cortas y los encontraban pronto; hombres que se encontraban comprando una cerveza o los que cogían en el asiento trasero del carro de la novia. Aún así se consideraba que se escaparon porque estuvieron fuera de los confines de la prisión.

El banderín hizo que la fuga pareciera un juego de pelota. Demás está decir que el personal estaba descontento. Metieron a Sanders en el Hoyo y tumbaron el letrero. Sin embargo, el estado de ánimo en la prisión se mantuvo festivo y la mayoría de los prisioneros tenían sonrisas que no eran normales para muchos.

Los periódicos locales y el personal de la prisión proveyeron la información que faltaba. Fue muy interesante que ni Phil ni Eric tenían un plan para una huida exitosa. Estuvieron sueltos por solo 33 horas. Dejaron la prisión a alrededor de las 8:36 pm del viernes, 19 de julio y los arrestaron el domingo, 21 de julio, como a las 5 de la mañana.

Lo que parecía haber motivado a Phil fue perder la apelación a su sentencia de 20 años. Él era un distribuidor de drogas convicto y Eric estaba convicto por robo de bancos.

Sorprendentemente a Eric solo le quedaban cinco años de su condena. A Phil, por el contrario, le quedaban 18 años de la de él.

¿Qué lleva a los hombres a esos extremos? Entonces, recordé mi propio comportamiento como un *man gone* sin esperanzas de una salida.

El personal de la prisión finalmente reveló que los dos hombres brincaron sobre la verja en el área del portón trasero donde había una montaña enorme de planchas de madera utilizadas para la construcción cerca de la puerta trasera de los servicios mecánicos. Yo los veía diariamente camino a los basureros de la prisión. Con esta madera, Phil y Eric crearon una escalera de 14 pies para escalar las verjas de 10 pies cubiertas con alambre de púa y navajas.

Escalaron dos verjas de alambre entre el patio recreacional y la verja trasera. La parte trasera de la prisión estaba cerrada en ese momento del día y no había tráfico de oficiales excepto por los dos vehículos que patrullaban la carretera del perímetro.

Me dijeron que uno de los guardias se estaba comiendo una pizza en su camión cuando los hombres se escaparon. Llegó un minuto después que Control lo alertó porque el sensor de la verja había sonado. El Oficial P. ni siquiera disparó al aire cuando vio a los hombres entrando entre los árboles. Las noticias reportaron que los oficiales siguieron a los hombres a través de los árboles pero los perdieron en la caza.

Trabajando afuera por años, más adelante, vi por donde brincaron las dos verjas y aproximadamente por donde entraron a la línea de árboles, a unas 50 yardas del portón trasero.

Ambos hombres se cortaron con el alambre de púa. Cuando la policía estatal de Nueva York recogió a Phil, reportaron que tenía laceraciones en sus manos. A Eric lo arrestaron primero y estuvo en el hospital local bajo fuerte seguridad policiaca por una semana dado lo serio de sus heridas por el alambre.

Phil y Eric se metieron en una casa local (al norte del estado de Nueva York las llaman campamentos). Se robaron alguna comida, un cuchillo y una camioneta del 1985 verde, marca Ford de la residencia.

Los hombres fueron arrestados después de una persecución a alta velocidad a través del pueblo de Saranac, Nueva York. Chocaron la camioneta con una bomba de fuego en Glenwood Estates mientras trataban de maniobrar un viraje en la carretera. Un residente allí llamó a la policía estatal para notificarles del accidente. No tenía idea que eran los fugitivos escapados de la prisión hasta que el policía estatal le dijo que cerrara sus puertas con seguro y se mantuviera vigilante acerca de donde se encontraban.

Muchas agencias estuvieron envueltas en la captura de los dos hombres: el FBI, la policía local, la estatal y el personal de FCI Ray Brook; y dirigieron diez bloqueos de carreteras mientras patrullaban las calles de los pueblos circundantes a la prisión. La policía estatal de Nueva York informó que ambos hombres fueron capturados sin mucha resistencia.

Ambos hombres fueron depositados nuevamente en FCI Ray Brook y puestos en el Hoyo hasta que pudieran ser transferidos a una prisión de más alta seguridad. Phil Prescott fue enviado a USP Lewisburg y Eric a USP Allenwood, ambas en Pennsylvania.

Sus casos se presentaron en cortes estatales locales. Phil y Eric recibieron una sentencia del estado de Nueva York de uno a siete años por múltiples cargos de robo y escapatoria a servirse simultáneamente.

La última vez que vi a Phil fue en la sala de visitas como seis meses después. Entró al salón vestido con un mameluco anaranjado y chancletas anaranjadas y se veía de la mitad del tamaño que yo lo recordaba.

Él era un entusiasta del levantamiento de pesas, pero había perdido mucha de su masa muscular. Phil me reconoció con una inclinación de cabeza cuando me pasó por el lado de camino a su silla asignada. Lo colocaron al lado de la estación del guardia para observarlo más detenidamente durante su visita.

Las autoridades de FCI Ray Brook informaron que error humano fue la causa por la cual los hombres se habían escapado y que los 13 departamentos de la policía tenían la culpa. El informe expresó también que habían adoptado nuevas medidas de seguridad para reducir cualquier tipo de intento de escapar de cualquier clase.

CAPÍTULO 26

TRABAJANDO EN EL COMEDOR

Mi consejero me instruyó que fuera cuidadoso y me mantuviera alejado de cosas que parecieran ser lo que no eran; algo difícil de hacer en prisión donde la mayoría de los confinados tienen un truco debajo de la manga.

Con la aprobación del consejero, cogí un trabajo en el comedor. El comedor sentaba alrededor de 300 confinados en mesas de cuatro con sillas giratorias anaranjadas y marrones. La sección trasera, donde estaban la cocina, la carnicería y la repostería era tan grande como el comedor en sí. El plano era similar al de una cafetería colegial o militar.

Mi trabajo inicial era limpiar dos tostadoras los fines de semana. Eran tostadoras rotativas comerciales grandísimas donde los confinados podían poner el pan en una correa de metal y el pan tostado caía por la parte de atrás de la máquina. La tarea tomaba como media hora, pero había pocos empleos a tiempo completo. Los trabajos iban por antigüedad y el conocimiento del personal de tu ética de trabajo. Si tenías ambos, podías escribir tu propio boleto a un buen trabajo en la prisión.

Semana tras semana encontraba las tostadoras rotas porque los hombres se robaban los elementos de calefacción para cocinar en sus celdas en vez de usar los microondas. Una y otra vez, el personal ordenaba las piezas para reparar las tostadoras, pero en cuanto las reparaban, volvían a canibalizarlas.

Las tiendas venden unos calentadores de agua para viajes que se enganchan al lado de la taza para hervir agua para una taza de café o de té. El modelo creado en prisión con las piezas de la tostadora es una alternativa cruda pero confiable.

El personal se hartó de que las tostadoras siempre estuvieran rotas y las sacaron de la cocina y las enviaron fuera de la prisión a servicios de comida donde se guarda equipo: un ejemplo perfecto de como los confinados son sus propios peores enemigos. Cualquier cosa que pudieran hacer por su propio bienestar, lo hacían sin pensar en el prójimo. En este caso un puñado de personas afectó a más de 1,200 hombres, típico en el sistema.

Mi próximo trabajo dentro de la cocina fue limpiar las mesas antes, durante y después de la cena.

Alrededor de 750 hombres venían al comedor para el almuerzo y la cena. El resto de la población escogía ir directamente a recreación o comer en sus celdas. Cada unidad era llamada en rotación por el teniente de la actividad. Su trabajo era asegurarse que hubiera un flujo ordenado dentro de la estructura de las comidas. La comida total usualmente duraba unos 75 minutos.

Mi paga inicial en la cocina era $5.00 mensuales limpiando tostadoras en los fines de semana y días festivos, $25.00 al mes cuando trabajaba cinco días de ocho horas y con más responsabilidad clerical me pagaban $90.00 mensuales. La paga por hora en el complejo es como sigue: Quinto Grado, cinco centavos, Cuarto Grado, 12 centavos, Tercer Grado, 17 centavos, Segundo Grado, 29 centavos, Primer Grado, 40 centavos. Cada posición tiene un grado asignado posteado al lado.

Cada empleado de la cocina tenía una sección que limpiar. Yo trabajaba diligentemente para completar mi trabajo y poder regresar a mi celda para estudiar la Biblia. Este trabajo me duró un par de meses hasta que uno de los capataces a quien le gustó mi trabajo, me ofreció una nueva posición en la sección de la oficina de la cocina.

Yo ayudaba al capataz a organizar las tareas y los horarios de los confinados y a mantener los archivos para orientaciones de trabajo, seguridad y paga mensual. Los tres turnos de los trabajadores me mantenían ocupado, ya que había aproximadamente 150 trabajadores.

Lo bueno de trabajar en la cocina es que comía bien. Los cocineros confinados preparaban varios platos privados para los oficiales de la cocina y los equipos de trabajo semanalmente.

Yo no tenía mucho dinero para hacer compras en la comisaría semanalmente, así que comía a saciedad en mi trabajo para no pasar hambre. A medida que ponían más restricciones al presupuesto, perdimos estos beneficios ya que muchos empleados de cocina se quejaban que no los alimentaban lo suficiente. En mis primeros años trabajando allí fui afortunado de no tener que experimentar estos recortes.

Un día, trabajando en la cocina conocí a un confinado de Cape Cod.

Para mi sorpresa él tenía un grillete para el mismo tiempo que yo decidí convertirme en un *man gone.*

A causa de mi huída cancelaron todo el sistema de monitoreo y lo forzaron a ir al sistema de cárceles del condado. No estaba muy contento conmigo en ese momento, pero a través de los años se le fue pasando la molestia. Reconoció mi nombre enseguida cuando lo vio en mi camisa. Alrededor de 18 hombres perdieron sus programas de grilletes por culpa de mi huída.

CAPÍTULO 27

VIAJES Y AVENTURAS DE REGRESO A CORTE

Yo estaba trabajando en el comedor un día y comencé a hablar con un confinado que pasaba tanto tiempo haciendo trabajo paralegal para él mismo como para otros. Mientras discutimos mi caso, él se sorprendió de la cantidad de tiempo estipulado en mi sentencia. A través de los años, muchos comentaban sobre lo largo de mi sentencia, especialmente el personal que me llegó a conocer.

Yo estaba muy interesado porque me estaba preparando para regresar a corte para una apelación que yo esperaba me devolviera algunos meses de mi sentencia original. Muchos "abogados" (así les llaman) confinados, ayudan a otros confinados de vez en cuando, pero mayormente son una plaga para el sistema judicial porque llenan la corte con mociones frívolas que son más molestia que ayuda.

La corte me asignó un abogado joven, Bruce Green de Westfield, Massachusetts. Un tipo buena gente de disposición callada, trabajaba fuerte para ayudarme como pudiera.

Bruce desarrolló un argumento que esperábamos redujera mi sentencia. Peticionó al Tribunal Apelativo con su argumento y para mi sorpresa, el tribunal estuvo de acuerdo con el escrito de Bruce y lo envió de vuelta al Juez Young para una nueva vista de sentencia. Yo estaba listo y esperanzado por una reducción en sentencia que redujera mi tiempo significativamente.

Mi transporte de Ray Brook a Boston comenzó con el autobús de BOP fortificado llevando a 40 confinados. Nos acompañó un oficial correccional como chofer, un teniente a cargo y un oficial enjaulado por acero pesado y cargando una escopeta en la parte trasera izquierda del vehículo.

Los considerados peligrosos llevaban una caja negra y cadenas en las piernas. La caja negra aguantaba las esposas en las muñecas y la cadena iba de las esposas a los ajustes en los pies. Tanto el personal como los confinados me dijeron que la caja negra la diseñó un confinado. Imagínate eso.

En este viaje, el personal de transportación pensó que dado lo largo de mi sentencia, me debían poner la caja negra. Esto no fue nada divertido durante el viaje de doce horas a Pennsylvania. Estaba tan apretado y me causó tanto dolor en las muñecas que no me podía mover sin causarme un dolor insoportable. Sentía que mis muñecas estaban en fuego y el dolor me duró por días.

Durante el viaje nos alimentaron con dos emparedados de queso sin nada que beber, alegadamente para evitar que fuéramos al baño. El queso tiende a provocar estreñimiento.

¡Qué alivio cuando me quitaron los grilletes al llegar a USP Lewisburg, Pennsylvania! Esta es una penitenciaría de máxima seguridad que alberga confinados por crímenes relacionados con gangas. También es el centro de autobuses del noreste para la transportación de confinados por toda la red de prisiones.

Cuando llegamos, la prisión estaba en encerrona porque había habido dos asesinatos unas horas antes de nuestra llegada. Fue espeluznante bajarse del autobús y encontrar al personal listo con equipo negro antimotines y cascos cerrados, listos para entrar a uno de los bloques para una búsqueda profunda. La mayoría de los confinados en el autobús no eran criminales violentos, muchos de nosotros estábamos nerviosos ante lo que estábamos presenciando por primera vez.

Esa noche, por la ventana de las duchas, vi dos bolsas de cadáveres siendo sacadas de la prisión por la puerta principal. Los musulmanes y la Hermandad Aria estaban peleando y uno de cada lado fue asesinado. Ni siquiera durante mi experiencia en Vietnam había visto bolsas de cadáveres. Me encontraba entre muchos hombres peligrosos y en cualquier día se podía perder una vida por la más pequeña infracción.

Estuvimos allí por 10 días bajo condiciones de cierre total sin privilegios de teléfono o correo.

La prisión principal no permitía movimientos de confinados. Todos estaban encerrados en sus respectivas celdas donde el personal de la prisión los alimentaba diariamente. Los confinados recibían las bandejas de comida a través de las ranuras para esto en sus puertas. Nosotros, los confinados transitorios podíamos movernos un poco más y nos tenían albergados en la parte vieja de la unidad del hospital con puertas abiertas.

Afortunadamente, había cierto margen para mi fecha de corte y no me perdí la vista pautada para mi cumpleaños, el 9 de octubre. Después de la encerrona de diez días, regresamos al autobús camino a Harrisburg, Pennsylvania donde nos dejaron a mí y a otro confinado. Los guardias federales de custodia me recogieron a mí y a cinco otros para guiarnos a Philadelphia. Al llegar, a dos de nosotros nos llevaron a una cárcel local del condado a pasar la noche.

Cada vez que entraba a una facilidad privada o de condado, me enterraban la aguja para la prueba de tuberculosis. Esta enfermedad está prevaleciente en el sistema por todos los extranjeros que la traen a los Estados Unidos. Durante este viaje me pincharon cuatro veces por tuberculosis. En cada facilidad, les decía que ya me habían hecho la prueba. No les importaba. Me sentía como un alfiletero.

Esa noche otro confinado, un pelirrojo llamado Myles Connor, y yo nos sentamos en un banco de cemento por cinco horas sin comida ni agua, ni siquiera una frisa. Hablamos de su fe. "Soy un hombre religioso, un cuáquero." Tenía una voz suave.

Aunque Myles era bajito en estatura, me reveló que estaba equipado para protegerse por los muchos años que había practicado y enseñado artes marciales.

Finalmente se cansó de estar sentado en el banco y se acostó en el piso y trató de dormir.

Yo no solamente estaba incómodo en el banco, mi mono anaranjado era muy pequeño.

Como a las 3 de la mañana, un oficial correccional vino y nos llevó a una celda donde nos acostamos por cuatro horas antes de que nos levantaran para ser recogidos por tres oficiales federales que nos llevaron al Aeropuerto Internacional de Philadelphia. Allí nos montamos en un avioncito FAA de ocho pasajeros. Nos sentamos atrás con los federales a cada lado y uno en frente de nosotros.

Me preguntaba el porqué de todo este trato especial. No tenía idea que estaba viajando con alguien un tanto famoso.

El fiscal federal en Boston estaba investigando el robo de arte valorado en $500 millones en el 1990 del Museo Isabella Stewart Gardner. A Myles lo estaban interrogando por su conocimiento del robo y el gobierno lo había mandado a buscar para más discusión. Él admitió que el plan para robar el museo fue suyo, pero el robo ocurrió cuando él estaba en la cárcel federal. Él me dijo que él pensaba que el arte robado estaba fuera del país. http://www.ask.com/wiki/Art_theft habla de esto.

Mi hermana, que es miembro del museo, me dijo más adelante que todavía hay dos marcos vacíos colgados en las paredes del museo. Una recompensa de $5 millones todavía está esperando la recuperación del arte robado.

Al llegar a Boston el avión se dirigió al lado opuesto del Aeropuerto Internacional Logan. Nos bajamos del avión como a un cuarto de milla de otros aviones. Dos patrullas de policías estatales escoltaron la camioneta de los guardias federales que nos llevaron al tribunal de Boston.

Uno de los policías estatales le gritó a Myles de forma muy negativa, pero yo seguí caminando hacia la camioneta con mi boca cerrada. Yo me acuerdo del policía estatal diciendo, "¿ya no eres un tipo tan duro, verdad?" Myles me dijo luego que él había tenido muchos encontronazos con los policías estatales. "No están en mi lista de Navidad," me dijo.

Permanecimos allí por un par de horas calentando el cemento en las celdas temporeras. Nos dieron un emparedado. Yo no había comido en 24 horas. Pavo en pan de centeno es una delicia especial para un confinado, una verdadera delicia comparado con nuestra comida insípida de prisión. Ninguno de los dos salió de la celda, parecía que estábamos pegados el uno al otro. Disfrutamos de nuestra compañía durante las 30 horas que estuvimos juntos; nunca nos faltaron temas estimulantes de conversación, incluyendo religión, política y arte.

Más adelante esa tarde nos escoltaron al centro de detención Wyatt en Central Falls, Rhode Island, a pocos minutos del borde con Massachusetts. Esta institución pertenece a una corporación privada en negocio para albergar a los detenidos del servicio federal de guardias. Wyatt abrió en el 1993 y fue la primera prisión con administración privada en los Estados Unidos.

Una vez llegamos, nos inyectaron otra prueba de tuberculosis y cada uno para su área y celda. Después que nos separaron en Wyatt, vi a Myles solo una vez durante una visita cuando me presentó a una mujer como su novia. Muchos años después lo vi en un canal de TV local en el que estaba hablando de su vida como un ladrón de arte famoso. Él dijo que creía que fue su plan el que usaron para robar el arte del museo Gardner y que él pensaba que el arte estaba en Arabia Saudita.

Me albergaron en Wyatt por alrededor de dos meses. Después de mi llegada, descubrí por medio de mi abogado que el juez estaba de vacaciones por par de semanas, así que yo tendría que cogerlo suave por un rato. Era mediados de septiembre de 1997.

Esta prisión era muy diferente a las que yo estaba acostumbrado en FCI Ray Brook o inclusive Plymouth. Cada día nos encerraban en nuestras celdas por 18 horas. El único respiro que recibíamos era por una hora durante cada comida, dos horas después de la limpieza del almuerzo y una hora para ducharnos y hacer llamadas de teléfono. Las comidas eran muy pequeñas y yo estimaba que cada servicio tendría unas 750 calorías.

La compañía privada administraba la prisión como un negocio con el mínimo personal. ¿Qué mejor manera de administrar que manteniéndonos encerrados el 75% de cada día?

En dos días diferentes vinieron voluntarios cristianos. Los salones se llenaron de gente joven. Me asombró cuantos venían. Después descubrí que era el lugar de reunión para los hombres ver a sus gangas y socializar con sus co-acusados. Yo creía que estaban buscando cambiar, me entristece informar que la mayoría lo que quería cambiar eran sus horas de encerramiento.

No fue sorprendente encontrar tantos miembros de gangas jóvenes albergados en Wyatt. Cada uno tenía sus grupos respectivos y cada uno se mantenía así dentro de la unidad. Para el final de los 90 estaban empezando a aparecer los grupos mexicanos y no fue hasta el 2007 que se convirtieron en el grupo mayoritario en casi todas las instituciones.

En preparación para corte, mi cuñada Connie me trajo un traje marrón, camisa azul, zapatos marrones y una corbata azul y marrón para que me los pusiera para la vista. Eran de mi hermano George. La fecha de la vista, el 9 de octubre, era especial: era mi cumpleaños; tenía 53 años y me estaba preparando para ir a corte con la expectativa de una reducción substancial a mi sentencia.

Me vestí en el área de entrada del centro de detención y me preparé para ir a Boston. Cuando me puse el traje, me quedó muy bien; me sorprendió que el traje de mi hermano me quedara tan bien.

Cuando abrí la chaqueta y miré adentro me dije "¡por eso me queda tan bien!," encontré mi nombre bordado en el bolsillo interior. Me acordé que Mary le había regalado mi ropa a miembros de la familia. Me sentí bien y me veía listo para comparecer en corte. La última vez que había estado en corte fue para mi sentencia original. Estaba en el mono marrón de prisión que me habían dado en el condado de Plymouth.

Me preocupaba que este sería el primer caso federal del Licenciado Bruce

Richard D. Mangone

Green, y ¡te digo!, no sé quién estaba más nervioso de enfrentarse al Juez Young. Después de discutir por un rato, el juez y el fiscal estuvieron de acuerdo que hubo un error y redujeron mi sentencia por 26 meses.

La sentencia original era de 288 meses, la nueva era de 262 meses, de 24 años a 21 años y 10 meses. La salida de 26 meses adicionales había sido reversada por el Tribunal de Apelaciones que encontró que no me habían dado suficiente aviso a mí, el acusado.

Yo quería una reducción mayor. Durante los próximos trece años, ese triunfo se sentiría pequeño. Sin embargo, cuando mi sentencia estaba por terminar, esos 26 meses fueron enormes. A través de los años de mi encarcelación, siempre me mantuve en contacto con el Lcdo. Green con tarjetas de navidad anuales y un nota sobre como estaba. Su nombre aparecería en boca de otros confinados de mi unidad cuando me decían que él los estaba representando en sus casos.

En ocasiones él le pedía a los jóvenes confinados que representaba que hablaran conmigo ya que era su esperanza que yo fuera una influencia positiva en sus vidas. Bruce y yo nos hicimos amigos: en múltiples ocasiones me dijo que yo era una influencia positiva para él.

Cuando le pregunté cómo, me dijo, "la manera en que bregaste con tu sentencia de forma tan positiva me hizo refleccionar en lo bien que yo estoy a este lado de esas paredes." Me dijo también que yo era la "persona más positiva que él jamás había conocido." Le paso este halago a mi Señor, ya que es Él quien me permite ser tan positivo ante la vida.

Bruce continuó representándome durante toda mi sentencia y lo que surgiera del Congreso o de la Comisión de Guías de Sentencia que me pudiera afectar y siempre estuvo disponible para asistirme en cualquier forma que pudiera.

Durante los últimos días de la larga batalla con cáncer del pulmón de mi esposa en el 2011, Bruce peticionó al Juez Young que me permitiera ir a casa a pasar con ella un par de semanas. El juez denegó la moción.

Bruce tomó la decisión del juez peor que yo. Él no podía creer que el juez pudiera ser tan insensible. Yo entendí la visión que el juez tenía de mí y acepté ese hecho. El que lastimara a mi esposa, fue más difícil de entender. Bruce fue siempre muy atento y cortés y con toda su experiencia y servicio, nunca me cobró nada.

Yo me había acostumbrado a la rutina diaria del centro y había comenzado a disfrutar mis lecturas y estudios diarios. Disfrutaba tener tiempo para dedicarme a mí mismo y a lo que amaba hacer cada día.

Nuestra unidad tenía dos salones de duchas abiertos, sin puertas ni divisiones. La mitad de las ventanas estaban en la pared exterior que daba a las celdas de los confinados. Cualquiera que se estuviese duchando podía ser observado por los hombres mirando por las ventanas de sus celdas. Yo estaba muy cohibido más aún porque uno de los confinados que siempre estaba mirando a los hombres duchándose era abiertamente homosexual.

Sí, yo siempre he sido bastante pudoroso, hasta el día de hoy. Aprendí a ducharme con mis calzoncillos puestos para no sentirme expuesto. Algunos hombres se reían de mí, pero yo me sentía mejor. Lavar mi ropa interior a la misma vez era un beneficio adicional.

Ni siquiera en el servicio militar había un área abierta donde otros te podían observar duchándote.

Un día, hablando con par de confinados, un hombre nuevo del que todos estaban hablando llegó. Como yo no era del área de Providence, RI, no tenía idea de qué se trataba su caso.

Una cosa que los hombres odian con pasión es que otros hablen de su caso e impliquen a otros para conseguir una sentencia menor para ellos mismos. Los confinados llaman a estos hombres chotas o ratas: los que a menudo implican a otros para minimizar su propio rol.

Para su protección, el Hoyo está lleno de chotas. Se ha convertido en un serio problema para BOP el albergar a tantos hombres con estas consideraciones especiales. El costo de albergar a un confinado dentro del Albergue Especial (el Hoyo) es tres veces más que albergarlo con la población regular.

Este caso era de un hombre de negocios que recibió una sentencia de 660 años por lavar más de $300 millones para un cartel colombiano. El hombre nuevo que había llegado era el cuñado del convicto lavador de dinero quien ya estaba en prisión cumpliendo su sentencia y quien luego sería transferido a FCI Ray Brook.

El cuñado le dijo a las autoridades donde podían encontrar $15 millones en oro. Los periódicos locales estaban cubriendo la historia al momento en que él llegó a Wyatt.

Justo después de su primera cena en la unidad, los jóvenes se le acercaron y le dijeron que debía entrar al hoyo porque si no lo podrían castigar. Afortunadamente, fue suficientemente inteligente para darse cuenta que tenía un problema y le dijo a las autoridades que lo estaban amenazando.

Lo sacaron de la unidad en ese mismo momento y lo asignaron a un área segregada donde podían albergarlo separado. Muchas veces los confinados se juzgan a sí mismos y se atacan en nombre de la justicia social.

CAPÍTULO 28

DE VUELTA A FCI RAY BROOK

Al fin terminé mi tiempo en Wyatt y los oficiales vinieron a recoger a par de nosotros para llevarnos a nuestros respectivos locales. Esta vez, nos condujeron a New Hampshire, afuera de Manchester, donde un avión del BOP nos esperaba.

El avión parecía ser un viejo Boeing 727. Alrededor de esta época una película llamada *Con Air* con *Nicholas Cage* llegó a la pantalla grande. (Con Air se refería a una "línea aérea" para confinados.) La película usó un avión de un tipo diferente al que yo estaba viajando. El interior de nuestro 727 de *Con Air* era similar al de cualquier vuelo comercial en el que hayas viajado, excepto por los 100 pasajeros confinados, esposados y encadenados a los asientos. Podías ver que el avión había volado mucho ya que el exterior estaba seriamente manchado. No mostraba ese aire de estar bien mantenido y cuidado que tienen las líneas aéreas comerciales.

Cuando la camioneta de los guardias llegó al área, vi a un oficial con un rifle en el techo del edificio. Había otros varios alrededor del avión y otros tres al lado de la entrada trasera del avión. Todos estaban vestidos con chalecos negros antibalas y mostrando sus armas. Me recordaron a una vieja película con Jimmy Cagney donde él era un gángster rodeado por policías. Entramos al avión por la parte trasera, debajo de la cola, lo que normalmente sería una salida de emergencia.

El vuelo de *Con Air* transcurrió sin novedades. Tomó como una hora volar a un aeropuerto a las afueras de la ciudad de Nueva York. Lo único que recuerdo es a un guardia gritándole a una joven confinada que estaba siendo amigable con un joven que estaba sentado a mi lado. Finalmente movieron a la mujer.

De allí, nos llevaron fuera del avión con un ejército de guardias armados y nos montaron en un autobús. Nos llevaron a FCI Otisville, una prisión de mediana seguridad en Nueva York. Al llegar, yo mantuve mi estatus de alfiletero con otro examen más de tuberculosis.

Después de que me procesaron para mi estadía de una noche, dormí bien en un colchón regular, cómodo, de tres pulgadas, a pesar de que no me dieron nada para comer. La mañana siguiente nos levantamos temprano y sin tiempo para desayunar. Nos encadenaron nuevamente y nos montaron en nuestro autobús de BOP que nos llevó de regreso a Lewisburg, una penitenciaría de los Estados Unidos (USP, por sus siglas en inglés).

Nuestro viaje de regreso a Lewisburg fue completamente diferente a nuestro primer viaje a la instalación unas semanas antes. Cuando nos acercamos al portón vi a muchos confinados trabajado en ambos lados del autobús dando mantenimiento a los predios. Me sentía más cómodo este viaje mientras nos conducían a través de los enormes portones de acero con paredes de cemento de 25 pies de altura con hombres armados en las torres velándonos. Esta prisión es muy famosa por albergar a los gangsters estadounidenses más conocidos a través de las décadas.

Después de una estadía de ocho días comenzamos procesando nuestro viaje de regreso a Ray Brook. El centro de transportación de Lewisburg tiene muchos autobuses diarios por toda su red. Usualmente esperan a que haya 40 confinados disponibles para hacer una transferencia con el autobús lleno de regreso al norte de Nueva York.

La institución de Lewisburg, construida en 1932, estaba mostrando su edad. La unidad del hospital, donde nos albergaron, tenía los techos agrietados con daño de agua visible, tuberías expuestas y ventanas viejas de los años 30.

Teníamos dos duchas para uso de la población temporera de alrededor de 80. No nos proveyeron zapatos para la ducha, así que nos duchábamos con las zapatillas de viaje azules de lona y goma. Después de mojarlos varias veces y usarlos en el área, la parte de atrás de las zapatillas se arruinaba hasta que parecían chancletas.

Antes de irse de Lewisburg, todos los confinados tienen que ir al departamento de recibo y salida (R & D, por sus siglas en inglés). Mientras te procesan, los oficiales te proveen un nuevo cambio de ropa completo. Recibimos un mameluco marrón con ropa interior azul clara. Hacen esto porque les preocupa que algunos puedan esconder contrabando en su ropa.

Usualmente nos permiten usar las zapatillas que recibimos cuando llegamos en el autobús. En mi caso tenía un problema, porque la parte de atrás estaba tan dañada que se sentía como si hubiesen metido una navaja en el talón de esta. Después de la inspección inicial el oficial me dijo en voz muy alta, "¿llevas una navaja contigo?" Lo miré desesperado. "No, señor."

Sacó una cuchillita y comenzó a cortar el material azul. Me seguía mirando como si yo fuera culpable de algo. Todo lo que podía hacer era levantar los hombros y mirarlo asombrado. Después de una inspección profunda de la zapatilla, no encontraron ninguna navaja, pero él siguió mirándome sospechoso y me dio un par nuevo de zapatillas de viaje y me dijo muy serio, "Sigue adelante."

Yo pensé cuán mezquino uno podía ser. Después de años de experiencia en la prisión y codearme con gente peligrosa, aprendí a ser igual de cuidadoso yo y comprendí las preocupaciones de aquel oficial.

CAPÍTULO 29

HOGAR, DULCE HOGAR

Regresar a FCI Ray Brook en el otoño de 1997 se sintió bien: era mi hogar y lo mejor que podía hacer era tratarlo como tal. Muchos confinados se molestaban cuando yo decía que era mi hogar. Ellos respondían, pues no es mi hogar. Yo jugaba con ellos y les preguntaba, ¿dónde duermes cada noche?, ¿dónde llega tu correspondencia? y ¿dónde pasas todo tu día? Sus respuestas inevitablemente eran que esto era solo temporero. Con esa respuesta yo cambiaba el tema.

Cada confinado tenía que pasar el proceso de orientación al llegar. Aunque yo había estado allí por dos años, el departamento de R&D de Ray Brook me consideraba nuevo.

La orientación en la prisión incluye a varios directores de departamento, incluyendo al administrador, dando unas presentaciones cortas sobre sus roles y responsabilidades dentro de la institución. Estos ayudaban a aquellos que deseaban estar de acuerdo con los estándares de la población de la prisión. Algunos solo miraban al espacio y se sentaban callados por varias horas.

Se espera que todos los confinados respondan a todos sus llamados diariamente. El personal de la prisión hace citas médicas, de consejería y hasta para la capilla durante la semana. Nos cuidábamos de consultar la lista de llamados que se colocaba todas las noches después de la cena. Algunos que faltaban a sus llamados eran sujetos a una estadía en el Hoyo.

El personal del hospital era muy anal sobre citas perdidas. Una vacación en el Hoyo por este tipo de violación era de tres días, quizás cinco si te cogían en el fin de semana.

A estas infracciones les llamaban "Cantazos", pero la administración los llamaba informes disciplinarios. Estos Cantazos o infracciones explicaban volúmenes sobre nuestra adaptación a la vida de prisión. Los que no los recibían eran considerados como los que estaban haciendo lo requerido. Los que recibían muchos eran los no-conformistas.

Un confinado llamado Cuba recibió 35 informes disciplinarios en tres años. Él era un loquito que vino en la flotilla del 1980 cuando Castro abrió las puertas de las cárceles y las instituciones mentales en Cuba, permitiéndole a miles a entrar a los puertos estadounidenses en Florida. La emigración masiva salió del puerto de Mariel, al oeste de la Habana, Cuba. Mucha de esta gente se incorporó a nuestros sistemas de prisiones a través de los años. En un punto, muchos cubanos estaban albergados en la Penitenciaría de los Estados Unidos en Atlanta, Georgia.

Después de múltiples revueltas en que los cubanos tomaron 100 rehenes y quemaron gran parte de la institución, fueron transferidos por todas las prisiones de los Estados Unidos para mejor control. El personal me dijo que cada institución albergaba un máximo de 50 de estos cubanos.

Cuba venía de uno de los hospitales mentales de su país. En ocasiones lo vi peleando tirándole bolas de billar a otro confinado. Él usaba palos de billar o de mapo, lo que encontrara, para pelear con sus enemigos. Muchos se reían de sus payasadas encontrándolas divertidas. Yo me mantenía lo más alejado posible sabiendo que era demasiado peligroso para estar cerca de él.

Los cubanos tenían un 000 (12345-000) en su número de identificación que designaba de donde venían. Los administraba el sistema de probatoria de los EEUU y no tenían fecha de salida asignada. Algunos todavía están en prisión hoy día porque son muy peligrosos para darles acceso a nuestras calles. La mayoría de estos están actualmente albergados en USPs, en vez de en cárceles de más baja seguridad.

Uno de mis compañeros de celda, Jesús, era uno de estos cubanos. Llegó a Estados Unidos en 1980. El personal psicológico lo consideraba un cubano bueno porque se comportaba y no se metía en problemas. Su crimen era distribución y venta de cocaína. Sirvió ocho años. Vivimos juntos del 1997 hasta que lo soltaron en el 2001.

Él administraba su tiempo efectivamente y hacía lo que se le requería diariamente. Trabajaba fuerte en la fábrica Unicor haciendo guantes, asistía a clases antidrogas, tomó un par de cursos universitarios y asistía a la iglesia regularmente. También enviaba $100 a Cuba mensualmente, a través de Canadá para ayudar a mantener a su hermana y a su familia.

Jesús me contó sobre su amigo cubano llamado Emilio que se presentó ante su oficial de probatoria para su entrevista anual. El oficial de probatoria le preguntó a Emilio "¿qué has estado haciendo este año?" Emilio le respondió que continuaba trabajando fuerte en la fábrica, que tenía buena conducta y que estaba estudiando la Biblia diariamente.

El oficial le dijo, "¿la Biblia?"

Emilio le dijo que sí. "He aprendido mucho desde la última vez que lo vi."

El oficial de probatoria le hizo una pregunta que nunca olvidaré. "¿Puedes nombrar los 12 apóstoles?"

Emilio lo miró perplejo. Sus dos mentores, el capellán y su director de caso estaban también en el salón de conferencias con él. Ellos también se sorprendieron con la pregunta. Emilio se pudo acordar de cuatro y se los dijo al oficial.

El oficial le dijo que lo vería el año siguiente y que la entrevista había terminado.

Después de que Jesús me contó esa historia, trabajé en memorizarme los 12 apóstoles. Aunque yo no era elegible bajo el sistema de probatoria, no quería que nadie me hiciera esa pregunta con tanto colgando de la respuesta.

Creo que ese fue un día histórico para Emilio, si hubiera nombrado a los doce, quizás lo hubieran puesto en libertad bajo palabra. Le tomó dos años más quedar libre.

Volví a trabajar en la cocina. Me alegré que los llamados mostraran mi nombre tan rápidamente con la asignación y las horas que trabajaría diariamente. Yo disfrutaba trabajar. Hacía que el tiempo pasara más rápido y me ocupaba haciendo algo constructivo.

El trabajo no pagaba mucho y solamente cubría mi pago de restitución. Pero hasta sin paga, tenía el beneficio de más comida cada día y ahorraba en mis compras mensuales en la comisaría. Un día, Louis, también conocido como WEO, cuyo apodo significa que estás feliz o algo bueno pasó, me vio en la iglesia y me preguntó si yo estaría interesado en trabajar en la comisaría. Después de saber la paga y los beneficios del trabajo, le dije entusiasmado, "¡Claro que sí!"

CAPÍTULO 30

UNA CARRERA EN LA COMISARÍA

El día después de enterarme de la posibilidad de un trabajo en la comisaría por el jefe del departamento, me preguntaron que si yo le robaría. Yo inmediatamente dije que no. Yo pensé que era una pregunta algo extraña, pero mi respuesta fue rápida y vino del corazón.

Tomó unos días ver mi nombre en la hoja de llamados diaria. Me empezaron a 55 centavos la hora, una paga nivel cinco para este trabajo. Los 40 centavos la hora en la cocina eran un nivel uno. Yo estaba contentísimo con la promoción y el cambio en el estatus de trabajo. Yo comencé a trabajar allí en el 1997 y durantes los próximos nueve años me convertiría en una instalación dentro de la comisaría.

Éste era, por mucho, el mejor trabajo dentro del sistema de prisiones. Uno podía ganarse hasta $1.20 la hora y era un ambiente seguro con sólo cinco confinados más y dos miembros del personal de la prisión trabajando allí. Yo disfrutaba mi trabajo muchísimo y era un reto mantener las tablillas llenas y limpias cada semana.

La comisaría es similar a una tienda general. Teníamos cuatro pasillos de tablillas que cubrían un sinnúmero de productos para el uso de los confinados. Vendíamos varios artículos de comida enlatada y procesada, ropa, zapatos, botas, artículos para la higiene, mantecado, yogurt, frutas y algunos vegetales. La mayoría de los confinados aprendían a cocinar en los microondas de la unidad, así que teníamos abundantes artículos como aceite y especias para combinar con ajo y cebollas.

Por más de 20 años la comisaría le vendía productos enlatados a la población confinada. Podíamos comprar habichuelas, frutas, atún y otros pescados enlatados en el mercado. Una y otra vez los confinados usaban las tapas de las latas para hacer cuchillas y cortarse unos a otros. Otros ponían varias latas en una bolsa de malla y comenzaban a usarla para pegarle a un enemigo causando grandes daños. Estas ocurrencias pasaban tan a menudo que el administrador se vio forzado a sacar estos productos de las tablillas.

Perder las latas le costaría a los confinados un montón de dinero. El reemplazo en plástico para el atún subió el precio a $1.85 por 4.23 onzas por empaque contra un dólar que costaba una lata de 5 onzas de atún. Los empaques plásticos de habichuelas y frutas eran difíciles de conseguir y solamente en festividades especiales podíamos siquiera ver estos tipos de productos. La comisaría se convirtió en un lugar poco saludable para los confinados. La mayoría de los artículos se convirtieron en bolsitas de papitas y varios dulces.

Eliminaron las manzanas y las naranjas, el yogurt, las cebolla y el ajo. No quedaba nada para que el confinado pudiera consumir una alternativa saludable al hígado que serviría el comedor esa tarde. Para la mayoría de los confinados comenzó el tiempo de llenarse con carbohidratos como pan, arroz o papas.

La producción de alcohol fue un factor determinante en perder muchos de nuestros productos. El único artículo saludable en la comisaría cuando yo me fui en el 2013 era miel.

Yo trabajé en la comisaría por seis años seguidos y me relevaron cuando hablé con el director del Negociado de Prisiones. Todos los años recibíamos varios dignatarios de prisiones, a veces hasta senadores, congresistas y jueces. Este año fue un tanto diferente porque el director mismo vino a inspeccionar varios de los departamentos de la prisión. El personal de la prisión los llamaba "recorridos".

Al director lo seguían el administrador y otros miembros del personal. Yo estaba trabajando acomodando las tarjetas cerca de la puerta por donde entraron. Esta era parte de mis responsabilidades diarias para mantener el inventario listo para cada una de nuestras sesiones de ventas diarias. Teníamos dos sesiones de venta al día, una tarde en la mañana y otra temprano en la noche durante la cena.

El director estaba como a diez pies de mí cuando lo saludé y le dije buenos días. Él estaba solo y mirando los productos en nuestro inventario por los pasillos. Me respondió afirmativamente e intercambiamos algunas palabras y luego continuó con nuestro administrador y el resto del personal.

Noté que el administrador tenía una cara gruñona cuando me miró pero no pensé más sobre el asunto. Al día siguiente me dijeron que había trabajado en la comisaría por demasiado tiempo y que me iban a transferir a la lavandería nuevamente.

Me pareció extraño y me molesté porque este trabajo había sido una bendición para mí. Descubrí unos días más tarde por un miembro antiguo del personal que yo no le debía haber hablado al director bajo ninguna circunstancia. También me informó que podría regresar a la comisaría cuando nuestro administrador actual se fuera para una nueva posición el año próximo.

El día que el administrador se fue me reasignaron como me habían prometido, de vuelta a la comisaría. Otra lección aprendida en mi vida de prisión: sé sumiso y no hables a menos que te hablen. Ser extrovertido me costó grandemente. Yo no sabía cómo mantenerme callado.

A través de los años me fueron destruyendo. Yo usualmente era sumiso, pero llegué al punto en que una actitud de sí, señor, no señor se convirtió en el camino más fácil para llevarme bien con el personal. Menos, por supuesto, si era en contra de la Biblia y éso sucedió en dos ocasiones cuando rehusé seguir una orden y pagué las consecuencias.

CAPÍTULO 31

COMPAÑERO DE SUICIDIO

Uno de mis compañeros de trabajo en la comisaría, Jody, trabajaba en el programa Compañero de Suicidio en la prisión. Me dijo que el departamento de psicología estaba entrevistando confinados para que se convirtieran en compañeros de suicidio. "A mí me gusta trabajar el turno de la noche," dijo, añadiendo, "Me da tiempo para escribir cartas mientras me pagan."

Pensé que esa era una buena forma para yo tratar y ayudar a otros que estaban teniendo dificultades ajustándose a la vida en prisión. Solicité para el programa en el 2003 y me uní a un equipo de 28 hombres en la clase de entrenamiento.

El psicólogo daba cuatro sesiones de cuatro horas de entrenamiento todos los trimestres. Nuestro entrenamiento incluía actuar y ver videos de personal médico discutiendo con pacientes sus ideas suicidas. Estas películas nos ayudaban a saber qué buscar durante nuestros períodos de observación.

En aquel momento no me di cuenta de cuanto el programa me ayudó a mí también. Muchos de estos hombres sufrían de condiciones psicológicas serias. Yo traté fuertemente de darle a estas almas en sufrimiento alguna medida de confort.

Antes del programa de compañeros, el personal de la prisión velaba a los confinados en turnos de ocho horas. Se volvió muy costoso. Entonces el departamento de psicología recomendó usar confinados para esta tarea. Una vez el negociado completo aprobó el cambio, el mismo fue muy exitoso y el sistema entero economizó miles de dólares en salarios anualmente.

Al personal de la prisión no le gustó el cambió ya que fácilmente perdieron ocho horas de trabajo liviano y algunos hasta perdieron paga de horas extra de cuando faltaba personal en la prisión.

El trabajo de compañero era observar al confinado suicida a través de una ventana de observación de cristal reforzado con barras de hierro. Grabábamos nuestras observaciones en un registro cada 15 minutos. Nos instruyeron a no quitarle los ojos de encima al confinado. Algunos como Jody desobedecían las reglas y usaban el tiempo para leer o escribir cartas. Cuando cogían a estos hombres, los despedían inmediatamente. A Jody nunca lo cogieron.

El cuarto era 14x4 pies con una ducha de acero inoxidable en el lado derecho. La puerta de entrada al cuarto era una puerta regular de celda de prisión incluyendo una puertecilla para comida que abría hacia afuera. Todas las celdas de prisión abren hacia afuera, completamente opuesto a la mayoría de las puertas de casa. Esto es para propósitos de seguridad y acceso más fácil al cuarto en caso de problemas potenciales.

El cuarto también tenía una combinación de lavamano e inodoro en acero inoxidable. El compañero halaba la cadena del inodoro cuando se lo pedían desde afuera, igual que en el Hoyo. La celda se llamaba una "celda seca" ya que el personal podía abrir la trampilla justo debajo de la ventana de observación y si fuera necesario, cotejar los desperdicios del confinado que habían bajado por el inodoro en ese preciso momento.

El confinado bajo observación vestía solamente una bata pesada azul con velcro cosido al frente para cerrarla. No podía tener más nada en la habitación a menos que el doctor en psicología lo hubiese aprobado. Había una lista de objetos aprobados pegada en la puerta y la seguían estrictamente. La cama era un mattress de goma de una sola plaza como de cuatro pulgadas de grueso puesto directamente sobre el piso de locetas marrón claro.

Nos sentábamos en una silla de pedestal detrás de una mesa alta y estrecha que tenía un teléfono encima. El teléfono llamaba directamente al cuarto de control y nuestras instrucciones eran levantarlo cuando observáramos al confinado suicida tratando de lastimarse.

El cuarto también tenía dos cámaras de observación que iban a control para que el personal observara al confinado también. La prisión tomaba esta situación muy en serio y la seguridad era extremadamente fuerte cuando uno estaba observando.

Los compañeros estaban de guardia 24/7 y nunca sabíamos cuando nos iban a necesitar. Una vez comenzaba la observación, nos rotábamos en turnos de cuatro horas, seis observaciones por día. Los confinados eran seleccionados por el doctor después que el personal verificaba los antecedentes. Nos examinaban exhaustivamente para determinar que éramos confiables para este trabajo.

En mis diez años como compañero, fui testigo de algunas actividades muy bizarras. Algunos hombres se cortaban con cuchillos plásticos y navajas de afeitar y otros se sacaban los puntos de intentos de suicidio previos. Un hombre fue observado escribiendo dichos en la pared usando su propia materia fecal como tinta.

Los casos más serios se transferían a instalaciones médicas durante las primeras 72 horas bajo observación. Los casos que se podían manejar localmente se quedaban con nosotros. La observación más larga que tuvimos duró cuatro meses.

Algunos tratan de usar la tarjeta del suicidio para que los transfieran cuando están en el Hoyo. Los que han sido descubiertos en el complejo por haber cometido actos sexuales de diferentes tipos, usualmente probaban esto como una opción. El doctor los reconocía después de par de días en observación y los enviaba a terminar su tiempo en el Hoyo. Los costos de las transferencias son altos, así que tratan de mantener a estos hombres en la población general lo más posible.

Un caso fue Manny, un joven salvadoreño que vivía en East Boston. Estaba envuelto con un grupo que prostituía menores de 12 a 15 años. Cuando una de las gangas de la prisión lo descubrió, él pidió meterse en el Hoyo para protegerse. La prisión no lo quería transferir, así que se presentó suicida con la esperanza de llamar la atención y ser transferido.

Manny y yo nos caímos bien durante mi primer turno de cuatro horas observándolo. Hablamos y discutimos como él había cometido el error de unirse a una de las gangas de la prisión. Yo lo ayudé a entender que la dirección que estaba tomando lo iba a llevar a situaciones más difíciles.

Yo le pregunté qué lo había motivado a unirse a la ganga.

Él dijo, "Tenía miedo de que no me aceptaran y que las gangas me iban a hacer daño sabiendo que yo venía de El Salvador. Yo aprendí en la calle que la MS-13 me acogería como familia."

Entonces le pregunté, "¿Tú sabías que te iban a preguntar por qué estabas en prisión?" Él respondió, "Sí, pero no me había percatado que iban a exigir ver mi papeleo. Eso me forzó a irme al Hoyo, no tenía opción, ellos me hubieran lastimado."

Yo le pedí al doctor que le permitieran tener una Biblia. Las sonrisas abundaron cuando lo vi leyéndola cuando regresé para la segunda observación. Hablamos de la Biblia y de nuestra comunidad cristiana local. Le prometí a Manny que le iba a conseguir que Ministerios Harvest le enviara una Biblia de estudio cuando regresara a la unidad.

Después de varios días ya era aparente que él no estaba suicida y lo transfirieron de vuelta al Hoyo y entonces lo soltaron en la institución. Fue bueno ver a Manny participando de nuestra iglesia y estudios bíblicos. La ganga lo dejó quieto y sobrevivió el estar marginado por el recinto sin daños físicos y se fue a casa después de un par de años.

Su error fue acordar compartir con miembros de gangas que siempre te van a investigar. Las afiliaciones en la prisión te ofrecen protección, pero pueden ser una peor maldición si tienes algo que esconder. Los miembros de las gangas de prisión están recelosos unos de otros y siempre se están haciendo preguntas. No tener suficiente que hacer complica el problema.

Si él no hubiera decidido hacerse amigo de ellos y se hubiera dedicado a cumplir su tiempo como la mayoría probablemente nunca hubiera tenido problemas.

Mi práctica normal era charlar con el confinado para llegar a conocerlo lo mejor posible. Deportes, el clima o hablar de la prisión eran buenos puntos para comenzar. Mostrar un interés y preocupación por su bienestar ayudaba a crear confianza. Una vez lograba ese nivel de confort, yo usualmente les preguntaba si querían una Biblia. Si estaban de acuerdo, yo conseguía permiso del doctor para que añadiera una Biblia de cobertura suave a la lista de artículos autorizados en la habitación.

Era una bendición ver al confinado leyendo la Biblia cuando yo regresaba a mi próxima observación. Algunos de los otros compañeros que eran cristianos también compartían su fe común con ellos. El personal nos permitía hacer esto si parecía ayudarlos a enfocarse en otras cosas en vez de en su difícil situación actual.

Algunos de los casos más serios estaban fuertemente medicados haciéndolo difícil para ellos el mantenerse despiertos. Estas eran observaciones más difíciles por que el diálogo y el intercambio ayudaban al compañero, tanto como a la persona observada, a mantenerse enfocados.

En ocasiones yo trataba de que cantaran conmigo canciones e himnos de los que se podían acordar. Yo estaba agradecido que no había personal presente durante la mayoría de mis observaciones, ya que cantábamos desentonados, pero con corazones gozosos.

Mis horas de trabajo eran durante los fines de semana así que no molestábamos a muchos empleados del personal médico. Usualmente había un enfermero o técnico de emergencia de turno durante estas horas y ellos estaban ocupados con la fila de pastillas y tratando a confinados que habían sufrido heridas deportivas durante el día.

El personal médico de Ray Brook era buenísimo. Se salían de su camino para ayudar tanto al compañero como al confinado durante sus turnos. Muchas veces, pasaban por la observación y me ofrecían café o me permitían ir al baño durante la misma.

Nunca podíamos dejar al confinado solo. Pasó durante una observación donde el compañero fue al baño. Lo botaron por abandonar su deber.

Fue después de una observación que el doctor nos dijo en nuestra sesión trimestral de entrenamiento de una situación seria que había ocurrido. Uno de los compañeros le pasó una navaja de afeitar por debajo de la puerta a un confinado suicida. El doctor le preguntó al grupo, "¿Por qué le pasarías una navaja de afeitar a un hombre con problemas?" Nadie respondió.

El doctor nos dijo que el compañero le dijo, "Yo solo estaba tratando de ayudar al confinado a sacarle punta a su lápiz de tres pulgadas." El doctor movió su cabeza en un no mientras compartía la historia.

Gracias a Dios la cámara de seguridad cogió al confinado durante el intercambio. Control le notificó al personal médico. Encerraron al compañero y la navaja fue confiscada.

El doctor alivió cualquier ocurrencia futura pidiéndole a mantenimiento que instalara una placa afuera de la puerta que impidiera que se pudiera pasar algo por debajo de la puerta, ni siquiera una hoja de papel.

Durante mis años como compañero, yo pensé en las muchas veces que habia contemplado el suicidio y me di cuenta del camino terrible por el que había caminado. Gracias a Dios nunca más he vuelto a experimentar esa lucha interna que ahora estaba observando de cerca.

CAPÍTULO 32

OMAR EL TERRIBLE

La interacción entre hombres viviendo en espacios confinados podía ser verdaderamente peligrosa por momentos. Aquellos que escogían pasar su tiempo en las áreas comunes viendo televisión o jugando cartas por horas usualmente tenían más problemas que los que decidían cumplir su tiempo en lugares más aislados como la celda, la capilla o la biblioteca.

El mantenerse ocupado y productivo era la manera primordial para mantenerse fuera de problemas. El personal se dio cuenta de esto y trató de motivar a los confinados a tomar programas educativos cada trimestre. Tanto los consejeros como los encargados de casos continuamente monitorean la participación de los confinados en estas clases.

También motivaban a los confinados a ahorrar dinero para cuando salieran. Muchos ahorraban de sus trabajos y dineros que recibían de sus familiares y amigos. Para algunos, sus crímenes anteriores les habían producido muchísimo dinero y no tenían la necesidad de ahorrar. Algunos de los hombres que yo conocí dejaron la prisión para entrar en negocios que habían preacordado a través de sus actividades ilegales previas al encarcelamiento. Estos se mantenían operando a través de su familia y amigos hasta que el criminal regresara a casa probando que para algunos el crimen sí paga, especialmente para aquellos distribuyendo drogas en transacciones en efectivo que les da trabajo a las autoridades a encontrarlos.

Por mi parte, yo pagué el 50 por ciento de mi salario bruto como restitución, lo que me dejó viviendo una vida con muy bajo presupuesto durante dieciocho años. Mi familia y amigos me ayudaron con regalos monetarios para mis cumpleaños y días festivos anualmente, lo que me permitía comprar mis necesidades.

Muchos hombres pasan el tiempo alzando pesas y ganando una gran masa muscular y una condición física maravillosa. Otros trabajaban en mejorar su educación y pasaban muchas horas tomando cursos universitarios o vocacionales que la prisión ofrecía. Algunos disfrutaban cocinar en los microondas diariamente.

Muchas de las peleas entre confinados ocurren en lugares comunales como los microondas, teléfonos, la lavandería y las duchas. Es casi imposible ir a ningún lugar dentro de las unidades sin encontrar a alguien faltándole el respeto a otro confinado.

Estas áreas calientes era donde empezaban la mayoría de las peleas con uno siendo impaciente o simplemente acosando a otro.

Algunos escogían colarse en la fila sin respeto o aprecio por aquellos que esperaron pacientemente. La persona que perdía su espacio inmediatamente iba a reaccionar a la falta de respeto. Cuando esto ocurre, los sentimientos de los hombres se involucran, lo cual casi siempre termina mal.

Si el confinado a quien le faltaron el respeto se siente que no puede manejar la situación por el tamaño o afiliación del otro, podría pedir ayuda a sus compañeros o afiliados. Un pequeño caso de alguien colándose en la fila de una secadora, por ejemplo, podía causar un altercado que podía escalar a grupos de hombres involucrándose.

Cada unidad tenía cuatro niveles. Había como 52 hombres viviendo en los niveles superiores y 68 en los inferiores. El lado izquierdo inferior tenía celdas de seis hombres por lo que había más hombres abajo.

Para ser justos con todos los confinados, la mayoría de los oficiales alternaban los niveles que iban a cerrar y abrir primero después del conteo diurno. Los que soltaban primero tenían primer acceso a los teléfonos, correos electrónicos, duchas y otros lugares.

Yo usualmente cocinaba a las 6 de la mañana del sábado. Preparaba los vegetales la tarde anterior y los dejaba al lado de la ventana que era nuestra nevera ocho meses del año. Estar al norte tenía algunos beneficios con la temperatura fría de la noche.

Mis pimientos, cebollas y ajo estarían cortados y preparados para una corridita al microondas en cuanto abrieran las puertas para el desayuno por la mañana.

Esto me funcionó bien casi todo mi tiempo allí porque iba contra la costumbre de los que vivían en la unidad. Yo diria que si estaban nadando contra la corriente, yo esperaba hasta que pasaran y nadaba con la corriente.

Uno de los casos de falta de respeto me pasó una tarde después del conteo nacional de las 4pm.

Omar el confinado vivía en la celda de cuatro en el lado derecho inferior de la unidad. Kenny y yo vivíamos en la parte de arriba de ese lado. Omar era un hombre inmenso, africano americano, de 46 años, seis pies tres pulgadas, 350 libras y calvo.

Él era un matón.

En más de una ocasión lo vi mover el plato de otra persona mientras se cocinaba en el microondas para meter su propio plato por unos minutos a recalentarse.

Solo hacía esto cuando él pensaba que estaba en control. Primero preguntaba de quien era el plato y si no era de un miembro de una ganga o de una persona con quien no quería enredarse, brincaba la línea. Lo tenía bastante calculado todos los fines de semana.

Cuando nos encerraron un sábado a las 4 pm, yo tenía mi plato en el microondas para recalentarlo por diez minutos. Esto le daría tiempo suficiente al oficial de la unidad a llevar a cabo el conteo, abrir las puertas de las celdas y para mí bajar y extraer nuestros platos calientes mientras liberaban a los hombres para la cena.

El oficial de la unidad cerró las puertas de nuestro nivel. Omar estaba en los microondas mientras a nosotros nos encerraban para contarnos.

Después del cierre, yo miré por nuestra ventanita estrecha en la puerta para verificar el estado de los microondas. Y por supuesto, vi a Omar sacar nuestros platos y meter el suyo al microondas durante nuestro conteo.

Yo no era un hombre feliz, furioso sería un término más preciso. Yo estaba pensando que él sabía que eran nuestros platos y que él decidió que se podía salir con la suya porque éramos hombres mayores sin afiliaciones.

Cuando el oficial abrió la puerta, salí de la celda con una sola cosa en mente. Estaba listo para confrontar a este tipo y no me importaba lo grande que fuera. ¡Los pantalones de colárseme! Para un tipo pequeño, yo era bastante atrevido y no permitía que nadie me acosara.

Cuando llegué al microondas, inmediatamente saqué su plato y metí los nuestros por los diez minutos originales. Mientras esperaba por mi comida, observé a Omar salir de su celda de cuatro. Cuando se acercó al microondas, se dio cuenta que su plato estaba encima. Antes de que yo pudiera decir una palabra, agarró su plato sin decir nada y regresó a su celda.

Kenny y yo disfrutamos nuestra comida mientras discutíamos a Omar y su falta de respeto y acoso a los hombres de la unidad. Yo me quedé tranquilo esa noche escuchando un juego de los Red Sox en el radio mientras disfrutaba una bolsa de popcorn que Kenny había preparado esa tarde.

La mañana siguiente antes de la iglesia vi a Omar calentando su café en el microondas y hablando con uno de sus amigos.

Esperé a que hubiera terminado y hablé con él sobre colarse el día anterior. Le dije, "Omar, por favor, no tomes mi docilidad como debilidad. Lo que hiciste estuvo mal y deberías tener más cuidado de no faltarle el respeto a la gente con tus acciones." Me miró como si yo tuviera dos cabezas y asombrado me dijo, " mala mía, viejo G" (gángster), no tenía idea que eran tus platos."

Ahora fui yo el que lo miré asombrado pensando que este tipo me estaba tomando el pelo, ¿o estaba en serio? Le dije, "Omar, por favor trata de ser más paciente, necesitamos trabajar juntos, no pelear por este tipo de cosas. Si necesitabas tiempo para cocinar tu comida, por favor, pregúntame primero. Yo estoy seguro que podemos resolver antes de que las cosas se salgan de nuestras manos."

Sacó su enorme mano y chocó sus nudillos conmigo. Yo tuve que poner mi mano en acuerdo. Traté de sonreír como si todo estuviera bien, ningún problema. Pero no pude. Había habido un problema y no había ganado gran cosa con el intercambio excepto dejarle saber que de alguna forma, aunque pequeña, lo estaban monitoreando.

La semana siguiente mientras yo estaba trabajando en la comisaría, pudimos escuchar en el radio de nuestro oficial que había ocurrido una pelea en frente de nuestra unidad (Mohawk-A). Cerraron el complejo un rato en lo que atendían las heridas de los confinados y los enviaban al Hoyo. Más o menos una hora más tarde nos enteramos de lo que pasó.

Parados afuera descargando las paletas por la puerta del lado de la comisaría, descubrimos que Jay, un miembro de nuestra iglesia, peleó con Omar. Uno de los hombres de nuestra unidad informó que Jay del lado de Mohawk-B estaba persiguiendo a Omar en frente de las unidades con un candado de combinación atado al extremo de su correa de pesas de cuero.

Omar recibió varios cantazos tratando de huir de Jay. Jay lo persiguió hasta el lado A mientras Omar trataba de escapar de su asaltante. Los oficiales pararon la pelea en la unidad cuando Jay paró su persecución.

Después que a Jay lo soltaron del Hoyo me contó que Omar estaba acosando a un panita de él, quitándole su comisaría. Jay confrontó a Omar por la mañana y no hubo resolución. Más tarde en el día, Jay tomó la resolución en sus manos armándose para darle batalla a Omar.

Omar se fue como seis meses más tarde. Un año después, uno de sus amigos de Nueva York nos dijo que Omar había conseguido trabajo de seguridad en un club local. Un hombre, que sintió que Omar les había faltado el respeto a él y a su novia, sacó una pistola y le disparó en la cabeza. Omar murió en la acera esa noche. Nunca aprendió respeto.

Me entristeció que otro de nuestros compañeros hubiera dejado la prisión con una segunda oportunidad, solo para que sus sueños fueran destruidos por sus propias acciones. En verdad que somos nuestros propios peores enemigos.

CAPÍTULO 33

UN MUNDO PEQUEÑO

Nuestra prisión fue construida para albergar 750 confinados. A través de los años, la población creció hasta el punto que la sobrepoblación se convirtió en un problema. En un punto teníamos 1130 confinados en nuestra institución.

Esto era lo normal en muchas prisiones, ya que las nuevas no estaban apareciendo suficientemente rápido para recibir a todos los sentenciados. A finales del 1998, comenzaron a meter tres confinados en las celdas para dos en el nivel izquierdo donde yo estaba albergado. Nuestras celdas eran de nueve pies por quince pies. El área en que se podía caminar era de aproximadamente 50 pies cuadrados.

Al tercer compañero de celda, Mark, lo metieron en una cama plegadiza donde antes estaba nuestra mesa. Pusieron la mesa en el pasillo al lado de la puerta de entrada. Yo tenía la litera de abajo, así que me tocó que este hombre de aproximadamente seis pies de altura, durmiera con sus pies a seis pulgadas de mi cara ya que él dormía junto a la pared con la cabeza hacia el lavamano e inodoro, separado por una pared de bloques para brindar privacidad.

Al día siguiente mi compañero de celda, Ken, y yo hablamos con Mark. Le pregunté de donde era y descubrí que pasaba mucho tiempo en Cape Cod.

"¿En qué trabajabas?" le pregunté.

Se rió y me dijo, "yo asalté una cooperativa crediticia a punta de pistola y nunca me cogieron."

"¿En qué pueblo estaba la cooperativa?"

"En Hyannis, cerca de la rotonda que lleva al aeropuerto."

Casi me caigo de la litera. La cooperativa de la que él hablaba era la Barnstable Federal Credit Union (BCCU) el lugar donde yo empecé y fui a prisión por mis transacciones fraudulentas de bienes raíces.

El día del robo, el 4 de abril de 1989, yo estaba en mi oficina a 60 millas de distancia en Maynard, MA. Penélope, la gerente me llamó.

"Richard, nos acaban de asaltar a punta de pistola." Me explicó que "Wells Fargo acababa de hacer una entrega y antes de poder guardar el dinero en la bóveda, un pillo entró y nos robó."

Yo escuché el temblor en su voz, mientras buscaba mi teléfono de emergencia sobre la parte de atrás de la credenza.

"¿Alguien resultó herido?"

"No."

Yo me sentí aliviado. ¿Dónde tú estabas cuando esto sucedió?"

Ella contesto, "En mi oficina."

Entonces pregunté, "¿Cuántos eran?"

"Los cajeros solo vieron uno."

"¿Cuánto se llevó?"

Ella titubeó un momento y entonces dijo, "Creo que $75,000."

Entonces le pregunté, "¿Alguien apretó el botón de la alarma?"

Ella respondió, "Después que el pillo se fue del edificio."

Mi última pregunta fue, "¿La policía está en la escena?" Ella me dijo que llegaron rapidito después de tocar la alarma y que habían estado allí por como 10 minutos.

Después de discutir el robo un poco más, le dije a Penélope que se lo notificara a la compañía de seguros una vez la policía terminara sus entrevistas.

Mark se llevó $75,000 en efectivo. La compañía de seguros le pagó la pérdida a BCCU, pero la policía nunca lo cogió.

"¿Tú sabes que la que asaltaste fue mi unión crediticia?", le pregunté.

Mark palideció.

"No te preocupes, Mark," le dije riéndome. "El plazo de prescripción de tu crimen se acabó hace tiempo."

La conversación tuvo lugar diez años después del robo. Habían pasado tres años sobre el plazo de siete.

Nos dijo que estaba de vuelta en prisión por una violación a su probatoria. Nos explicó que después de que lo pusieron en libertad, se mudó con su antigua novia. Una vez se sintió cómodo con sus alrededores, le empezó a pegar cuernos.

Un día, ella pasó por frente a casa de una amistad mutua y vio el carro de Mark estacionado al frente. Paró y miró por la ventana y vio a Mark acariciando a otra mujer. Para empeorar las cosas, las personas en la casa estaban usando drogas recreacionales. Furiosa, la novia de Mark llamó a su oficial probatorio y se acabó la fiesta.

Como violó su probatoria, Mark tuvo que regresar por un año a terminar su sentencia. Siempre hay consecuencias para nuestros actos, no importa lo que hagamos cada día. Mark era tatuador en la calle. Comenzó un negocio adentro y rápido consiguió clientela.

Una de las personas famosas que nos acompañó por un tiempo fue el congresista James Traficant, miembro de la Cámara de Representantes, de Ohio.

Conocí a Jim en el comedor una noche. Pasamos un rato juntos discutiendo política. Yo no sabía mucho de su caso ni de cómo llegó a Ray Brook.

Él me dijo que su compañero congresista lo traicionó y lo sentenciaron a siete años por radicar planillas falsas de contribuciones y por soborno. Repitió en par de ocasiones que sus amigos en el Congreso no habían estado ahí para él, como él había estado ahí para ellos. Yo no entendía exactamente qué quería decir con ese comentario.

Sonaba como un hombre amargado a quien se le estaba haciendo difícil acostumbrarse a nuestros alrededores. Parecía estar medicado para ese entonces ya que noté que su forma de hablar era lenta y metódica. Le pregunté que cómo le iba, y me respondió que era un ajuste muy difícil para él.

Yo me reí y le dije que la mayoría de nosotros que veníamos de carreras profesionales, experimentábamos lo mismo. Lo exhorté a que se tranquilizara, que todo iba a estar bien.

Jim se pasaba solo, tranquilo según lo veía barriendo la institución por las noches. Una noche, Jim estaba paseándose con su escoba de vestíbulo y recogedor en mano. Los que trabajaban en esto le llamaba la Cadillac. Noté que Jim no estaba muy responsivo ese día, mientras yo me encaminaba a la capilla. Lo noté mirando hacia adentro a los voluntarios compartiendo con los hombres.

Lo llamé y le dije, "Jim, ¿te quieres unir a nosotros?" No me respondió.

El hermano Rollie, nuestro querido voluntario, miró por la ventana y me preguntó de Jim. Él conocía su carrera y se estaba preguntando si debía salir e invitarlo a nuestro servicio. Yo le mencioné que yo lo había invitado y que no me había contestado.

Jim observó la mitad del servicio a través de los barrotes negros de la ventana de la capilla y luego se marchó. Nunca volví a ver a Jim. La semana siguiente uno de los hermanos me dijo que lo habían transferido a una institución médica. Muchas veces me he preguntado si lo debí haber agarrado por el brazo y llevado a la capilla.

Yo creo que desperdicié la oportunidad de conocerlo mejor. Él parecía estar pasándola bien difícil tratando de ajustarse a la vida de prisión. Quizás si le hubiera tendido la mano, lo hubiera ayudado a acercarse a la Fuente que le hubiera facilitado el ajustarse.

Jim murió de heridas que recibió cuando un tractor le cayó encima trabajando la tierra en la finca de su hija en Ohio, el 27 de septiembre de 2014. Tenía 73 años.

CAPÍTULO 34

IMPROVISA

Muchos hombres se hacen tatuajes en prisión, algunos a los extremos de los que yo fui testigo: figuras grotescas en sus cabezas, cejas y otras partes privadas de sus cuerpos. Los mexicanos son famosos por sus tatuajes. Yo no recuerdo haber visto a un solo mexicano en la cárcel que no estuviera marcado.

En lo que a mí respecta, yo me mantuve alejado de hacerme marcas permanentes en mi cuerpo.

El lema del confinado es "improvisa" y lo hacían muy bien. La tinta y las agujas eran muy difíciles de conseguir. La tinta venía del aceite de las máquinas de coser. Las agujas las sacaban de las cuerdas de metal de las guitarras. El personal paró esta práctica eventualmente, forzando a que todas las guitarras tuvieran cuerdas de nilón.

El proceso del tatuaje incluía prender un fuego pequeño en la celda usando un par de baterías con un pedacito de papel de aluminio. Una chispa aplicada a papel de inodoro creaba la llama. Años antes, tenían fósforos, pero cuando eliminaron los cigarrillos en el 2006, los fósforos se fueron con ellos.

Hacían una mecha mojándola en aceite, similar a la de una lámpara de aceite en tu casa. Tomaba horas. Una pieza de acero inoxidable aguantada a unas pulgadas de la llama, creaba un hollín negro, que se recogía en forma de polvo y se le añadía poco a poco a un poquito de aceite.

Este proceso funcionaba bien para la tinta negra. La tinta de colores la tenían que contrabandear u ordenar de catálogos de prisión en forma de pinturas de aceite que el supervisor de actividades recreativas de manualidades y pasatiempos aprobaba. En algunas ocasiones el personal cometía errores y no verificaba la orden muy de cerca y bienes no autorizados entraban. La mayoría de los tatuajes de los confinados federales estaban hechos en tinta negra, porque no se sentían seguros tatuándose a color a menos que fuera con tinta que viniera de la calle.

La máquina de tatuar más común entre los confinados era un motor de un par de cortabarbas que vendían en la comisaría de la prisión. El pequeño motor funcionaba bien. Una vez la máquina de tatuar estaba sostenida en la mano, hacía su trabajo. Muchos aparatos del hogar que damos por sentados se recrean y se reforman para llenar las funciones particulares de un confinado.

La improvisación no se limita al negocio de tatuajes.

Las planchas de la prisión, de las que cada unidad tiene dos, no solo se usaban para planchar tus pantalones, si no se usaban también para cocinar. Se ponían suficientemente calientes para asar carnes, freír huevos y hacer una cena de un emparedado de queso tostado o quizás un rico bagel tostado con queso crema. Descubrimos como disfrutar las cosas pequeñas de la vida, a las que no les habíamos prestado gran atención cuando éramos parte de la sociedad normal.

Uno de los sabihondos era un "hombre hecho" de Brooklyn, Nueva York y usaba la plancha frecuentemente. Para convertirse en un "hombre hecho" dentro de la mafia, uno tiene que llevar a cabo un asesinato por contrato al que le llaman "hacer tus huesos".

Un hombre rotundo de mal carácter trabajaba conmigo en la comisaría. Jody vivía cómodamente en la prisión. El tope de su armario estaba repleto de varios productos de la cocina, incluyendo un recipiente de huevos. A él no le faltaba nada, ya que los proveedores de la cocina le suplían a diario todo tipo de productos comestibles robados. Uno de los guardias directores, durante sus inspecciones semanales le decía al oficial de la unidad, rebusca esta celda y límpiala, "se ve demasiado bien vivida."

Jody, al igual que otros, trataba de hacer su vida en prisión una extensión de su vida hogareña. Cuando esto ocurre, el personal de la prisión usualmente se moviliza para traernos de vuelta a la realidad. Después de constantes depuraciones y la pérdida de más y más propiedad personal, los confinados aprendían a conformarse con los estándares de la prisión. No Jody, él luchó contra el sistema hasta que regresó a casa. Al contrario de muchos, siempre reemplazaba lo que perdía. Nunca se rindió.

A algunos no les importaban los demás y cocinaban con las planchas sin molestarse en limpiarlas. Esto creaba condiciones hostiles si una persona no examinaba bien la plancha antes de usarla. Después de arruinar su ropa de visita con manchas de grasa, yo escuchaba, "¿Quién fue el último que usó esta plancha?" Yo automáticamente sabía que venía una pelea si encontraban a la persona que no había limpiado la plancha.

Yo no estaba prestando atención una noche, preparándome para una visita el domingo siguiente. Mientras planchaba, noté una mancha en el bolsillo de mi camisa. Pensando que era agua, dejé la plancha sobre la mancha un momento de más. Me apena informar que la gran mancha de grasa de aproximadamente dos pulgadas de diámetro arruinó mi camisa de visitas.

No, no grité y vociferé, ni pregunté quién fue el último en usar la plancha. Pudo haber sido Jody, ¿quién sabe? Me resigné. La próxima vez, me aseguré de examinar bien la plancha y verificar que estaba limpia antes de usarla.

El personal de la prisión no condonaba la práctica de cocinar con las planchas, pero con un solo hombre atendiendo a 120 hombres, no era muy probable que tomaría acción disciplinaria por esta infracción menor. La prisión usualmente nos penalizaba cuando una de las planchas se rompía no reemplazándola rápidamente. No tener plancha nos dificultaba las visitas, la mayoría no quería estar todo arrugado sentado en el salón de visita con familiares y seres queridos.

La fábrica, cocina, lavandería y departamento de mantenimiento general de la prisión eran los lugares principales para ir a comprar (o sea, robar) la mayoría de los materiales para los proyectos hechos en celda. Los que trabajaban en cualquiera de estos departamentos podían robarse materiales para ellos mismos. Si no, las conexiones eran claves. Sin conexiones un prisionero no podía conseguir lo que necesitaba.

Todo estaba disponible por un precio. Y digo, todo. Adentro, a pesar de toda esta seguridad, uno podía conseguir cualquier cosa que uno quisiera, mientras estuviera dispuesto a pagar y esperar pacientemente. A veces requería un precio exorbitante o un enorme favor a cambio. No es broma. Podría escribir otro libro con los intercambios que se llevaban a cabo diariamente.

Desde la destilación de licor casero, utensilios de cocina, platos de cerámica, tazas, platos hondos, puyas, tablillas para los armarios, armas (o sea, puñales hechos a mano), teléfonos celulares, drogas y materiales generales de oficina para todas las ocasiones estaban siempre disponibles por un precio.

El medio normal de intercambio era en sellos postales (descontados alrededor de un 25% menos al siguiente dólar) o compras de comisaría por transacciones particulares; por ejemplo, yo acepté comprar un recipiente de cerámica a $6.00. El vendedor me daría el recipiente y una lista para la comisaría por la cantidad acordada. Yo, a mi vez, compraría los bienes y se los daría al vendedor en mi día de compras de la comisaría.

Como el recipiente es considerado contrabando suave, fácilmente lo podías perder en la próxima depuración. La venta de productos era un negocio constante ya que los hombres querían reemplazar lo que perdían durante las inspecciones rutinarias.

Hacía falta alguna confianza, así que era buena idea conocer con quienes estabas lidiando. Algunos confinados perdían si no eran cuidadosos. La única manera de conseguir un reembolso era amenazar o hacerle daño al que se aprovechó de uno. De igual forma, era necesario estar preparado a respaldar tus palabras ya que podrías salir gravemente herido o peor si no eras cuidadoso.

Para los más atrevidos, los giros postales de Western Union eran una forma favorita para completar las transacciones. Desde deudas de apuestas hasta compras de drogas ilícitas, el dinero siempre fluye. En las apuestas, ganadores o perdedores, los fondos fluían de un lado a otro.

Estas transacciones monetarias casi siempre eran mensuales. A veces se predeterminaban condiciones, por ejemplo, si yo perdía $1,000, mi gente le enviaría el dinero en giro postal y vice versa.

Normalmente estas situaciones con direcciones se intercambiaban durante visitas personales o por códigos creados en el correo saliente. Aunque se suponía que todo el correo se examinara, muchos miembros del personal no se molestaban a menos que el confinado estuviera en la lista de vigilancia de SIS (servicios investigativos especiales). SIS era simplemente la versión de BOP del departamento de la policía. Tenían y tienen el estatuto de investigar a todo el personal y presidiarios por igual.

Como en nuestra economía en la calle, había confinados intermediarios que cobraban de todos los negocios que montaban. Lo que ellos consideraran justo era el precio establecido para el negocio según el riesgo envuelto en la transacción.

Había que buscar alternativas si estabas buscando algo especial, ya que los cargos por servicio podían ser sustanciales. Algunos confinados tenían sus conecciones amarradas y podían ser la única opción disponible. Cuando esto ocurría los precios podían ser prohibitivos.

Las apuestas cubrían todos los deportes y las probabilidades diarias venían a través de llamadas telefónicas o correos electrónicos a través del sistema de computadoras limitado de los confinados (TRULINGS, por sus siglas en inglés). A este sistema lo monitoreaban, pero con miles de confinados comunicándose a diario, mucho pasaba. Era como un colador virtual con millones de huecos.

Muchos confinados conocían oficiales a los que les gustaba apostar, así que preguntarles era fácil. Muchos cordialmente les proveían a los confinados las probabilidades que conseguían en sus computadoras. Yo fui testigo de esto diariamente viendo como la información fluía libremente sobre cada juego individual. Algunos miembros del personal se las echaban por su actividad.

Muchos miembros antiguos del personal consideraban estos tipos de transacciones tontas, parte del comportamiento normal. Racionalizaban diciendo que era mejor tener a los confinados apostando que lastimándose unos a otros. Hasta cierto punto estaban en lo correcto, siempre y cuando se pagaran las deudas.

Es triste informar que esta no era la realidad, ya que algunos no pagaban. Entonces había consecuencias. Se enviaba a un ejecutor a cobrar. Si el apostador, no podía pagar, usualmente se iba al Hoyo por su seguridad. El personal de SIS detestaba a los que se mudaban al Hoyo por cuenta propia, ya que les dificultaba el mudar allí a ofensores más serios

CAPÍTULO 35

INDUSTRIA DE LA COSECHA DE LA PRISIÓN

La manufactura y venta de productos de licor hechos en casa era uno de los negocios más grandes entre los confinados. Los maestros licoreros generaban anualmente miles de dólares de cada unidad. En cualquier semana, se preparaban 200 galones de licor por todas las unidades. Esta práctica continuó durante todos mis 18 años en prisión.

Un pitorro regular era lo más rápido y más barato de hacer y comprar. Se preparaba normalmente en siete días, dependiendo en el lugar donde se colocara el producto debido a las restricciones de la temperatura. Doce onzas costaban alrededor de dos libros de sellos. El relámpago blanco ("moonshine", otro tipo de pitorro) era el trago especial para ocasiones especiales. El precio de venta fluctuaba entre $40-60 por 12 onzas, dependiendo del maestro licorero.

Era licor destilado usualmente hecho de toronjas, naranjas o manzanas. La mayoría le añadía una onza a su jugo de naranja y disfrutaban sentirse tocaditos por un día. Los confinados se las echaban que era 80 grados prueba. No estoy seguro cómo lo medían.

Era igual que en los días de la Prohibición (1920-1933) cuando las destilerías estaban por todas partes en los cerros de Tennessee. Los confinados eran tan ingeniosos que usaban cualquier cosa que causara el proceso de fermentación.

Los casilleros de los confinados eran a veces el hogar de las destilerías; otros hacían huecos por la tubería de ventilación de cemento para sacar los olores. Se robaban tubería plástica de la fábrica de la prisión. Muchas de las marcas más baratas estaban escondidas en los techos falsos de la unidad. De vez en cuando, había un cultivo de licor en la secadora de ropa de la unidad.

La comisaría vendía un enjuagador bucal azul en una botella transparente que los hombres usaban para truquear al personal y guardar su relámpago blanco. Añadiéndole tan solo una gotita de tinta de Unicor al relámpago blanco, la botella parecía una botella regular de enjuagador bucal. No era hasta que lo destapabas y olías el contenido que podías determinar la diferencia.

Era posible tener tres botellas azules en el casillero sin mayor riesgo de ser descubierto durante una inspección o depuración.

Una noche, regresando de mi trabajo en la comisaría, inocentemente entré a la celda de un asistente a dejar unos papeles de la comisaría. No me di cuenta del pedazo de toalla en la parte de abajo de la puerta, pero cuando la abrí casi me caigo del olor tan fuerte a destilería. Solté los papeles rapidito y salí del cuarto y caminé arriba donde estaba seguro. Me maravillé de la audacia y me pregunté dónde estaban las narices del oficial de corrección que pasaba por la celda en múltiples ocasiones durante la noche.

Los grupos mexicanos tenían el negocio de licor regular cuadrado. Cuando me fui de Ray Brook en el 2013, su población era más del 35% del total. Los maestros licoreros de la producción del relámpago blanco eran de Maine y New Hampshire. Estos controlaban esa parte del negocio.

CAPÍTULO 36

EL ANTI-CRISTO

Conocí varios hombres en prisión sumamente poderosos y con grandes riquezas obtenidas de su variedad de actividades. El nombre de uno de ellos era Yahweh ben Yahweh. Yahvé significa "YO SOY" y la palabra "ben" significa hijo, así que por su nombre alegaba ser Dios. Su nombre al nacer era Mitchell Hulon, Jr.

La primera vez que vi a Yahweh ben Yahweh fue en la comisaría. Vino a recoger su compra una tarde en la ventanilla del Sr. Bova. Yo noté algo diferente en él, pero no supe qué era.

Le pregunté al Sr. Bova, "¿Quién es ese tipo?"

El señor Bova sonrió. "Un confinado más."

Yo sabía que había más porque había escuchado el nombre de Yahweh llamado a la ventanilla tres y reconocí el nombre como uno de significado bíblico. Después de las ventas, hablé con el Sr. Bova sobre el nombre pero él no estaba familiarizado con su significado. Ninguno de los confinados cristianos de aquel momento lo conocían así que verifiqué mi diccionario bíblico cuando regresé a mi celda.

Me sorprendió que un hombre se cambiara su nombre a uno de los nombres personales de Dios. Los seguidores de Yahweh ben Yahweh aumentaron a decenas de miles alrededor de todo el mundo.

Era un hombre alto que se veía prestigioso con su pelo gris y tez clara para un hombre negro. Sus ojos eran claros, casi azul grisáceo con una barba bien cuidada y un rabito de caballo.

Yo lo veía caminando solo como si fuera dueño del lugar en el piso superior del recinto, usualmente durante las noches después de la cena. Su estatura era impresionante.

Cuando yo lo veía en la ventanilla de la comisaría, me preguntaba qué poder tendría en el dominio espiritual. Como cristiano emergente yo era una persona muy curiosa, siempre preguntándome el porqué según encontraba diversas situaciones bíblicas. Debo profesar que Yahweh ben Yahweh me intimidaba de gran manera. Su poder me era obvio.

En ese tiempo muchos hombres dentro de la población sabían de su presencia, pero lo dejaban solo. En los años que estuvo allí, solo lo vi hablando con otro confinado una vez. Nos pasábamos en los pasillos reconociendo nuestra presencia con movimientos de la cabeza.

El personal estaba bien consciente de su presencia y recuerdo haber visto su foto sobre el escritorio del investigador que me encerró después de la visita y el sermón de mi sobrino.

Él era el fundador y líder de la nación de Yahweh, un movimiento religioso de supremacía negra fundado en 1979. Su operación multimillonaria incluía escuelas para niños y una red de programas televisivos que proclamaban su deidad. Lo condenaron por conspiración de asesinar gente blanca como un ritual de iniciación a su culto. Un verdadero anti-Cristo como el que menciona el apóstol Juan en su primera epístola.

Recibía muchos visitantes, incluyendo unos que venían por avión privado todos los fines de semana de Florida. Yo tenía un conocido que trabajaba limpiando el salón de visitas y a menudo veía a Yahweh con una mujer que algunos decían era su esposa.

Uno de mis hermanos cristianos de la unidad Delaware-A me dijo que Yahweh ben Yahweh veía sus programas televisivos todos los domingos por la mañana a las 6. Hombres que trabajaban en la cocina temprano colocaban el televisor hacia la celda de Yahweh para que él pudiera ver su programa transmitido desde Montreal, Canadá. Él se veía caminando al escenario en un turbante blanco con un ónix grabado en oro en el centro. Estaba vestido todo de blanco incluyendo una túnica blanca ancha-- hasta sus medias y zapatos eran blancos, como símbolo de pureza.

Su afirmación de ser dios lo hacía un hombre sumamente convincente con un mensaje que le resonaba a muchas personas negras erróneas y furiosas. Años más tarde, deseaba haber tenido la voluntad de ir donde él y presentarme para haberlo conocido. Hubiera sido mi bendición haber tenido la oportunidad de compartir mis creencias religiosas en amor.

Perdí la oportunidad perfecta. Salió en libertad en el 2001 y falleció en el 2007 de cáncer de la próstata.

CAPÍTULO 37

TIEMPO PRODUCTIVO SERVIDO

Cuando uno entra al ambiente de prisión, uno alcanza su zona de confort en lo que respecta lo que uno va a disfrutar haciendo en su tiempo libre. Yo decidí trabajar en estudios bíblicos y pasar tiempo en la capilla. Durante esos años, tuve hasta 15 programas de estudios bíblicos a la misma vez. En total completé 34 programas variados.

Muchos ministerios cristianos le suplen a todos los confinados interesados material de estudio y Biblias. Algunas organizaciones eclesiásticas hasta subsidian a un confinado que desee asistir al Colegio Bíblico.

Durante muchos años, trabajé miles de horas en estos programas que me dieron mucho placer y gozo. Mi fe crecía a medida que pasaban los días. La prisión se convirtió en un tipo de monasterio para mí. Me acuerdo decirle a varios de mis compañeros de celda que yo estaba en la soledad perfecta cuando estaba encerrado estudiando dentro de mi celda.

Una vez abría la puerta de mi celda y veía todas las luces brillantes, me acordaba de estar en Times Square. Vistas y sonidos incluidos. Un día promedio en prisión es un lugar sumamente ruidoso. Estar aislado en la celda me traía paz. Algunos confinados decían que eso era ser un ratón casero.

Fue a través de la fe que pude lidiar con mis años de prisión tan fácilmente. Por supuesto, algunos días traían algunas dificultades y la naturaleza repetitiva de la vida de prisión resultaba cansona por momentos. Pero a través de todos esos años pude manejar las tormentas y convertirme en una persona más fuerte que cuando entré.

Dentro de mis estudios estaba la curiosidad de estudiar los varios cultos, ocultismos y cismas que estaban incluidos dentro del ambiente de la prisión. Pasé mucho tiempo aprendiendo sobre las 3 emes: musulmanes, mormones y masones.

Uno de los administradores trajo un grupo de rock cristiano dos veces a tocar conciertos en el área recreativa. La iglesia local del administrador apoyaba los eventos y todos los que asistían disfrutaban de una noche de música entrelazada con predicaciones evangélicas. Algunos de nuestros locales estaban entre la multitud de alrededor de 500 hombres para contestar cualquier pregunta y orar con los hombres.

Varios voluntarios cristianos venían los lunes y jueves por la tarde cada semana por dos horas para enseñarnos y para crear comunidad con nosotros.

El pastor Bruce McCulley, su cuñado Rollie Marshall y Peter Johnson, un maestro de estudios bíblicos, nunca perdían una oportunidad para visitarnos semanalmente. El papá de Bruce, Fred McCulley se convirtió en mi mentor por ocho años. Ellos se convirtieron en familia para muchos de nosotros y los amábamos profundamente.

Algunos hombres nunca recibían visitas. Estos voluntarios llenaban ese gran vacío demostrando su amor y preocupación general por su bienestar.

Una noche, Fred trajo a un amigo y pastor local a nuestra reunión semanal del jueves. Cuando Fred me presentó a su amigo, él dijo, "Bill, quiero que conozcas a mi amigo, Richard, a quien conozco hace años." cuando Fred me llamó su amigo, me tocó mi corazón totalmente. Aquí estoy yo-- un delincuente convicto en prisión-- siendo llamado amigo por un hombre de 83 años muy amado por muchos.

Cuando Fred murió, todos lamentamos su muerte. ¡Qué hombre más erudito! Yo lo llamaba una Biblia ambulante. A Fred se le olvidaron más cosas de la Biblia que las que yo jamás sabré.

Fred amaba la naturaleza y a menudo caminaba en las Montañas Adirondack que circundaban nuestra área. Él podía nombrar toda la fauna y la flora que veía en sus caminatas. El día que Fred se quedó dormido estaba caminando con sus raquetas de nieve en el bosque cerca de su casa con su querido perro.

Su perro llegó a su casa solo esa tarde para alertar al hijo de Fred sobre un problema. Cuando encontraron a Fred, estaba de cara en la nieve. Fred falleció en el ambiente que amaba, al aire libre. Cientos de personas asistieron al funeral de Fred en su iglesia local. Por nuestra parte, lo recordamos en la capilla de la prisión y no había un ojo seco en el lugar.

Estos hombres ayudaron a formarme a través de mis 18 años en Ray Brook. Nosotros siempre estábamos pendientes a nuestras reuniones y era muy difícil a veces decir adiós mientras ellos caminaban hacia la puerta de salida y nosotros caminábamos de regreso a nuestras respectivas unidades.

CAPÍTULO 38

ENCIERROS Y EL 9/11

Más de la mitad de los altercados serios empezaban en el área recreacional y debido a la sobrepoblación.

Estos números son ciertos a través de todos los Estados Unidos. Las prisiones estatales y federales sobrepasaron todos los récords llegando a 2.4 millones de confinados en el 2007. Como nación tenemos el 4.4% de la población mundial y albergamos el 22% de los prisioneros en el mundo.

Las prisiones se han convertido en un negocio enorme a medida que la privatización de nuestro sistema de prisiones ha crecido para convertirse en una mina de oro de $70 billones. Dada la sobrepoblación, las prisiones son cada vez más peligrosas para tanto el personal como para los confinados.

En el 2015, el Presidente Obama se dirigió a este asunto de seguridad y sobrepoblación cuando visitó una prisión federal en Oklahoma. Esta fue la primera visita de un presidente activo a los predios de una prisión federal. Se le está prestando más atención al problema; sin embargo los grandes negocios ganarán a medida que se crean más y más instituciones con fines de lucro para reducir los costos de albergar confinados federales y estatales.

Yo fui testigo de esta sobrepoblación y siempre sabía cuando una pelea estaba a punto de ocurrir. El patio se ponía tan silencioso que se podían escuchar los pajaritos en los árboles.

Era como una ovejita en silencio ante las tijeras, ni siquiera un baa. De vez en cuando, después de la cena, yo caminaba varias vueltas con un hermano.

Cuando los hombres estaban listos para pelear, las diferentes afiliaciones se agrupaban ya fuera para defenderse o para tomar acción en la ofensiva. Los que no estaban envueltos en el encuentro se reunían al lado de sus grupos particulares para observar la pelea. Los diferentes grupos siempre estaban listos para meterse dependiendo de cuales grupos estuvieran peleando.

El patio tenía muchas armas escondidas en la arena y en las áreas con grama, al igual que por las líneas de la verja. El personal ocasionalmente cerraba el patio y traía un montón de gente con detectores de metales y equipo pequeño para excavar y rebuscar el área.

Durante las horas laborables en los días de semana, de 6:00 am a 4:30 pm, había suficiente personal para evitar conflictos serios. Era durante los fines de semana y tarde en las tardes que había un número limitado que creaba los problemas más grandes tanto para el personal como para los confinados.

Yo me ponía extremadamente cauteloso los sábados en la tarde, sin embargo, los domingos, 70 de nosotros estábamos en la iglesia con las puertas cerradas con llave con el capellán de turno, así que no era de gran preocupación para nosotros.

Usualmente durante estos momentos el teniente de operaciones cerraba la prisión por cualquier pelea o posibilidad de pelea que él percibiera sería un problema para la institución. La prisión se encerraba por la noche un promedio de dos veces al mes. Más durante los meses de verano, ya que los días más largos proveían más oportunidad para que los hombres planificaran fechorías.

Yo lo comparo con niños haciendo castillos de arena al lado del mar. Las olas del océano llegan varias horas después y destruyen todos sus esfuerzos. Cuando las aguas retroceden los niños evalúan el daño y comienzan el proceso de reparaciones.

Cuando una pelea comenzaba, el personal separaba a los confinados, recogía y reparaba a los heridos, recogía las cuchillas tiradas, solo para repetir lo mismo otro día. Todo el mundo dentro de la prisión operaba con esta mentalidad. Las peleítas recurrentes eran parte del panorama.

Porque yo pude analizar esto temprano en mi carrera de prisionero, yo me mantenía alejado del área recreativa la mayor parte del tiempo. Cuando sonaba la alarma, yo estaba seguro en mi celda con hielo y agua caliente esperando la encerrona, en vez que entre los hombres luchando por los problemas del día.

Durante las auditorías de la prisión, cuando el personal me preguntaba, "En tu opinión ¿cuál es el lugar más peligroso de la prisión?" Yo respondía, "El área recreativa, especialmente el baño de los hombres sin cámaras de seguridad observando la acción."

Durante las miles de horas que pasé en la capilla, nunca experimenté una pelea durante los servicios, estudios bíblicos ni clases de educación general.

Durante mis años sólo escuché una discusión entre dos confinados de otro grupo religioso el cual bregó rápidamente con la situación de ese grupo.

La capilla era una zona segura para que los confinados se relajaran y disfrutaran-- comparable a la DMZ en Vietnam. Ninguna acción militar permitida en esta zona. Los confinados respetaban la capilla y el salón de visitas.

Las tensiones entre el personal a veces también estaban altas, especialmente cuando los confinados no se comportaban. Era fácil ver el momento en que el personal estaba afectado porque se tornaban callados como los confinados. Yo llegué a la conclusión que todos nosotros tenemos una naturaleza similar cuando nos enfrentamos a tribulaciones y adversidad.

Después de una encerrona, la mayoría del personal, masculino y femenino, corrían la unidad mostrando su fuerza. Los dividían y asignaban a cada una de las diez unidades cuando salíamos de la encerrona. Era fácil encontrar los que no eran oficiales de corrección ya que estos empleados usualmente se paraban con la espalda contra un poste enorme de cemento o se agrupaban con varios otros miembros del personal para sentirse protegidos.

Un gran porcentaje de confinados odiaba y despreciaba la autoridad de cualquier clase. Muchos odiaban el sistema de justicia de los Estados Unidos y despreciaban el país y lo que nosotros creemos como nación.

Ellos le echaban la culpa al gobierno por su encarcelamiento y no asumían ninguna responsabilidad por sus propias acciones. El sistema de prisiones de los Estados Unidos es un gran criadero para muchos que están descontentos con el país y si no los vigilan, fácilmente pueden unirse a organizaciones peligrosas que quieren causarle daño a la nación. El odio y el descontento son parte de la vida diaria. La negatividad es contagiosa y yo necesitaba estar de guardia, porque si no, era fácil envolverse con este tipo de mentalidad y seguir la mentalidad del rebaño.

El 11 de septiembre de 2001 está grabado en mi mente. Yo estaba esperando en el dormitorio por los cinco minutos antes de ir a mi asignación de trabajo.

Como era mi costumbre, ojeé el televisor que estaba al lado de la puerta de salida y traté de leer los avisos noticiosos abajo en la pantalla. Vi el primer avión Boeing 767 de American Airlines volar contra el primer edificio.

Lo que pasó después fue terrible; escuché a muchos hombres celebrando el edificio en llamas. Algunos de los hombres estaban llamando a otros con sus brazos y gritos para que vinieran a ver lo que estaba pasando. Podías oír la celebración de todas las esquinas de la unidad. Yo no podía creer que los hombres estuvieran tan contentos de ver esta masacre.

La celebración paró solo después de que el oficial de la unidad, el Sr. B, un veterano, salió de su oficina y le dijo a los hombres que pararan y se comportaran. Usó unas cuantas palabras soeces que no voy a repetir.

El odio de los confinados se parecía a ISIS o Al Qaeda quemando nuestra bandera y coreando "abajo América." Me dio un malestar en el estómago observar cuánto odio contra América mientras la gente brincaba de la primera torre hacia una muerte terrible.

Yo no podía contener mis lágrimas. Traté de limpiármelas. Todos los ojos estaban pegados a la televisión. Que un hombre llorara, sobre todo en prisión, era una prueba de debilidad, así que yo no quería que vieran mi dolor.

Uno de los confinados, que era ex-marino, llamado Ray, coreaba "buen trabajo, hagan más".

Se pasó tanto de la raya con sus coros, que el Sr. B llamó a par de oficiales para que lo escoltaran al Hoyo. Recibió un cargo por conducta subversiva y sirvió 30 días en el Hoyo.

Después de que cayera la segunda torre, el administrador cerró la prisión y nos envió a todos a nuestras celdas. Estuvimos encerrados tres días. La prisión también tenía un piloto iraquí encerrado por drogas y varios musulmanes bocones a los que pusieron en el Hoyo por un tiempo hasta que el administrador decidió que podían regresar a la población general.

Una noche en el 2005, todo estaba en paz en la prisión. Yo estaba con alrededor de 30 hombres en la capilla para estudios bíblicos de jueves por la noche. A las 7:30, se oyó por las bocinas: "Cierre total, cierre total, todos los confinados favor de regresar a sus celdas." La inflexión y el tono de voz del oficial de control me dejaron saber que esto no era una prueba y que algo serio estaba pasando. De donde estábamos no teníamos idea de lo que estaba pasando.

El capellán entró al salón grande de la capilla y nos dijo que esperáramos hasta que nos llamaran a nuestros respectivos dormitorios. Le habló en privado a los voluntarios hacia un lado. En una noche de jueves en verano, había cientos de hombres afuera en el área recreativa, en educación y en la capilla. Nuestra hora normal para recogernos era las 8:30.

Los hombres en la capilla estaban muy callados. Casi no se escuchaba a nadie hablando.

Pasó una hora y no escuchamos nada y de nuestra posición no podíamos ver nada moviéndose en ninguna dirección. Cuando dieron las 10 pm, yo sabía que esto era bien serio. Normalmente todos estaríamos acostados y la prisión estaría en piloto automático hasta la mañana siguiente.

Ya eran casi las 10:30 pm cuando un oficial vino al departamento de educación al otro lado de la corte y abrió la puerta. Vimos a los hombres salir por las puertas y regresar cerro arriba. Al rato, el capellán nos soltó y personal nos escoltó cerro arriba. Los voluntarios se fueron por la puerta seis y regresaron a casa.

Cuando llegamos al dormitorio, el lugar estaba encerrado. Los hombres se asomaban por sus puertas gritando preguntas, tratando de averiguar qué había pasado. Nadie tenía idea. No fue hasta que soltaron a los confinados del área recreativa que nos enteramos.

Ellos vieron la ambulancia llegar a la prisión por el portón de atrás y la vieron irse de la misma manera. Mientras estábamos en encerrona, uno de los oficiales, a quien conocía hace años, nos explicó-- había habido un asesinato en Genesee A.

Dos amigos estaban jugando ajedrez en la unidad. El confinado que ganó la partida empezó a molestar al perdedor tan fuertemente que su furia creció y creció. Se levantó de la mesa y fue a buscar su cuchillo largo hecho en prisión de su escondite. Cuando regresó a la mesa, acuchilló a su amigo en el pecho y luego regresó a su habitación.

No parecía que tenía intenciones de matar a su amigo, solo herirlo. Desafortunadamente, la arteria principal del hombre, la aorta, fue perforada y el confinado se desangró y murió camino al hospital.

Al día siguiente, con la prisión en cierre total, el Hoyo estaba permitiéndole a sus confinados que se bañaran. Como huésped del Hoyo, te puedes bañar cada tres días. Era el día de bañarse del Sr. London. Él era un hombre mayor, como de 60 años, de Chelsea, Massachusetts. El Sr. London era dueño de una casa de empeño en esa ciudad y fue convicto de lavar dinero para la Mafia.

Era un hombre abiertamente amigable. Me relajaba por mi crimen y me preguntaba de chiste que dónde yo había escondido el dinero. Hablábamos de deportes o de las noticias de Boston cuando nos cruzábamos en la comisaría o el comedor.

Mientras están en la ducha, los confinados tienen cinco minutos para bañarse y vestirse. El personal se asegura de mover la fila porque hay otros confinados esperando. Jack llevaba sólo dos minutos en la ducha cuando le mencionó al oficial que no se sentía bien y tenía dolor en el pecho. El guardia le dijo que acabara, que cuando regresara a su celda llamarían a servicios médicos.

Nunca salió de la ducha. El Sr. London fue encontrado en la ducha, doblado y muerto. Esta era la segunda muerte en la prisión en menos de 24 horas.

Esto comenzó la encerrona más larga que yo experimenté en Ray Brook: 21 días. Nos alimentaban emparedados de mantequilla de maní y de mortadela en casi todas las comidas. No sirvieron ninguna comida caliente. El personal llevó a cabo una búsqueda masiva. La mayoría de los hombres perdieron algo de su propiedad personal; las búsquedas eran pura venganza por parte del personal ejecutivo.

Desde mi punto de vista, tenía dificultad tratando de entender la hostilidad que el personal ejecutivo tenía contra toda la población. Cuando algo salía mal, nos castigaban a todos, pero esto fue más allá de un castigo normal. Muchos de los hombres perdieron artículos personales como abanicos, ropa y vegetales que habían comprado en la comisaría, confiscados por el personal dependiendo del humor de esa hora. Mucha de esta propiedad fue tirada en el contenedor de basura de la institución.

Botaron un montón de abanicos, el personal guardó algunos y los usaban ya que años más tarde podías ver los abanicos de los confinados en varias oficinas de la prisión. Llegamos a tener tres de ellos en el almacén de Unicor unos diez años después. El número de identificación del confinado estaba escrito en la base del abanico. En aquellos días los confinados podían recurrir a una reclamación de agravio y muchos las radicaron para recobrar el costo de los abanicos. Solo aquellos que perseveraron recibieron su pago.

El personal ejecutivo no estaba contento con esto porque le costó a la prisión varios miles de dólares reembolsarle su dinero a los confinados. Estos abanicos eran oficialmente del comprador original. La comisaría había dejado de venderlos varios años antes de las búsquedas de esa ocasión.

Durante estas búsquedas masivas, trabajan en una unidad a la vez. Como 30 miembros del personal llegan a la unidad. Están vestidos para insurrecciones, parecen ninjas vestidos de negro con los cascos cerrados con armas que disparan balas plásticas, bolsas de habichuelas y gas. Estaban listos para tomar acción y crear esta muestra de fuerza para intimidar a la población.

Esta fue mi primera vez viendo al personal con esas armas y me acordé de los motines en Watts, California que vi por televisión a mediados de los sesentas. Yo no pude aguantar el sentir temor mientras esperaba que llegaran a mi celda.

Cuando llegaron a mi celda, uno de los oficiales abrió la puertecita y nos gritó que viniéramos a la puerta y nos esposáramos. Cuando me acerqué a la puerta el oficial levantó su protección y dijo, Mangone, no te preocupes que esto va a ser una búsqueda de rutina. Para mi sorpresa era el Sr. G a quien conocía hacía un tiempo y quien siempre era cordial conmigo. Salimos de la celda escoltados hasta el salón de teléfonos abajo. Después de la búsqueda regresamos al cuarto a poner nuestras pertenencias de vuelta en los armarios y a recoger la celda. Nuestros colchones no estaban sobre las camas y nuestra propiedad personal estaba tirada por todas partes. No teníamos contrabando, así que terminamos el día sin más problemas. Los que sí tenían contrabando, como armas o drogas, fueron escoltados al Hoyo para acción disciplinaria y posibles cargos.

A través de los años promediábamos como dos encerronas serias por año. La mayoría de estas estaban causadas por asuntos relacionados con gangas en los que ocurrían daños físicos a los hombres.

Durante cada una de estas encerronas, los confinados en represalia echaban varios artículos al inodoro. Cuando yo oía la alarma de afuera de la choza de desperdicios, sabía que los hombres estaban ocupados haciendo de las suyas.

Sábanas, toallas, ropa interior, lo que a los hombres les diera la gana desechar iba al sistema de inodoros. Podías escuchar el ruido por todo el dormitorio cuando halaban las cadenas. Nuestro sistema de inodoros era increíblemente poderoso y sonaba como los inodoros de avión.

Durante una encerrona en particular en el 2006, los Bloods y los italianos estaban peleando por una situación de robo en las celdas en nuestra unidad. Era mi día libre.

Un joven italiano había comenzado su sentencia en un campamento (el nivel con menos seguridad). Muchos confinados tratan de lograr su camino hacia abajo a prisiones de menos seguridad a través de sus años de encarcelamiento. Tony, sin embargo, ya había subido dos niveles y estaría en camino a un tercero si no se comportaba.

Tony y su compañero de celda, Anthony habían hecho amistad con dos jóvenes negros en las pesas quienes era miembros de los Bloods. Los Bloods eran mayormente una ganga de africanoamericanos formada en las calles de Los Ángeles a principios de los 1970s.

Aunque los Bloods eran de otra unidad, visitaban Mohawk A para pasar rato con Tony y Anthony en su celda. Estos italianos vivían bien surtidos y con mucho dinero de sus familias y amigos comparado con la mayoría de los confinados pobres.

Como el 50 por ciento de la población gastaba menos de $25 al mes y el 40 por ciento gastaba menos de $100 al mes, pero estos jóvenes eran del 10 por ciento de arriba y gastaban su límite completo de $290 mensualmente en la comisaría.

Sus armarios estaban abarrotados de cosas de comer, con más almacenada debajo de sus literas. Cuando los Bloods vieron esta vida cómoda, concibieron un plan para robarles su propiedad a los italianos. Cuando Tony y Anthony salieron a ejercitarse una mañana al área de pesas, los Bloods entraron a nuestra unidad y fueron a su celda.

Se llevaron cuatro bolsas grandes de alimentos y artículos de higiene personal. El oficial de la unidad no estaba prestando atención ya que les permitió acceso para entrar y salir ese día. Kevin, que vivía en ese nivel, vio a los pillos yéndose de la celda con bolsas de malla sobre los hombros.

Los siguió a Niagara B y regresó a la unidad. Cuando vio a sus amigos llegando de ejercitarse les contó lo que había pasado.

Ambos hombres estaban furiosos e inmediatamente fueron al cabecilla de los italianos en la unidad. Discutieron lo que debían hacer e implementaron un plan para recuperar la propiedad robada.

Los confinados que pertenecían a estos grupos sabían que dentro de una hora podría comenzar una pelea. Ambos líderes se reunieron en el área recreativa a alrededor de las 9:30 de la mañana. El líder de los Bloods le dijo al de los italianos que él iba a tratar de conseguir las compras de la comisaría de vuelta, pero no estaba muy optimista de que los jóvenes estuvieran dispuestos a soltarlas.

A alrededor de las 10:30, llegó Brian de otra unidad con par de cuchillas hechas en prisión. Los hombres viraron por la esquina de la lavandería fuera de la vista de la estación de los guardias. Ya cuatro italianos estaban listos en la unidad esperando a los Bloods.

Para la pelea escogieron la hora de almuerzo cuando sueltan a las unidades al comedor. Cuatro Bloods se presentaron en nuestra puerta de entrada en cuanto soltaron a nuestra unidad.

La mujer policía de guardia estaba hablando con una secretaria de la unidad en ese momento en su oficina. Las mujeres no tenían la menor idea de lo que iba a ocurrir.

Los Bloods se apresuraron dentro de la unidad donde fueron recibidos por tres italianos listos para la lucha. Uno de los italianos tenía un palo de mapo en su mano mientras que los otros dos tenían las cuchillas. Los Bloods seguían acuchillando a los italianos. Cuando el oficial de la unidad vio lo que estaba pasando llamó la alerta de ayuda (que un oficial necesitaba asistencia). "Pelea de confinados, Mohawk A."

Este pito agudo es un sonido de alerta similar al de las sirenas de los vehículos de la policía europea, que se oyen en todos los radios distribuidos dentro de la prisión. El oficial del salón de control inmediatamente se hace cargo y le avisa al personal la localización de la alarma radial y el tipo de situación a la que se van a enfrentar. El personal corre al lugar.

El oficial de la unidad siguió el procedimiento y cerró la puerta de la unidad. Nadie podía entrar o salir. Afortunadamente para los italianos, la oficial hizo su trabajo bien. Seis Bloods adicionales estaban corriendo hacia la puerta de la unidad pero no los dejó entrar.

La oficial les gritó a los combatientes, "¡Basta!" y para la unidad "Encierro total."

Nadie le hizo caso a sus instrucciones mientras ella estuvo parada al lado de su oficina gritando órdenes.

No podía hacer mucho excepto esperar a que llegara la ayuda. La secretaria que estaba en la oficina en aquel momento, se paró detrás de la puerta mirando por la ventana, viéndose tan desvalida como lo estaba.

Mirando la pelea desde el segundo nivel, yo tenía la mejor vista de la arena completa. Había solo como 30 hombres de la unidad observando la batalla en aquel momento, la mayoría de los otros habían ido a comer.

Me recordaba de algo que el Sr. M siempre decía, que la prisión, con todos los jóvenes que estaban llegando se estaba convirtiendo en una escuela de gladiadores. Tenía razón.

Nadie estaba ganando la batalla. Algunos ganchos conectados habían causado poco daño mientras los combatientes bailaban tratando de encontrar por donde meterse para cortarse unos a otros.

En dos minutos llegó el personal. En tres minutos, habían separado a los rivales.

La respuesta rápida de la oficial de la unidad y la pronta llegada de todo el personal rápidamente evitaron un baño de sangre.

Los hombres estaban todos esposados. Los que tenían cortaduras fueron llevados a servicios médicos. El resto fue directamente al Hoyo. No hubo ninguna herida seria, solo pequeñas cortaduras.

Después de servir tiempo en el Hoyo por la pelea, enviaron a Tony a la unidad de gangas de USP Lewisburg para completar su sentencia. Él fue el primer confinado que yo conocí que comenzó en un campamento y subió hasta la cima a un USP (una penitenciaría de los EEUU con máxima seguridad). Esto no es fácil y solo sucede si el negociado te encuentra fuera de control y necesitando un ajuste de actitud.

Alrededor de tres meses más tarde, en el otoño del 2006 ocurrió otro incidente.

Patrick era un criminal de cuello blanco sirviendo una sentencia de 20 años por fraude. Él trabajaba en el área financiera y huyó con varios millones de dólares de los fondos de sus clientes. Como era una sentencia tan larga, lo enviaron a nuestra prisión de seguridad media.

Como yo, él era un pato fuera del agua. Él trató de encajar pero no encontraba como sentirse cómodo con sus alrededores. Como no pudo conseguir trabajo en la institución, su consejero lo asignó como su asistente en la unidad. Este fue el comienzo de sus malas decisiones.

Patrick era demasiado amigable con el personal. Trabajaba como asistente del consejero y cuando completaba la limpieza, tenía la costumbre de sentarse en la oficina a charlar con su jefe. En un ambiente hostil, muchos hombres se ponen paranoicos de confinados que ven como posibles chotas.

Todos lo podían ver en la oficina. Muchos le sacaban el cuerpo a Patrick porque pensaban que él estaba trabajando para la policía. Yo sabía que no y traté de decirle que tuviera cuidado de estar hablando abiertamente con el personal. Él no me hizo caso y siguió con esta práctica durante semanas.

Durante ese tiempo, yo estaba preparándome para dejar la lavandería y regresar a la comisaría. Le recomendé a Patrick al personal y lo contrataron la semana siguiente. Una vez en un ambiente real de trabajo en la prisión, comenzó a aprender de los otros confinados los protocolos apropiados para las relaciones entre confinados y el personal.

Para esta época los mexicanos y otros estaban produciendo más de 100 galones de alcohol a la semana. Tenían lotes por toda la unidad. Usaban hasta las duchas para comenzar el proceso enganchando la bolsa en el cabezal de la ducha y dejando que el agua caliente fluyera por una hora a la vez. Nadie usaba esa ducha pensando que un confinado se estaba bañando. Después de unas horas de calor, ponían las bolsas en el techo. Cada nivel tenía techos falsos para accesar los conductos de ventilación, lugares perfectos para esconder y guardar el alcohol por varios días hasta que estuviera listo para la venta.

Una tarde, Patrick llegó del trabajo y entró a la oficina de sus antiguos jefes. Los mexicanos se dieron cuenta como siempre y se lo callaron. Esa noche, cuando el oficial estaba trabajando la unidad descubrió una bolsa de 20 galones de alcohol en el techo falso justo afuera de la puerta de Patrick.

Para los mexicanos, el sospechoso principal a quien echarle la culpa por este descubrimiento era Patrick. Lo tildaron de chota y todo el mundo en la unidad estaba hablando de lo que habían informado sobre él.

Al día siguiente, viernes, yo estaba en mi celda estudiando la Biblia y trabajando con mi memorización. La celda de Patrick estaba justamente debajo de la mía, a unos pies de distancia, separada por una barra de un pie de concreto y acero reforzado.

Matthew era el compañero de celda de Patrick en ese tiempo. Él me contó como le pidieron que abandonara la celda esa mañana o si no le darían una paliza también. Muy prudente, se fue al área recreativa a pasar la mañana.

Después de la movida de las 9:30 de la mañana, tres hombres se acercaron a la celda de Patrick. Dos entraron y uno se quedó afuera de guardián y protector de la puerta. Patrick estaba acostado cuando los hombres le empezaron a dar con candados envueltos en una bolsa pequeña de nilón. Los golpes fueron a las áreas de la cabeza y el cuello. Un hombre lo aguantó y el otro lo golpeó tan fuerte que había sangre por todo el piso, las paredes y el techo. El armario y los libros que tenía encima se llenaron de sangre.

Patrick se trató de escapar corriendo hacia la puerta. El guardián de la puerta la mantuvo cerrada hasta que los otros dos lo forzaron de vuelta a las literas y le pegaron hasta que quedó inconsciente.

Durante todo este tiempo, yo no escuché nada excepto una puerta tirada aunque estaba solo a varios pies de distancia. Asumí después que esto fue cuando Patrick trató de salir corriendo del cuarto. Como quince minutos más tarde, Patrick se levantó y salió gateando de su celda hacia la estación de los oficiales a 20 yardas de distancia. Cuando el oficial lo vio, encerró inmediatamente la unidad. Más tarde nos enteramos que se llevaron a Patrick rápidamente al hospital y permaneció allí por una semana. Nunca regresó a la unidad sino que lo transfirieron a otra institución.

Uno de los miembros del personal nos mostró a algunos de nosotros sus fotos tomadas en el hospital. La cara de Patrick estaba tan hinchada y tan lastimada que era imposible reconocerlo.

Yo descubrí dos años después a través de un miembro del personal, que Patrick regresó a corte a apelar. Su abogado usó las fotos de esa paliza que tenía el Negociado de Prisiones para ayudar a persuadir al juez a que fuera clemente con su cliente durante la nueva sentencia. Le dieron una reducción de sentencia de cinco años en su apelación.

El personal llevó a cabo una investigación y revisaron las cámaras de la unidad. Encontraron a los tres hombres y los enviaron al Hoyo.

Uno de los hombres, un Blood, fue enviado a la unidad de gangas de USP Lewisburg por el resto de su sentencia. Le sometieron cargos de asalto con la intención de hacer daño corporal y le añadieron una sentencia de un año encima de los 20 que ya estaba sirviendo.

Los otros dos mexicanos perdieron 90 días de tiempo productivo, pero para ellos esto no era un castigo ya que ellos sabían que una vez cumplieran su sentencia, serían deportados.

La vida en la prisión federal es mejor que la vida que muchos de ellos llevaban en México. La zanahoria al final del camino no funciona muy bien con la mayoría de los confinados del sur de la frontera.

El departamento médico tiene a un confinado especialmente entrenado en materiales peligrosos, conocidos como Hazmat en inglés. Este recoge la sangre derramada cuando ocurren accidentes o peleas. Le tomó a Hazmat Harold un día completo limpiar la sangre de la celda. Él era de West Virginia y nos dijo que la celda parecía un matadero de cerdos con sangre por todas partes. Él me dijo que era la peor celda que había visto en los tres años que llevaba haciendo este trabajo.

Como cuadrilla de confinados, le tocaba a la unidad Saranac preparar los emparedados y comidas de la prisión entera durante los encierros totales. La prisión nos designó confinados de campamento, así que nos dieron instrucciones de hacer más de 3,700 comidas empacadas para cada día de un encierro total. Entre el 2007 y el 2013, yo ayudé a los hombres de Saranac a preparar comidas para la población entera de la prisión.

Por la mañana preparábamos emparedados de huevo y queso o de mantequilla de maní y jalea. También recibían dos cartones de una pinta de leche. Hacíamos una línea de ensamblaje y 20 de nosotros trabajábamos turnos. Un día sí y un día no rotábamos la unidad completa para alimentar a la prisión.

Una persona estaba asignada al cortador de carne y su responsabilidad era cortar miles de lascas de mortadela. De ahí metíamos dos lascas en una bolsa plástica para la bolsita de comida.

En una ocasión la mortadela que teníamos tenía un tono verdoso. Mientras más tiempo pasaba afuera, más verde se ponía. Cuando varios de nosotros se lo notificamos al jefe de cocina, nos dijo que la metiéramos en las bolsas y la enviáramos cerro arriba.

Protestamos.

Nos ordenó a meterla en bolsas. Estábamos todos muy incómodos porque sabíamos que nos iban a acusar a nosotros una vez terminara la encerrona.

Cuando los hombres cerro arriba abrieron las bolsas de almuerzo, los hombres empezaron a dar fuertemente en las puertas exigiendo ver al teniente de turno. Los que tenían abiertas las puertecitas de comida, tiraron la mortadela del nivel al piso. Me dijeron que algunas de las unidades tenían cientos de pedazos de mortadela verde por todo el piso.

Nunca regañaron al jefe de la cocina; él se rió de nosotros. Este hombre estaba a punto de retirarse y no le importaba lo que pudiera suceder a causa de una carne verde. Cuando los hombres salieron del encierro, algunos dentro de nuestra unidad fueron amenazados por los miembros de las gangas en el cerro. Se enteraron bastante rapidito de quién era el jefe que le había ordenado a los hombres a embolsar la carne. Gracias a Dios, nadie estaba suficientemente molesto en el cerro para causarnos daño físico a ninguno de nosotros.

Los días eran largos. Nos levantaban diariamente a las 4:30 de la madrugada para estar listos para trabajar de 5 de la mañana a 3:30 de la tarde cada día. Había beneficios. Por trabajar con la comida, el personal de la cocina nos permitía prepararnos una comida caliente para el desayuno y el almuerzo. Los otros confinados recibían la bolsa de almuerzo frío durante todo el período del encierro total.

Cada bolsa plástica tenía dos lascas de queso dentro de la bolsa de comida. Este trabajo requería cuatro hombres embolsando queso por miles. Las buenas noticias eran que podíamos sentarnos a desempeñar nuestras tareas. También teníamos cientos de hogazas de pan para embolsar; cada bolsa recibía cuatro rebanadas de pan en una bolsita plástica aparte.

Mientras más duraba la encerrona, más difícil era ir a trabajar el turno asignado. Cuando regresábamos a la unidad la mayoría de nosotros estábamos demasiado cansados para hacer mucho más que ducharnos. La encerrona más larga que yo trabajé duró 15 días. Yo estaba muy contento cuando todo regresó a la normalidad porque embolsar queso ya se estaba tornando demasiado aburrido.

Fue durante uno de estos encierros totales que me di cuenta cuan peligroso era el comedor para todos nosotros que comíamos allí todos los días. El capataz de la cocina, nos instruyó a virar las mesas y deslizarlas juntas para hacer espacio para mapear y limpiar las losetas de barro.

Cuando volteamos las mesas, yo no podía creer todo lo que salió. Había navajas de afeitar escondidas debajo de las mesas. Contamos más de 25 navajas que los hombres podían usar para amotinarse o si empezaba una pelea.

Algunos de los hombres que trabajaban conmigo patearon las navajas debajo de las mesas para que el personal no las viera. Yo recogí las que se cayeron de mis mesas y las boté en la basura. Si me hubieran visto los del cerro arriba yo hubiera tenido un problema serio, pero como estaba solo, me sentí bien de deshacerme de las armas sabiendo que nunca se podrían usar para herir a nadie.

Por mi parte, yo era una isla. Yo trataba de ser una influencia positiva tanto para el personal como para los confinados con los que me ponía en contacto, tratando de vivir una vida consistente con mi fe. Esta actitud podía ser contagiosa, pero también tenía algunas desventajas.

Antes de venir a prisión, había escogido huir porque tenía miedo de morir en prisión y lo que desconocía de la vida en prisión era demasiado para yo poder lidiar, o al menos eso pensaba.

Según mi fe creció año tras año, aprendí a no tenerle miedo a la muerte ni siquiera cuando otro confinado me amenazaba. Yo estaba tan enraizado en esta creencia que cuando caminaba por los predios, no me percataba de los peligros a mi alrededor. Tanto el personal como los confinados me preguntaban cómo me podía mantener tan positivo dentro de mi larga sentencia. Mi respuesta siempre era, "mi fe."

En dos ocasiones diferentes, individuos con serios problemas psicológicos amenazaron mi vida. Ambos eran muy peligrosos y se sabía que ambos habían terminado vidas en la calle.

Yo nunca le reporté estas amenazas a las autoridades; yo sentía que las repercusiones de ser llamado chota o rata serían mucho peor que enfrentarme a mis problemas. Yo sí busqué consejos de otros confinados a los que respetaba. A través de intercesores pude calmar las situaciones y hacer las cosas bien ante sus ojos. Ya ves, a mí me odiaban algunos por ser feliz y mantenerme demasiado positivo ante mi vida en prisión. Yo había aprendido a sentirme conforme con cualquier situación con que me tiraran. Algunos hombres perturbados por dentro resentían mi actitud y sus pensamientos torcidos los llevaban a creer que yo estaba actuando fuera de mi papel: como ciudadano, en vez de como confinado.

CAPÍTULO 39

TRATANDO DE SOBREPASAR

Yo sostuve innumerables conversaciones con miembros antiguos del personal sobre el comportamiento de los confinados y los castigos. Para ellos esto parecía ser la guía 101 para el manejo de confinados. Cuando algunos metían la pata, todos pagaban el precio. Esta es la guía de la zanahoria al final del palo, pero la zanahoria nunca regresa, regresa estrictamente el palo.

A través de mis interacciones personales con muchos de los miembros del personal, yo desarrollé una comprensión única del ambiente de prisión con sus reglas y la participación de mis compañeros confinados. Permaneciendo en FCI Ray Brook por tanto tiempo, me convertí en un elemento fijo para muchos.

A mediados de los noventa los hombres se graduaban de varios programas del departamento de educación. El programa y la ceremonia se hacían en la capilla y se le permitía al confinado traer a dos invitados a que se unieran a la celebración. Esposas, novias y otros familiares asistían a este evento. Eran momentos de gozo para los hombres y sus invitados.

En una ocasión de estas, una de las esposas fue al único baño en la capilla.

Pasados unos minutos, el esposo también se fue. El personal notó el tiempo que llevaba el confinado en el baño, cuando se acercaron a la puerta, el personal podía escuchar dos voces adentro. El personal abrió la puerta y se encontró a la pareja envuelta en un acto sexual.

El confinado fue castigado al Hoyo y la visitante fue escoltada fuera de los predios de la prisión. No hay visitas conyugales en el sistema federal. Algunos estados le permiten al hombre y la mujer unirse, pero no los federales.

El programa permitiendo visitantes en la capilla fue cancelado. Nunca volví a ver a un familiar en la capilla.

En otra ocasión el departamento de educación usó la cafetería con el mismo propósito. Los confinados de la clase graduanda recibieron dos invitados ese año. Todos disfrutaron una cena provista por el Negociado de Prisiones y todos se divirtieron con sus seres queridos.

Después del evento, los visitantes regresaron a sus hogares y los confinados fueron rebuscados por contrabando potencial. Es triste informar que uno de los confinados fue observado por la cámara recibiendo una bolsita plástica con media onza de cocaína adentro. Esta fue la última vez que un familiar entró a los predios de la prisión. El personal anotó el incidente y se decidió eliminar la práctica de tener visitantes durante esas celebraciones.

La vida de prisión para muchos es como ser colocados en animación suspendida por un período de tiempo. Día tras día se convierte en agonía insostenible para muchos que no pueden encontrar la paz. Siguen las lecturas del compás que sus corazones escojan para ese día. Muchos continúan bebiendo, endrogándose y teniendo comportamientos sexuales. Buscan la manera de traer emoción a sus vidas mundanas. Algunos toman riesgos excesivos y reciben condenas mayores por dejar que su adrenalina fluya libremente.

Con toda esta seguridad, uno pensaría que nuestras prisiones estarían libres de contrabando.

¡No es así!

Diferentes tipos de contrabando estaban disponibles en abundancia por un precio. Un cartón de cigarrillos comprado en una tienda por $9 se convertiría en $540 en comisaría o efectivo.

Lo más interesante del mercado negro de la prisión es que no solo tienes a los confinados tratando de ganarte una, sino que algunos miembros del personal tratan de acojinar sus cuentas bancarias también.

Durante mi estadía en Ray Brook, despidieron a varios miembros del personal por traer cigarrillos y una variedad de bebidas alcohólicas por un precio. Un cartón de cigarrillos le podía dejar $1,000 en la cuenta a un guardia, si conseguían persuadir al guardia correcto a llevar a cabo la tarea. Un oficial en particular, percibido como que odiaba a los confinados, perdió su trabajo y 12 años de servicio por hacer exactamente eso.

El salón de visitas es un buen lugar para traer contrabando. En ocasiones escuchábamos que un visitante o un confinado estaba acusado de traer una substancia ilegal a nuestra institución.

Un confinado convenció a su mamá de que le trajera drogas. La pilló el personal monitoreando las cámaras y pagó por su crimen con una sentencia de 18 meses que cumplió confinada en su hogar. Yo no puedo explicar porque una persona se tomaría ese riesgo, pero entonces, la recompensa es grande para el que logra ganarle al sistema.

El contrabando llega a la institución federal de maneras inesperadas. Los confinados engatusaron hasta a un rabino a traer cocaína y marihuana a FCI Ray Brook.

En el 1996, mientras trabajaba en la capilla, conocí al rabino judío Eli Gottesman quien viajaba de Montreal dos veces al mes a visitar a un pequeño grupo de judíos por varias horas un jueves por la tarde. La prisión tenía un contrato anual con el rabino por $3,420.

El rabino tenía como 73 años de edad, era bajito de estatura y llevaba una barba salvaje de como seis pulgadas de largo. Era muy amigable y dulce y de vez en cuando le traía al capellán diversos tipos de chocolates canadienses y bagels. El rabino había escrito dos libros sobre su fe en el judaísmo.

El Rabino Gottesman también trabajaba como capellán para el estado de Nueva York. En el 1984, se ganó el premio de Capellán del Año por el fervor y dedicación que traía a su trabajo en las prisiones estatales y federales del norte.

Sus horas de contrato programadas eran los miércoles. Usualmente, uno o dos confinados asistían a sus sesiones. Yo no tenía idea de que algo grande iba a suceder.

A principios de 1998, mientras yo trabajaba en la comisaría, vi por la ventana al rabino siendo escoltado fuera de los predios por varios miembros del personal de los servicios investigativos especiales (SIS, por sus siglas en inglés). Seis oficiales estaban juntos en el vestíbulo de psicología al lado de la comisaría.

A través de nuestra ventanita observamos al personal mirando un plano de la capilla y las oficinas adentro de esta. Parecía que estaban planificando entrar a la capilla a hacer una redada mientras el rabino estaba en sesión con sus seguidores.

Cuando el teniente me vio a mí y a mi compañero de trabajo mirando por la ventana, lo oímos avisarle a nuestro jefe que nos sacara del lado de la puerta. El Sr. Bova salió de su oficina y gritó "Pónganse a trabajar." Nuestra curiosidad creció según el personal se fue del pasillo. Escuchamos cuando cerraron la puerta con llave.

En unos minutos había nueve confinados arrodillados y esposados con sus caras hacia la pared de la lavandería de la prisión. Mirando por la ventana vi a Lilo, a Marco y a Lewis entre los nueve. Varios miembros del personal estaban vigilándolos esperando respaldo para llevarlos al Hoyo.

La prisión estaba vibrando con lo que había sucedido. Los confinados que podían ver por la ventana del departamento de educación, junto a los de comisaría, tenían una vista buena de diferentes puntos para observar el tráfico de personal y confinados yendo y viniendo a la capilla.

Según pasaron los días, fuimos colectivamente recibiendo la historia completa en pedacitos. El periódico local, el Adirondack Daily Enterprise imprimió la historia y resaltó los detalles de la redada.

El rabino había cometido el crimen de traer contrabando a la institución.

Uno de los hombres originales que asistía a las sesiones del rabino era de Montreal. Le mencionó a su amigo Marco, también de Montreal, que el rabino era una presa fácil para traer cosas a la prisión. Cada vez que el rabino venía traía cositas como bolígrafos, dulces y un reloj para uno de los hombres.

Suficientemente inocente, ¿no?

Durante un período de un mes, el grupo creció de dos a ocho hombres. Nadie pareció sorprenderse ante el aumento en interés en el judaísmo aunque solo había dos judíos en el complejo para ese entonces, y solo uno de ellos asistía regularmente. Marco era un adicto conocido. Al principio que llegué, más de una vez me había suplicado que le prestara diez sellos por unos días.

Ese era su trajín ya que así conseguía que alguien lo ayudara a comprar pastillas ante sus súplicas. Marco usaba los sellos como dinero para sus compras. Yo tenía poco que ofrecerle como presa, así que me dejaba quieto la mayoría del tiempo.

Marco y sus amigos convencieron al rabino que pasara por casa de unos amigos en Montreal a buscar una botella de champú marca Pert Plus que no estaba disponible para la venta a través de la comisaría. El rabino, inocente y bien intencionado, pensaba que estaría haciendo una buena acción así que lo hizo y se lo trajo a Marco. Lo menos que se imaginaba es que el cómplice de Marco había puesto varios globos llenos de cocaína y marihuana dentro de la botella.

De alguna manera le llegó a oídos del personal de SIS de la prisión que Marco y sus compinches estaban planeando algo. Después vimos que a esta persona la trataban diferente que a los demás.

Todas las semanas la comisaría le hacía ventas a los confinados en el Hoyo. Aunque ellos tenían una lista limitada para escoger, cada uno compraba lo que necesitaba.

Una cosa extraña sucedió durante alrededor de cinco semanas mientras Marco y sus secuaces estaban encerrados en el Hoyo, Un teniente, todos los jueves, venía por la comisaría con la lista de artículos para la compra. Un miembro del personal de la comisaría completaba la orden y la ponía en una bolsa grande de papel marrón. Yo estaba curioso después de varios viajes en que el teniente salía con artículos que no eran normales para confinados en Albergue Especial, como por ejemplo, cigarrillos.

Yo lo velé según abandonó la comisaría y salió por la puerta seis hacia el edificio administrativo. De ahí, salió al Centro de Bienestar, el edificio del personal. Parecía que la persona recibiendo los artículos de la comisaría estaba siendo albergado en los predios del personal. Lo único que se me pudo ocurrir es que el supuesto confinado era un informante pagado que trabajaba para la policía del estado de Nueva York o un agente del FBI asignado al caso.

De cualquier modo, nunca vi a ninguno de los confinados otra vez excepto a Marco con quien me crucé cuando estuve en el Hoyo para mi segunda visita unos dos años después. Marco me dijo que había recibido 18 meses como sentencia por su parte en el crimen y que el resto de sus socios habían recibido menos tiempo. El rabino perdió su contrato con la prisión y sirvió seis meses de arresto confinado a su casa.

Cuando le pregunté a Marco que por qué estaba de vuelta en Ray Brook, me dijo que había regresado para ir a corte y que lo estaban extraditando a Canadá bajo un acuerdo de transferencia.

Los Estados Unidos tienen un programa de tratado de transferencia con nuestros vecinos canadienses al norte. Cuando un canadiense es arrestado y sentenciado por un crimen en América, tiene el derecho de radicar con su gobierno bajo el programa de tratado de transferencia. Diferente a Estados Unidos, las sentencias en Canadá son mucho menos que las nuestras por crímenes similares. Así que muchos canadienses están ansiosos por radicar y esperanzados de ser aceptados de regreso a Canadá. En algunos casos, dependiendo del crimen, se puede poner la cosa muy política. Muchos son rechazados por la severidad de sus crímenes en Estados Unidos.

FCI Ray Brook era el punto en el noreste donde llevaban a todos los canadienses que iban a ser deportados de regreso a Canadá. Una vez cada seis meses veíamos la bandera canadiense izar de una de las astas frente a nuestro centro de bienvenida frente a la prisión. Un autobús canadiense vendría a recoger hasta 20 confinados para llevarlos de vuelta a Canadá.

Los canadienses se iban esposados y engrilletados hasta la frontera. Una vez cruzaban la frontera, les quitaban todo el hierro como si fueran hombres libres.

Los llevaban al Departamento Provincial de la Policía en Montréal a ser procesados. En la mayoría de los casos, los ponían en libertad inmediatamente por tiempo servido en los Estados Unidos. De todos los confinados con que me topé dentro del sistema, los canadienses eran los más quejones.

Se quejaban y gruñían por todo lo que tenían que soportar. Odiaban a los Estados Unidos y nuestro sistema y odiaban como los trataban.

Mi respuesta a ellos siempre era, "quédate en casa y comete crímenes en tu país y quizás no tendrías que lloriquear tanto." La mayoría no me contestaba nada, simplemente seguían murmurando y seguían caminando.

En otra ocasión, en el 2009, uno de los confinados trabajando en la lavandería orquestó, con ayuda externa, que Federal Express hiciera una entrega de una muestra de botas. La caja vino dirigida a uno de los capataces de la lavandería.

La caja venía de una compañía ficticia que el confinado y su cómplice se habían inventando. La caja no fue cotejada debidamente por el almacén de negocios ni por el oficial del portón trasero, quien daba la aprobación final para que entrara a la institución. Entró por el portón trasero junto a otras cajas para la comisaría. Esta era la ruta usual ya que ambos departamentos tenían el mismo supervisor.

El capataz de la comisaría siempre le daba las cajas y otros artículos que llegaran a un confinado para que se las llevara directamente al capataz de la lavandería. Este era el procedimiento normal ya que ambos departamentos siempre estaban muy activos con actividades de confinados.

Afortunadamente, Pete, el capataz de la lavandería, observando las botas, se dio cuenta que tenían algo pillado en la punta. Inspeccionándolas más de cerca, encontró una bolsita plástica pillada adentro. Cuando sacó la bolsa, encontró varias drogas y pastillas para rebajar. Parece que el confinado que esperaba recibir esta caja no estaba disponible ese día y se la dieron a otro confinado en vez.

Cuando Pete llamó al teniente, cuya oficina quedaba al lado de la lavandería, se soltaron todas las colleras del infierno. Cerraron la lavandería y los nueve confinados que trabajaban allí fueron enviados al Hoyo. Varios miembros del personal viraron la lavandería al revés verificando todo lo que había en la planta de 750 pies cuadrados. Le tomó al personal un día completo rebuscar, pero no encontraron más contrabando. Durante la próxima semana, soltaron a todos los confinados. No le sometieron cargos a nadie. Lo único que pudo hacer la prisión fue no volver a emplear a ninguno de esos confinados en la lavandería. Después, algunos fueron contratados nuevamente, pero solo cuando el capataz los aprobaba.

En cuanto el personal tapa un hueco, otro se abre, en un ciclo eterno de quién ganará ese día. Es imposible parar todo el contrabando que entra en el sistema. La mayor esperanza de la prisión es que puedan disminuir el flujo para no afectar seriamente las vidas del personal y la protección de los confinados.

CAPÍTULO 40

CUMPLIENDO TIEMPO CON UN COMPAÑERO DE CELDA

Cumplir tiempo en prisión es suficientemente difícil cada día sin tener problemas con tu compañero de celda.

La tranquilidad en una vida enclaustrada depende de cuán bien te lleves con este. El tener algún tipo de compatibilidad es importante, sobre todo cuando la prisión está en encierro total por días a la vez. Es similar a un matrimonio: dos personas compartiendo un espacio pequeño tienen que trabajar para acomodarse el uno al otro a diario.

Con solo 50 pies cuadrados de espacio comunal cada uno debe hacer lo mejor para permitirse un poco de tiempo privado semanalmente. Sin estas concesiones, la vida en una celda se convierte en una carga que fluye de la celda a tu trabajo y a toda tu sentencia en prisión.

Afortunadamente, el personal dentro del sistema de prisiones federales te da la oportunidad de escoger a tu compañero de celda la mayoría de las veces. En algunas ocasiones es imposible si las camas están limitadas. Si tú eres el único que queda sin compañero, la próxima persona en entrar a tu unidad te será asignada automáticamente.

No tienes opciones al momento, pero más adelante si algunos hombres se van a casa o son transferidos, tú tendrás la oportunidad de cambiar de compañero de celda para hacer las cosas más compatibles para ambos.

Los consejeros son usualmentuente sensitivos al poner hombres juntos ya que si no se llevan bien, sus disputas solo van a recaer en ellos para resolverse. Yo he sido testigo de peleas, fuertes y duraderas entre compañeros de celda. Algunas ocurren por ronquidos o problemas de higiene personal. Relaciones cercanas se pueden dañar en un abrir y cerrar de ojos.

La mayoría del tiempo tuve compañeros decentes con los que me podía llevar bien de día a día. A medida que pasó el tiempo aprendí a escoger hombres cristianos porque nuestra fe nos mantenía encaminados. Si surgía un problema, era mucho más fácil resolverlo con nuestra fe como piedra angular.

A través de todo mi encarcelamiento tuve 15 compañeros de celda. Algunos por un par de días, otros hasta por cinco años. La mayoría de estos hombres hacían lo que la administración les pedía y pienso que no van a ser parte del 70 por ciento de reincidentes de los próximos años.

Tristemente, algunos fallaron miserablemente porque rehusaron conformarse con hacer lo correcto. Decidieron no aprender de las decisiones que los trajeron al sistema, no una vez, si no dos o más.

La mayor parte de estos hombres parecían haber aprendido su lección mientras se reconciliaban y aceptaban la responsabilidad por sus actos. Yo estoy agradecido que muchos de estos hombres se convirtieron en conocidos positivos. Si los vuelvo a ver será una reunión gozosa.

Cada confinado tiene historias de horror sobre compañeros de celda, no importa cuánto lucharon por llevarse bien con ellos. Mi historia es de Miguel, que tenía como 32 años.

Era ya el verano del 2004 y me acababan de soltar del Hoyo por segunda vez y al entrar a la unidad, un par de hermanos me saludaron y me informaron que la unidad estaba llena a capacidad. Acercándome al oficial de la unidad, le pregunté qué estaba disponible para mí y me informó que solo había literas en celdas de seis.

Vivir con cinco hombres más en un espacio pequeño es bien difícil. Cada uno tiene sus ideas y hábitos de dormir, ducharse, ver televisión o simplemente estar tirado en su litera.

Es prácticamente imposible crear un horario que acomode las preferencias de todos todo el tiempo. Yo tenía esperanza que mi tiempo en la celda fuera mínimo y traté de ser paciente esperando que se abriera una celda de dos para mí.

Después de una semana de dormir muy poco sin ningún tiempo privado, me sentí muy agradecido cuando surgió una celda de dos. No conocía al confinado a parte de haberlo visto en la unidad de vez en cuando. Miguel era un colombiano que trabajaba en la fábrica de la prisión (Unicor).

Yo pensaba que el arreglo iba a funcionar ya que él estaría fuera una gran parte del día. Yo también estaría fuera durante el día, en un horario diferente en mi trabajo en la comisaría.

Nuestros horarios parecían compatibles ya que cada uno de nosotros tendría algún tiempo privado para leer o simplemente disfrutar la soledad.

El primer día cuando entré a la celda, supe que él iba a ser un problema. Normalmente, cuando un confinado mayor entra a la celda, se le asigna la litera de abajo. La BOP permite esto a través del departamento médico porque no quieren que las personas mayores suban seis pies para gatear a su cama. Los hombres mayores normalmente no tienen la destreza de levantarse en medio de la noche y brincar de la litera para ir al baño.

Cuando traje mi propiedad a la celda en el segundo piso, le pregunté a Miguel si podía coger la litera de abajo.

"¡No!"

"¿Por qué?"

Me dijo que él también tenía un pase para la litera de abajo porque se había lastimado un tobillo hacía par de meses. Me estuvo raro porque lo había visto unos días antes corriendo en la pista.

No queriendo crear conflictos, me subí y me bajé de la litera como un buen soldado y me acostumbré a no levantarme mucho de noche para ir al baño porque era una tarea bajarme de la litera.

Miguel era un tipo raro. Todos los días me pedía que me fuera de la celda para él usar el baño. Eso es bastante normal en el proceso de compartir una celda, pero cuando te lo piden varias veces durante la noche temprana, se pone molestoso.

Una vez afuera, él ponía una toalla de privacidad para cubrir la ventana de la puerta. Era extraño sentarme afuera en una mesa por 15 minutos cada vez que tenía que hacer sus necesidades en la celda. Después descubrí que usaba este tiempo para masturbarse.

Traté de tener una conversación normal con él en innumerables ocasiones, pero él no quería hablar mucho. Vivir con él era muy incómodo. Pasaba su tiempo mirando fotos de mujeres desnudas. Yo el mío lo pasaba leyendo y estudiando la Biblia.

Un viernes por la noche, Miguel me preguntó si podía encontrar algo para ocuparme la mañana siguiente, sábado. Me dijo que necesitaba la celda para hacer algo. Yo pensé que era raro, pero dije, "no hay problema."

La mañana siguiente, me fui al área recreativa y caminé en la pista de 7:30 a 9:30.

Cuando regresé a la celda, Miguel estaba en su litera gimiendo. Cuando le pregunté si estaba bien, gruñó un "OK."

Me acosté en mi litera a pensar que le estaba pasando. Lo miré de nuevo porque estaba haciendo unos ruidos de dolor y le volví a preguntar si estaba bien.

"Estoy adolorido." Se paró de la cama y fue al inodoro.

Yo miré hacia abajo.

El centro de su cama estaba cubierto de sangre.

"¿Qué está pasando? ¿Quieres que llame al oficial de la unidad?", le pregunté.

"¡No!"

Miguel me dijo, "Le pedí a uno de los mexicanos que me metiera unas cuencas."

No entendí lo que me dijo y le pedí que me lo repitiera.

"Le pedí a uno de los mexicanos que me metiera unas cuenca por el pene."

Dije, "oh, ¿OK?"

Me dijo, "Él usó una navaja para cortarme y entró muy adentro y ahora no paro de sangrar."

Yo le pregunté, "¿una sola cortada?"

"No, me puso ocho cuencas en mi pene y dos lugares todavía están sangrando."

Él permitió que un confinado mexicano le hiciera un procedimiento con una navaja de un solo filo sacada de una navaja desechable. El confinado le cortó ranuras en su falo y entonces le insertó cuencas plásticas debajo de la piel.

Estos son implantes subdermales. Mientras le hacía el procedimiento a Miguel, le cortó una vena dorsal profunda por el lado del falo de Miguel.

Me puse súper nervioso. "Necesitas ayuda inmediata."

"Necesito tiempo para pensarlo."

Me imagino que su preocupación era que lo expusieran a un informe de disciplina. Tiempo en el Hoyo y posible pérdida de su empleo.

Me fui de la celda en lo que Miguel decidía qué iba a hacer.

No quería estar cerca de la celda con toda esa sangre y encontrarme en el medio de algo que me pudiera causar problemas.

Cuando soltaron a la unidad para almorzar, fui al comedor y de ahí al área recreativa por toda la tarde.

Cuando regresé a las 3:30, Miguel no estaba en la celda. Me alegré que hubiera decidido buscar ayuda. No estaba para el conteo nacional de las 4 de la tarde. Supe entonces que estaba o en un hospital externo o en la enfermería de prisión recibiendo atención médica.

Regresó a la celda a las 7:30, estaba pálido y se veía mal.

Afortunadamente había limpiado su cama antes de irse esa mañana. Se acostó sin decir una palabra y durmió toda la noche.

La mañana siguiente se levantó y encontró que ya me había ido. Salí a las 5:30 a desayunar y luego al área recreativa a caminar. Cuando regresé a las 7:30, Miguel estaba sentado en su litera tomando café.

Estaba más hablador y me contó lo que había sucedido en la enfermería.

Me dijo, "El paramédico de turno trató de parar el sangrado usando presión y compresas frías, cuando eso no funcionó trato de cauterizar el sangrado."

Miguel me informó, "El primer intento de cauterización falló y el hombre muy preocupado me dijo que si el segundo intento no funcionaba, tenía que irme al hospital."

Funcionó.

El sangrado paró. "El dolor era tan grande que casi me desmayo," me dijo.

Esa tarde aprendí más sobre el procedimiento de uno de mis hermanos mexicanos. Hacen las cuencas de piezas negras de ajedrez que muelen rozándolas contra las paredes de ladrillos de Unicor de la prisión y luego las suavizan usando limas de uñas.

Al día siguiente observé la operación manufacturera mientras caminaba al lado de la pared de camino a la pista. Dos mexicanos estaban rozando las piezas plásticas contra las paredes. Las manchas negras que dejaban parecían grafiti de un parque de niños.

Los mexicanos habían añadido otra industria a la cosecha de prisión. Miguel me dijo que el procedimiento le salió en $60, una ganga comparado con los precios que cobran las tiendas afuera: de $1,000 para arriba por el mismo procedimiento.

El procedimiento me dio curiosidad y lo investigué. Se inició en Phoenix, Arizona. Imagínate, su fama lo llevó a la parte más norte del estado de Nueva York, en manos de mexicanos indocumentados.

¡Increíble!

Pensé en todos los peligros de salud asociados con este procedimiento. Obtener productos estériles dentro de la prisión no es tarea fácil y la comunidad mexicana ni lo consideraría porque saldría muy caro. Así que Miguel no solo se arriesgó a desangrarse, si no también a coger una terrible infección.

El personal médico escribió el incidente como auto-mutilación y el oficial de la vista disciplinaria le dio a Miguel una penalidad de 30 días de buen productivo y 30 días sin comisaría. Miguel no hizo tiempo en el Hoyo ni perdió su trabajo que era lo que le preocupaba.

Aparte del riesgo a la vida, perder tiempo productivo es una gran consecuencia y permanecer en prisión 30 días adicionales duele. Esto se vuelve enorme a medida que se acerca tu salida con solo unos meses por cumplir.

Tres días después del incidente me pude mudar a otra celda con un mexicano cristiano. Miguel salió libre unos meses después.

CAPÍTULO 41

SOBRAN LOS COMPAÑEROS DE CELDA

Cuando llegué nuevo a Ray Brook en 1996, tenía un compañero de celda llamado Peter que se dedicaba a arriesgarse excesivamente. Estaba cumpliendo 18 meses por fraude de tarjetas de crédito y pasó muchos de esos días haciendo grandes apuestas o tratando de tumbarle dinero a otros.

Con la ayuda de un amigo afuera, diseñó una manera de falsificar la documentación de inmigración. Lo usó para estafar a unos indocumentados que vivían en nuestro dormitorio. Peter tenía la lengua de plata y le podía vender una nevera a un esquimal.

Un hombre a quien llamaremos Chile, se comió el cuento de Peter y le compró el programa.

Le pagó $7,500 a Peter por una carta falsa que decía que estaba aprobado para quedarse en los Estados Unidos y que no lo deportarían a Chile. Era un distribuidor de drogas cumpliendo 12 años.

Su sentencia estaba por terminarse y estaba preocupado de que lo deportaran.

Un día le pregunté a Peter por qué me había escogido como su compañero de celda.. Me respondió diciendo, "tú eres un ciudadano y no vas a calentar mi celda." Me asombraba ver cómo funcionaba su mente criminal.

Al fin llegó el último día de Peter en prisión. Todo el mundo es procesado de la misma manera a través de R&D. Peter entró y salió por ahí.

Peter estaba feliz de regresar a su casa. La noche antes de irse se reunió con amigos a celebrar con meriendas y pastel. La mañana siguiente, algunos de sus amigos más cercanos lo acompañaron hasta R&D.

Cuando Peter llegó al mostrador, lo procesaron para su partida y el supervisor le pidió que se sentara en la jaula porque alguien lo vendría a recoger. Pronto descubrió que "alguien" eran dos agentes del FBI. ¿Se pueden imaginar la cara de Peter?

Peter fue condenado a 18 meses más por fraude y los sirvió en otra instalación.

Chile, que no era tan tonto como Peter pensaba, había radicado una querella con el gerente de equipo de la unidad sobre las estafas de Peter. Le había pedido a un amigo que llamara a Inmigración y validara la veracidad de la carta que Peter le había dado.

¡Pescao!

Después de Peter, yo elegí a un gángster de celda como compañero. ¿un gángster de celda? ¿y qué es eso, si se puede preguntar?¿Qué es un gángster de celda?

Un gángster de celda es un tipo que es bien tofe en la celda con la puerta cerrada. Una vez la puerta se abre, son dóciles como ratoncitos. Mi nuevo compañero, Stan, era de este tipo.

Con la puerta cerrada y segura, se quejaba del oficial de la unidad y de otros, insultándolos con todos los nombres que se le ocurrieran. Cuando el oficial abría la puerta, Stan no decía ni una palabra, salía como si se hubiera acabado de ganar la lotería, sonriendo y saludando a todo el mundo.

¿Comportamiento extraño? Sí. Nunca entendí a quién él estaba tratando de impresionar. Yo siempre consideré a Stan un loco muy nervioso.

Me encariñé con otro buen compañero de celda llamado Kenny. Este hombre trabajó fuerte en su vida para pagar su universidad y obtener sus credenciales de ministro. Nos convertimos en compañeros de celda en el 2001 y estuvimos juntos hasta que lo soltaron.

Kenny era el mecánico principal de Unicor y le daba mantenimiento a más de 200 máquinas de coser y equipo relacionado. Tenía un trabajo de gran responsabilidad que requería de excelentes destrezas mecánicas y trabajo duro para mantener al capataz y a los otros confinados contentos.

Los confinados cobraban por pieza, así que la producción era de suma importancia para ellos. Un buen costurero con tiempo extra cobrando por pieza podía ganarse hasta $600 mensuales. Recuerdo a Kenny orgullosísimo enseñándome su talonario de paga por más de $500. La mitad de su dinero era para pagar su restitución contractual, la que muy orgulloso saldó un año antes de completar su sentencia.

Kenny robaba bancos y tenía un vicio de crack de $1,500 diarios. Nos hizo muchos cuentos de sus robos y de como siempre tenía una sola bala en la pistola que cargaba. Kenny aterrorizó a los bancos del área de Colorado

Springs por alrededor de tres meses.

Llevó a cabo alrededor de 15 robos de banco. Los federales lo llamaban el bandido de la nota. Usaba diferentes disfraces con bigotes y barba, a veces con sombrero de vaquero, otras con gorra. Lo que tuviera el cajero que le tocara en su caja era lo que se llevaba.

Robar bancos se convirtió en su fuente de ingresos para mantener su adicción al crack. Se puso tan paranoico una vez después de un robo, que tiró la bolsa de dinero sin abrirla por la ventana de su carro. Me contó que estaba convencido que había un dispositivo en la bolsa que marcaba su localización. Después de cada robo, se disfrutaba 6 cervezas mientras guiaba el carro en que escapaba.

Las autoridades finalmente capturaron a Kenny siguiendo una pista que les dio su ex-esposa que trabajaba como despachadora en una oficina de un alguacil en Texas. Ella reconoció el dibujo que habían circulado de él basado en las declaraciones de los testigos oculares. Kenny decía, "Ella me hizo un gran favor. Era cuestión de tiempo para que un guardia de seguridad en uno de los bancos me matara." Estaba contento de nunca haber tenido una pelea a tiros con la policía. Él admitió que era una locura mantener solo una bala en la pistola.

Una cosa increíble sucedió una vez cuando Kenny se estaba preparando para lavar su ropa. Él usaba los productos Tide de la comisaría y tenía la medida puesta encima de una bolsa plástica. Estábamos esperando que pasara el conteo de las 4 de la tarde para ir a lavar. El conteo tomó más tiempo de lo normal y Kenny se recostó en su litera de arriba.

Kenny me dijo que tuvo una visión conocida como una memoria eufórica. Él vio y sintió la nota que le daba el "crack" y se creyó que estaba usando la droga. Se asombró de que pudiera recordar esos días así y tembló ante la nota que sintió a través de sus recuerdos.

Lo pusieron en libertad en abril del 2007 y regresó a su ocupación de camionero. Una noche llamó al capellán y le contó que se había casado y le dijo que él y su familia estaban bien. Se había envuelto con una iglesia en su comunidad y estaba asistiendo regularmente. Me alegró mucho escuchar sobre sus éxitos.

Anteriormente mencioné que me había mudado con un compañero mexicano cristiano en el 2007. Es notable mencionar la dinámica de conseguir un compañero de celda mexicano, cristiano o no.

La población mexicana es muy particular acerca de con quien viven. Dentro de la prisión se vigilan unos a otros muy de cerca, ya sea a través de sus compañeros de celda, o por cualquier comportamiento que no esté de acuerdo con su código de reglas, tienen que recibir aprobación para tomar decisiones. Cada unidad tiene un líder que maneja a su gente. Las decisiones mayores las aprueba el jefe de la ganga. Siempre se reúnen en el área recreacional todas las tardes, usualmente después de la cena a tomar sus decisiones. A veces las reuniones eran más temprano si había problemas en el ambiente.

Para mi buena fortuna, Luis estaba viviendo con el jefe, Carlos, y este aprobó el que nos mudáramos juntos. Los mexicanos solo viven con otros mexicanos, a menos que su líder lo autorice. Nunca viven en una celda para dos con un africano-americano. Hasta vivir con un viejo blanco es algo que no hacen regularmente. Pero como Carlos me conocía y no me percibía como un problema para ellos, aprobó la mudanza.

A través de los años, la población mexicana me trató con sumo respeto, me sorprendía la amabilidad de sus saludos y como me reconocían por toda la prisión.

La comunidad mexicana cristiana es predominantemente católica. Había como diez mexicanos protestantes en nuestra iglesia que regularmente venían semanalmente a los servicios.

Durante muchos años, yo era completamente inocente según lo que concierne a las relaciones de las gangas en la prisión. Yo no tenía la menor idea de lo que pasaba a diario mientras llevábamos a cabo nuestras actividades.

Luis me empezó a enseñar como se gobernaban ellos mismos y como actuarían si le ocurriera algún evento importante a la población en la prisión. Los mexicanos estaban unidos al 100 por ciento. Si una pelea potencial envolvía a uno o más de ellos, todos salían al área recreativa. Si uno no venía y su excusa no se consideraba válida, el grupo le daría una golpiza. La justicia era rápida y segura.

Yo, presentado como soy, quería entender cómo Luis justificaría involucrarse en una pelea siendo cristiano. Su respuesta fue que él esperaba que Dios lo protegiera para que él estuviera en otro lugar y no tuviera que pelear. Era una posición difícil, pero las leyes de la ganga se enforzaban estrictamente.

Esto me puso aún más curioso y le hice otra pregunta. ¿Qué haría si el Jefe lo mandara a darme una golpiza?

Luis se rió, "Te tendría que dar una pela, o si no me la darían a mí."

Después me dijo que eso nunca pasaría porque yo no intervenía de ninguna forma en sus actividades diarias. Yo estuve de acuerdo, pero siempre guardé la posibilidad de recibir una golpiza de él en la parte de atrás de mi mente hasta el final de mis días en la cárcel.

Yo encontré su historia muy interesante. Él nació en México y entró a vivir en Arizona como indocumentado. Se involucró desde jovencito con gangas callejeras y comenzó a vender y a usar metanfetamina. Luis me contó cómo la hacía y los ingredientes que llevaba el producto.

Cuando me dijo que el ácido de la batería era uno de los ingredientes, temblé ante la idea de meterme ese veneno al cuerpo. Los dientes de Luis estaban visiblemente podridos; muchos los había perdido. Me contó de otros achaques que tuvo a causa de la droga.

Hizo un tiempo en la cárcel del estado debido a este terrible veneno y después fue deportado. Entró al país nuevamente indocumentado para reunirse con su familia en Arizona. Una infracción pequeña de tránsito lo trajo al sistema federal, por ser un indocumentado con una condena criminal.

Estaba claro que Luis había cambiado. El cristianismo tuvo un rol muy importante en esa virazón. Era un compañero de celda excelente que trabajaba arduamente, era apreciado por el personal y los confinados y era muy cordial y respetuoso de todos.

Trabajaba de asistente en los departamentos de medicina y psicología. Esto me decía mucho a mí de su carácter y constitución. Trabajar en esas oficinas requiere gran visibilidad y confianza por parte del personal. La persona en esa posición es sumamente verificada por el personal más antiguo dado todos los productos médicos con los tiene contacto a diario.

Él era también el intérprete de la comunidad de cristianos cuando venían grupos voluntarios los jueves en la noche. A los voluntarios les encantaba la flexibilidad de poder predicar en inglés y que Luis pudiera llevar el mensaje en español a los latinos asistentes. Cuando Luis fue soltado a través de inmigración, regresó a México. Yo eché mucho de menos a este hombre gentil y bondadoso.

Unos seis meses más tarde, le pregunté por él a su amigo Alejandro. Me contó que Luis estaba teniendo dificultades consiguiendo trabajo donde vivía y que estaba en proceso de mudarse a la Ciudad de México a buscar trabajo. Un año después escuché que estaba trabajando de traductor y le iba bien.

Me encantaba escuchar historias de éxito de los hombres una vez salían de la cárcel. Demasiado a menudo, los veía regresar a cumplir otra sentencia, lo que me rompía el corazón. Repito que a los hombres no los deben encarcelar como animales.

Después de coger mi permanencia en Ray Brook, algunos de los consejeros me buscaban para que les hiciera favores. Estos favores usualmente consistían en tomar a un compañero de celda bajo mis alas y ayudarlo a asimilarse dentro de la población de la prisión.

Uno de esos casos fue un hombre que vino en transportación privada a entregarse a la puerta de la prisión. Estas cosas usualmente las organizan los jueces y los abogados durante las vistas de sentencia.

En el 2010, Markus llegó a mi puerta fatigado. Estaba en medicamentos fuertes para controlar su depresión, ansiedad y miedo. Me dijo que le tenía pánico a la idea de estar encarcelado. Tenía pesadillas sobre lo peligroso que sería la vida en prisión.

Una vez llegó y se encontró rodeado de asesinos y otros cumpliendo cadenas perpetuas, sus ansiedades se exacerbaron. Su crimen no era grave. El sistema en su forma inevitable, trata de enviar mensajes afuera. Markus se encontró en un caso de soborno, donde algunos habían pagado dinero para recibir contratos.

Si yo hubiera sido su juez, le hubiera dado a Markus unas pinturas y brochas y lo hubiera puesto a arreglar los edificios del pueblo dándole un castigo productivo y ahorrándole a los contribuyentes los $26,000 que les costaría albergarlo por un año.

Yo creo que las autoridades están conscientes de que el sistema no funciona, pero no tienen el poder político ni la convicción de hacer los ajustes necesarios para arreglarlo.

Este hombre era un desastre; buena gente, generoso y en ocasiones gracioso, pero no se podía estar quieto. Trabajaba día y noche para cansarse. Se tomaba seis Mountain Dews de 16 onzas todos los días. Era un hombre tan grande que los pies le colgaban fuera de la litera.

Se convirtió en un fastidio para el personal porque trataba de complacerlos demasiado. Pensaba que podría conseguir favores de esa manera. La dirección equivocada para un nuevo confinado. El manual del personal les advierte que se cuiden de los complacientes porque siempre tienen motivos ulteriores.

En el caso de Markus, él solo quería regresar a su casa. Yo no lo culpo, pero el personal lo veía como un problema por suceder y la mayoría le sacaba el cuerpo, especialmente el personal ejecutivo.

Trabajando en el departamento eléctrico, Markus iba cambiando bombillas por todos los dormitorios y oficinas. Era tan diligente en su trabajo, que la prisión gastó el doble en bombillas ese año.

En cuanto una se fundía, él la cambiaba. No había una sola bombilla fundida en toda la prisión. Él hasta verificaba las luces en las oficinas de noche, a ver si alguna se fundía. Este tipo quería la medalla de bronce en complacer.

Después de la cena, Markus todavía no estaba listo para regresar a la unidad. No se podía estar quieto. Los trabajadores en la unidad lo amaban, porque él siempre se ofrecía a hacerles el trabajo. Barría las escaleras, lavaba las duchas y hasta pintaba para que todo se viera bien.

Markus hasta se unió al equipo de nieve en su primer invierno y apaleaba la nieve cada vez que nevaba. Le encantaba el sentido de libertad que le daba estar afuera.

Alrededor de las 10 de la noche, Markus entraba a la celda y se preparaba para acostarse. Se quedaba con la música a volumen medio en sus oídos toda la noche. Yo creo que su mente iba tan rápido que necesitaba el ruido de fondo para poder quedarse dormido.

El hombre no tenía paz. Era un desastre absoluto.

Después de cumplir su corta sentencia, Markus regresó a su casa y el personal se alegró de verlo partir. Para ellos él era un estorbo gigante. Yo pensaba que él estaba bien: solamente necesitaba tiempo para ajustarse a sus alrededores. Los otros confinados pensaban que era un usuario, pero ese no era el caso. Él solo estaba alambrado con los medicamentos que la prisión le daba para que no se lastimara ni a sí mismo ni a otros.

En otra ocasión en el 2011, regresé de mi caminata vespertina a un llamado a la oficina del oficial de la unidad. El Sr. W me informó que tenía otro compañero de celda que se había entregado. Cuando viré la esquina para ir a la celda, vi a un hombre bajito con una barba desaliñada sentado afuera de mi puerta.

Cuando le pregunté si me estaba esperando, asintió con la cabeza. Cuando entró a la celda sentí que había algo sobre él que no se veía bien. No descubrí lo que era hasta la mañana siguiente.

A través de los años había observado a muchos hombres que se escondían detrás de sus barbas porque no querían que los confinados los reconocieran porque estaban avergonzados de sus crímenes.

Hablamos por alrededor de tres horas y me dijo que estaba cumpliendo una condena por vender marihuana. Me dijo que el juez le dio una condena corta porque eran cantidades pequeñas. Después de la charla amigable nos acostamos a dormir.

Me levanté temprano como era mi costumbre, a las 5:30 de la mañana y me saludó un confinado de Boston. Apuntó a las hojas de papel sobre la mesa y me dijo que yo podría estar interesado en leerlas.

Le pregunté que para qué y me empezó a contar quien era mi nuevo compañero de celda. Resultó que era un policía estatal de Massachusetts llamado Rick que había sido sentenciado por robarle a los distribuidores sus drogas.

Esto no eran buenas noticias para mí, ya que muchos de los hombres de Boston iban a querer causarle algún daño a este hombre. No era mi práctica involucrarme con estas administraciones de justicia ni actuar como intermediario.

En algunos de estos casos, yo podía tratar de negociar si se trataba de un hermano cristiano, pero no en este caso, había demasiadas complicaciones.

Evaluando la situación y mi caso de tener a un policía como compañero de celda, decidí empeñárselo a otro la semana siguiente. Tres hombres se iban para su casa esa semana, lo que me daba la oportunidad de negociar para que otro lo tomara de compañero. Afortunadamente, yo tenía la antigüedad necesaria para hacerlo con poca dificultad.

Pensé en cómo la noticia habría volado tan rápido. Entonces me percaté que probablemente uno de los confinados, amigo del personal recibió esa información por la noche y la circuló por la prisión. Esa tarde confronté a Rick y le dije que sería mejor para ambos si se mudaba a otra celda. Estuvo de acuerdo y entendió. No discutimos su crimen ni su ocupación más.

En ocasiones, el personal ayuda a los confinados a sacar lo que ellos perciben como indeseables. Crímenes contra niños y mujeres y policías maleantes no son bien vistos por algunos miembros del personal, así que ayudan a pasar esta información a través de sus confinados conocidos. No es muy legal, pero es lo que es.

Un miembro del personal podría ser despedido por este tipo de comportamiento, pero eso no era suficiente para evitarle a algunos el actuar como vigilantes.

Rick nunca salió de la unidad excepto para ir a la comisaría a comprar alimentos y productos de higiene personal. Tenía miedo de mezclarse con la población sabiendo que su vida estaba en peligro. Nunca comió en el comedor ni caminó libremente por el complejo.

Cuando el personal se enteró, le preguntaron que si quería ir a solitaria para su propia protección. Rick dijo que no y yo creo que él pensó que sería valiente no acobardarse del sentimiento público.

Unas semanas más tarde hubo un simulacro de fuego en la unidad y nos llevaron a todos al área recreativa. Rick se paró al lado de la oficina del personal recreativo mientras los demás confinados andaban por el área sueltos. Durante el período de espera uno de los confinados de Boston llamado Dante se le acercó a Rick. Dante era un hombre enorme que pesaba como 350 libras de músculo, no de grasa.

Pude ver a unos cuantos de los hombres de Boston a la izquierda hablando. Entonces noté que Dante se le acercó a Rick y apuntándolo con el dedo, le dijo, "Yo te conozco. ¿Tú eres el policía de Boston?"

Rick se echó hacia atrás, "No, yo no soy."

Dante le preguntó, "¿Estás seguro? Tú te pareces demasiado a un tipo que conocía en los proyectos de Charlestown."

Parado a una corta distancia, yo estaba escuchándolo todo y pensé, ay, ay, ay, aquí vamos.

En ese momento la bocina de la prisión se prendió y control anunció un movimiento de cinco minutos monte arriba.

Rick enseguida fue para la puerta con un par de miembros del personal cerca. En un par de semanas se fue de la prisión. Yo solo podía pensar que fue a donde el gerente de su caso y le dijo que tenía problemas en el complejo y el personal decidió transferirlo.

Me sorprende el popurrí de crímenes que manejan las autoridades federales anualmente. Mi vecino de celda de Maine, me explicó por qué él estaba en la cárcel.

Lo cogieron cazando patos fuera de temporada. Lo sentenciaron a un año por su crimen. Escuchar a Roger hacer el cuento era comiquísimo. En su acento de Maine, explicó que a él lo habían contratado de guía en una expedición a cazar osos.

Durante el viaje, tuvieron un mal día en el bosque buscando osos. Fue entonces que el hombre que había contratado a Roger le preguntó si había patos en el área que podrían cazar. Roger siendo un cazador de patos regular, llevó al hombre a la ciénaga local donde él sabía que se pasaban los patos.

Viendo una bandada entrar a aterrizar, Roger levantó su escopeta y le disparó a uno de los patos. Momentos más tarde, lo arrestaron. El hombre era el guardia de coto.

Los empleados postales son otra especie que visitaba la instalación anualmente. Durante un período tuvimos a varios que interceptaban envíos de las compañías farmacéuticas con medicamentos para sus pacientes. Se volvían adictos a las drogas y lo seguían haciendo por años hasta que los cogieran. Ambos casos recibieron tiempo mínimo de tres meses o menos. Yo le puse a estas sentencias "violaciones de boletos de tránsito", tan menores que se necesita otro método para bregar con estas infracciones.

Yo relajaba con un tipo llamado Chris que fue mi compañero de celda por poco tiempo en el 2012. Él estaba continuamente llorando por su sentencia de tres meses en prisión. Yo lo regañé diciéndole, "Deja de llorar que yo he pasado más tiempo aquí sentado en el inodoro que el que tú vas a servir en tu sentencia total."

Después de decírselo, me puse a pensar, ¿será posible? Saqué mi fiel calculadora y comencé a hacer cálculos. Al terminar, me asomé a su litera y le dije, "Mala mía, perdona la hipérbole. Solo he pasado 45 días en el inodoro, y eso es solo la mitad de tu sentencia."

(Para ustedes con concentración en matemática, yo paso 10 minutos al día sentado en el inodoro haciendo mis funciones y lavándome las manos en múltiples ocasiones.)

Chris era un hombre con un serio problema de drogas. Trabajó afuera con nosotros por varias semanas y lo molestaban diciendo que él recogía del piso las colillas de cigarrillos y se las fumaba hasta el cabo. Otro confinado lo vio oliendo líquidos de limpieza en el taller automovilístico en par de ocasiones. Su adicción lo controlaba y necesitaba ayuda. A él lo devolvieron a su casa y nunca lo ayudaron.

Otro caso extraño sucedió en 2012 y nos hizo reír. Un hombre estaba transportando pescado entre dos estados. Sí, señores, estas cosas son ciertas. ¿La locura de nuestro sistema judicial no tiene fin?

Por favor, para ustedes que trabajan en justicia, no cojan mis críticas personalmente. Mi consejo sería que usen las cárceles para los verdaderamente malos y saquen las brochas y la pintura para esos asuntos triviales. Piensen en todo el dinero que se ahorrarían anualmente los contribuyentes. Pero entonces, viene el asunto de la seguridad de empleos. Y, por supuesto, la industria de las cárceles haría menos dinero.

No es raro que se nos unan empleados de gobierno anualmente. Los agentes del orden público, estatales y federales, van a prisión también. Alcaldes, concejales, congresistas, abogados, y hasta empleados del Negociado de Cárceles se nos unen de vez en cuando.

Uno de los oficiales correccionales que pasó unos años con nosotros, venía de una FCI en Kentucky. Su crimen fue abusar de las mujeres que tenía encargado proteger. El gobierno le dio una muy merecida condena de 30 años, dada la responsabilidad fiduciaria que tenía para proteger a estas mujeres.

Eddie fue el primer empleado de gobierno que yo conocí en recibir una condena tan fuerte de un juez federal. Otros empleados de gobierno que habían recibido condenas largas, siempre conseguían salirse temprano gracias a algún favor o agujero o escapatoria.

Puede ser mi prejuicio, pero siempre noté la diferencia entre los crímenes gubernamentales y los no-gubernamentales. La mayoría de los hombres que trabajaban para las diferentes agencias de gobierno recibían sentencias largas, pero servían un período corto en la mayoría de los casos. Una pequeña observación en un escogido limitado.

Muchos de los confinados en Ray Brook estaban muy interesados en hablar conmigo sobre mi crimen. Yo decidí no contar lo que había hecho por dos razones. La primera, porque estaba avergonzado de lo tonto que había sido y la segunda, no le quería dar ideas a nadie de que lo podrían hacer también.

Todas mis actividades criminales nunca fueron divulgadas basado en lo que informó la biblioteca legal o el periódico. Un compañero de trabajo que había robado bancos me trató de sacar información sobre las entregas en vehículos armados. Yo siempre me reía y le decía, "esas cosas estaban muy por debajo de mí."

Mike me acosó todos los días por una semana. Me decía: "Vamos, dime, ¿cuán grandes eran tus cargamentos?"

Yo lo miraba sonriente y le decía, "Mike, de verdad yo no tengo idea de cuanto recibían semanalmente."

Finalmente, se dio por vencido sabiendo que no tenía nada para él. No que se lo hubiera dicho, pero le dije la verdad en mi respuesta.

CAPÍTULO 42

¿MATRIMONIO? ¿ALGUIEN?

El gobierno federal le permite a los confinados a casarse mientras están en prisión. Pero no se les permite a las parejas consumar su matrimonio, ya que las visitas conyugales no están autorizadas.

El capellán de la prisión aconseja a los hombres que desean casarse y un Juez de Paz (JP) viene a la prisión a efectuar la ceremonia. El capellán estableció un programa donde el JP vendría dos veces al año a llevar a cabo las ceremonias, dándole a los hombres amplio tiempo para prepararse.

El matrimonio nos llevó a una situación en el área recreativa una tarde de verano. Dos hombres se iban a casar, ninguno había sido aconsejado por el capellán, y la boda no sería llevada a cabo por un juez de paz.

Era un día hermoso en junio del 2006 mientras el sol brillaba en el cielo azul acentuando el verde profundo de las montañas Adirondack, su belleza rodeándonos. La montaña Scarface se veía a la derecha y Montreal, Canadá estaba tras los altos picos del centro a la izquierda.

El clima estaba perfecto contrastando con los hechos bizarros ocurridos después de las 12:30pm. Había unos 800 hombres en el área recreativa esa tarde.

En la distancia, podía escuchar a los hombres aclamando, pensaba que alguien había bateado un jonrón en el parque de sóftbol. El lugar estaba electrizante.

Cuando miré a la derecha, detrás de la verja del diamante de sóftbol, pude ver que había un grupo enorme de hombres reunidos y aclamando. Tenía que ser algo especial. Los hombres no eran tan joviales usualmente.

Le pregunté a uno de los hombres parado en el perímetro, "¿Qué está pasando?"

"Una ceremonia matrimonial: uno de los confinados la está oficiando."

Cuando el personal rompió la reunión, pude ver a los dos mexicanos cuyas caras conocía del comedor y área recreativa. Uno era un travesti conocido y el otro un hombre abiertamente gay.

El travesti tenía senos femeninos y se paseaba por los predios como mujer. Durante los meses que estuvo en Ray Brook, recibió mucha atención ya que algunos hombres le daban regalos a cambio de favores sexuales. Siempre tenía hombres con quienes compartir cuando yo lo veía caminando en la pista.

El personal se pasaba encerrándolo cuando lo cogían en el acto, pero después de servir su tiempo en el Hoyo regresaba a sus andanzas.

Este día era una celebración. Los hombres en el patio lo trataron con ambiente de carnaval. Antes de que el personal pudiera limpiar el área recreativa, la pareja se casó y los hombres aclamaron y aclamaron como si algo maravilloso hubiera pasado.

Marcharon por toda el área recreativa en pleno júbilo. Legalmente la boda no era oficial, pero nadie le podía explicar eso a los cientos de testigos que asistieron a la ceremonia.

A mi conocimiento, parecía que la mayoría de los confinados no participaban en actividades homosexuales. En ocasiones escuchábamos de alguien cogido en el acto y enviado al Hoyo. Algunos bromeaban y decían que su comportamiento "no contaba en prisión."

Me recordaba un dicho de las primicias de mis días de apostador: "lo que pasa en Vegas, se queda en Vegas." Palabras estúpidas para acciones estúpidas que algunos tratan de justificar a como dé lugar.

Nuestro capellán brillante de la prisión, quien fue mi mentor por años me decía que escuchaba a los hombres creando excusas para todo tipo de acciones, "cualquier excusa es una buena excusa si necesitas una excusa." Me encantaba ese dicho y lo usaba frecuentemente cuando los hombres inventaban excusas para faltar a los servicios dominicales o al estudio religioso.

CAPÍTULO 43

LAS PERSONAS MÁS INTERESANTES QUE CONOCÍ EN PRISIÓN

Tenía a mi hombre favorito que me hizo reír muchas veces durante mi tiempo en prisión. Él era un gigante de pelo claro, que tenía un recorte como si le hubiesen puesto un bol en la cabeza y lo hubieran recortado todo alrededor. Sus facciones se parecían a los del gigante de *Juan y la planta de guisantes*. Medía como 6'4" y pesaba alrededor de 400 libras. La barriga le colgaba ampliamente por encima de la correa.

Se llamaba Richie. Yo lo llamaba el "policía cristiano" en la unidad porque siempre que yo estaba cocinando, abría el microondas a ver si yo tenía artículos robados en mi plato. Me daba risa ver a este gigante cotejando mi platito a ver si podía encontrar algo para proclamarme como un hipócrita en mi fe frente a toda la unidad.

Richie era el plomero de la prisión, aunque no estaba entrenado formalmente, podía resolver cualquier trabajo sucio. El personal y los confinados amaban a este tipo. Yo también. Él era un bonachón a quien le encantaba comer y no le importaba meterle mano a la asquerosidad de los inodoros tapados de la prisión o a las tuberías tapadas por arroz en los fregaderos de la cocina. Nada era muy difícil para Richie, mientras más sucio el trabajo, más se lo disfrutaba.

El capataz de la cocina a menudo le pagaba a Richie con comida. Comer era su pasatiempo favorito.

A Richie le encantaba jugar balonmano, se movía bien para ser un hombre tan grande. Los hombres que jugaban con él se sorprendían con lo ágil que era. Después de varios partidos de balonmano, Richie se fue a sentar en los bancos al lado de la cancha. Se sentó al lado de Matthew, un joven creyente que estaba tratando de compartir su fe. Richie no fue tan respetuoso con

Matthew como lo era conmigo y lo atacó con todo lo que tenía. Hablaba sucísimo y no le importaba quien lo escuchara.

Procedió a insultar a Matthew y a su religión con cada palabra soez que se le ocurrió. Era otoño y los gansos estaban comiendo hierba en el campo de sóftbol. Mientras Richie continuaba blasfemando, varios gansos se fueron volando.

Mientras volaban, defecaron verde, suave y tibio encima de la cabeza y hombros de Richie. Quedó cubierto de verde gelatinoso. Matthew, que estaba sentado en el lado opuesto del banco a tres pies de distancia, no recibió nada. Richie se parecía al *gigante verde*. El personal se murió de la risa y le permitió entrar a ducharse.

Los hombres alrededor no podían parar de reírse, pensando que era lo más gracioso que habían visto jamás. Hubiera dado lo que no tengo por haber visto esta escena con mis propios ojos, pero tanto Richie como Matthew me lo contaron.

Dos semanas más tarde, Richie y Matthew están otra vez en el mismo banco. Otra vez, Richie empieza a decirle a Matthew lo falso que son él y su Biblia.

Adivinen qué pasó.

Volvieron los gansos.

Bombardearon a Richie de nuevo.

Me lo perdí otra vez. Matthew me lo contó; Richie rehusó discutirlo porque estaba tan molesto.

Un rasgo terrible que Richie tenía era que le servía de mula a quien fuera. No le importaba lo que tuviera que transportar después que le pagaran. Los amigos cercanos le pagaban al hombre grande en comida.

Richie, con su carrito de plomería, podía ir a prácticamente cualquier lugar. Así que si los hombres necesitaban que algo llegara de Unicor o la cocina, Richie conseguía una orden de trabajo de su jefe para ir a arreglar algún baño en esa área.

Mientras tanto, uno de los hombres, guardando miles de sellos en su área de trabajo, se los podía dar a Richie para que los llevara cerro arriba. A través de los años, nunca lo cogieron. El personal confiaba en él y él era buenísimo escondiendo cosas entre sus cajas de herramientas. Era un verdadero profesional.

Odiaba la autoridad y su récord lo demostraba. Tenía más de 20 arrestos a nivel local y estatal. Pasó muchos años dentro y fuera de las prisiones del condado. Todo el mundo amaba su jovialidad, nada parecía molestarlo. Estaba sirviendo 12 años por vender drogas al norte de Massachusetts. Se graduó de crímenes menores a las grandes ligas.

Richie llevaba cinco años trabajando para su examen de equivalencia de escuela superior, sin mucho progreso. Sabía leer, pero no podía escribir por nada del mundo. Durante las navidades, le escribí notas de parte de él en sus tarjetas.

Todas las semanas me contaba de miembros del personal que se metían en problemas. Él estaba suscrito a varios periódicos locales y monitoreaba al personal muy de cerca; era un pasatiempo para él.

Le encantaba contarle al resto del personal cuando uno de ellos metía la pata. Nos daba la información sobre las sentencias que les imponían a los miembros del personal que cogían en actividades ilegales dentro de la prisión.

El Departamento de Educación trabajó fuertemente con Richie para tratar de ayudarlo con las pre-pruebas para su diploma; él no quería tener nada que ver con el programa. Dejó de ir a clases y el personal estaba muy descontento con su actitud. De castigo le quitaron 108 días de tiempo productivo (algo que tomaba dos años lograr en esos tiempos) por su falta de participación en el programa.

Hasta donde yo sé, Richie es la única persona que perdió días de tiempo productivo por no participar en el programa de equivalencia. A Richie no le importó, subió sus hombros y nunca regresó por el Departamento de Educación a estudiar.

El día que soltaron a Richie, pasó a despedirse. Me dijo que regresaría porque no tenía intención de presentarse donde su oficial de probatoria. Esto es una violación inmediata de la libertad supervisada. Les tomó a los alguaciles tres semanas arrestarlo de nuevo.

Richie fue sentenciado y regresó a prisión a cumplir el tiempo completo de su libertad supervisada, dos años. En vez de hacer lo correcto, violó sus términos y pagó las consecuencias. No sé que pasó con él después de esos dos años. Cuando regresó por violar su probatoria, lo enviaron a Otisville en Nueva York y perdimos contacto con el hombre.

Casi todos los hombres robaban de la cocina. A veces eran cosas pequeñas como un tenedor o una cuchara. Otros le pagaban a los que trabajaban en la cocina por cosas. Yo los llamaba suplidores. Estos confinados se robaban lo que necesitaras para completar tu cena. No importaba lo que fuera, desde un pavo de 15 libras o un jamón de 10, si pagabas el precio, te lo entregaban a tu puerta.

El Negociado de Prisiones utilizaba la cocina como un área de entrenamiento para que los hombres pudieran mantenerse cuando fueran puestos en libertad: un programa de entrenamiento virtual mientras trabajaban. Y no estoy bromeando. Nada de lo que la cocina suplía era sagrado. ¡Nada!

El robo en la prisión no era único de Ray Brook. Yo escuché que hasta a Martha Stewart la cogieron robando cuando salió del comedor con una cebolla en su brassiere en su prisión en West Virginia. Aunque eso puede sonar gracioso, hay un lado serio a esta situación.

Cuando yo trabajé en la cocina, tuve un capataz excelente llamado Harold Hurley, un excelente supervisor de cocina que conocía su trabajo muy bien. El Sr. Hurley me contrató para que lo ayudara con los récords de nómina de los confinados y las hojas de orientación que eran parte de los procesos de nómina mensuales. La cocina tenía como 150 confinados trabajando dos turnos, con un 10% de cambios en el personal mensualmente. Era una tarea difícil organizar los archivos y limpiar los que no estaban ya en uso.

La prisión estaba renovando la cocina con nuevas áreas para preparar carnes y vegetales, al igual que neveras nuevas para estas áreas. La parte de atrás completa necesitaba arreglarse, ya que no se actualizaba hacía 20 años. El Sr. Hurley trabajaba incansablemente supervisando la cocina, incluyendo la construcción que estaba llevando a cabo un equipo de construcción de una compañía civil externa.

Él era un hombre de la compañía que tomaba su trabajo muy en serio, no se le pasaba una en la preparación de las comidas que él supervisaba. Los confinados cocineros que trabajaban con él lo disfrutaban porque a él le importaba lo que se servía, como si su nombre acompañara las comidas.

El Sr. Hurley compartió conmigo que él estimaba que las pérdidas por robo en la cocina sumaban aproximadamente $100,000 anuales. A mí me sorprendió el total. Ocho por ciento del presupuesto se iba cerro arriba.

Me entristeció saber que murió hace par de años en la Florida donde pasó varios años con su familia después de que se retiró.

De un lado negativo, algunos confinados usan estas relaciones de prisión para obtener ventajas y favores para su propio beneficio.

Trabajando como confinado de la cuadrilla para Unicor fuera de las verjas durante seis años, me di cuenta de cómo estos trabajos se ponen muy cómodos. Un confinado fue favorecido porque posteaba para la venta lo que le pidieran que posteara, aunque el artículo no se produjera. Él posteaba la venta y hacía un envío fantasma fraudulento del producto según se le instruía para que el administrador de la planta pudiera cumplir con las cuotas mensuales.

Sí, suena loco, pero esto pasó tantas veces durante los cuatro años que Jake estuvo a cargo de los embarques, que se convirtió en la norma. Cuando Jake se fue, me pidieron a mí que posteara estas transacciones y yo me rehusé.

No había manera que yo fuera a cometer fraude.

¿Saben por qué?

Yo estaba en prisión por cometer fraude masivo y no había manera de que yo ni siquiera considerara el prospecto de cometer fraude de nuevo. Mi camino como cristiano dictaba mi comportamiento.

Jake era inteligente y aprendía rápido. Lo respetaban mucho y lo recompensaron con el nivel de paga más alto y tiempo extra, según fuera necesario. Él hasta corría un negocio de apuestas para ganar dinero adicional. En lo que hiciera falta para echar para adelante, ahí estaba Jake al principio de la fila. Todos sus traqueteos más su sueldo mensual le permitieron ahorrar $15,000 durante sus doce años en prisión. Al personal y a los confinados, él les parecía invencible.

Los confinados sabían que Jake estaba envuelto en todo tipo de negocios tramposos. Los rumores se riegan rápido cuando los confinados se envuelven en otras áreas aparte de sus empleos. El personal, porque confiaba, estaba ciego ante su comportamiento, peligroso para un oficial correccional.

Aquí es donde se distorsionan las relaciones con el personal. Unicor necesitaba a Jake así que lo dejaban salirse con la suya mientras no fuera demasiado flagrante.

Un día seleccionaron a nuestro nivel durante el cierre de las 4pm para hacernos pruebas de drogas en orina. Usualmente, estas las hacen fuera de hora, individualmente en el salón de visitas. Durante mis años, promedié una prueba al año.

SIS supervisa las pruebas sospechosas o sorpresas para determinar si algún confinado está usando drogas. Toda la población de la prisión se somete a estas pruebas.

La razón para estas pruebas en gran escala fue que había rumores que los trabajadores externos estaban entrando drogas y celulares. Estaban encontrando drogas y celulares en el cerro durante búsquedas regulares y lo lógico era que los trabajadores que salían eran los que estaban contrabandeando.

La prueba, aunque al azar, cubrió suficiente como para tomar tanto al personal como a los confinados por sorpresa.

Jake y yo vivíamos en el mismo nivel en Saranac. Esta unidad está designada para la cuadrilla que trabaja afuera. Una vez el personal los aprueba, estos confinados con puntos de campamento, pueden trabajar afuera en las diferentes labores.

Si no trabajas afuera, tenías trabajos confidenciales dentro del edificio administrativo, incluyendo la oficina del administrador, la sala de visitas y el área de recursos y desarrollo.

El personal ejecutivo pensaba que era mejor tener confinados de baja seguridad en estas funciones, ya que en el pasado habían tenido muchos problemas con confinados de más seguridad.

La forma del edificio permitía que Jake y yo nos viéramos por las ventanas de nuestras celdas, aunque estábamos a cuatro celdas de distancia. Dos equipos de dos miembros del personal fueron puerta por puerta recogiendo nuestras muestras de orina. Para ese entonces, había doce confinados en el nivel.

Comenzaron a trabajar el nivel desde el lado del edificio donde estaba Jake. Cuando le pasaron el vasito esperaban tenerlo de vuelta al menos lleno hasta la mitad. Mirando por mi ventana, vi que Jake se estaba tardando más de lo necesario. Finalmente, le entregó el vasito al guardia con la tapa puesta.

El oficial inmediatamente le enseñó el vasito al otro y se movieron para estar fuera de la vista y oídos de Jake. Pronto, uno de los guardias se llevó la muestra de Jake, mientras que el otro se unió al equipo que estaba recogiendo las otras muestras.

Finalmente llegaron a mi celda y yo llené mi vasito. Después que se fueron me quedé pensando a dónde se habría ido el otro guardia con la muestra de Jake.

Al poco rato, el guardia vino y habló con su pareja. Fueron a la puerta de Jake y le hablaron por los huequitos. Pude escuchar cuando uno le dijo, mientras abría la puertecita de comida, "saca tus manos".

Jake hizo lo que le pidieron, lo esposaron y lo escoltaron al Hoyo. Al poco tiempo nos enteramos que Jake les había dado agua de la pluma en el envase y se lo habían llevado al Hoyo a hacerle más pruebas.

A los pocos días escuchamos del personal que Jake había salido positivo para heroína. Llevaba tiempo usando. Los confinados del nivel lo sabían, pero yo fui el último en enterarme. Irónicamente, yo le había comentado a

Nick, el amigo de Jake, "Jake parece que está trabajando bien fuerte porque lo vi quedándose dormido viendo televisión."

Nick se rió y dijo, "Sí." Él sabía que yo no tenía la menor idea de la adicción de Jake o los síntomas.

El personal de Unicor no sabía qué hacer, estaban tropezándose unos con otros para desasociarse de él. Antes de este incidente, todos eran de lo más amigables y hablaban con él por ratos largos, usualmente sobre inventarios y de lo que había disponible.

Mientras estaba en el Hoyo, par de miembros del personal de Unicor que hacían el papel de oficial de turno semanal, pasaron por la nueva celda de Jake. Él me dijo más adelante, cuando estábamos en la residencia transicional después que nos pusieron en libertad que ellos no podían creer lo que Jake había hecho. Cuando él les pidió ayuda, le dijeron que estaba fuera de sus manos.

Jake estaba molesto porque pensaba que como él les había hecho favores ellos iban a reciprocar. Pero ellos valoraban más sus empleos y su libertad, que tomar el lado de un confinado. Para lo que lo usaron estuvo mal, pero nunca salió nada a relucir. El gerente de la planta recibió una promoción en la oficina de Philadelphia.

¿Alguien se sorprende?

Yo no.

Mientras tanto, SIS viró Unicor al revés buscando drogas y otro contrabando. Abrieron y rebuscaron más de 100 cajas de inventario de abrigos buscando la mercancía. No encontraron nada durante todas las horas que pasaron buscando. A Jake sólo lo acusaron de posesión y uso de drogas. Perdió 90 días de tiempo productivo, seis meses de comisaría y seis meses de visitas.

Jake era un adicto latente. Gastó más de $8,000 en heroína durante ese tiempo y estuvo diez meses en el Hoyo bajo investigación. Cuando el teniente de SIS se retiró en septiembre del 2013, transfirieron a Jake a una prisión de seguridad media para que cumpliera el resto de su sentencia.

Yo me volví a encontrar con Jake durante las últimas semanas de mi estadía en la residencia de transición supervisada. Se veía saludable y ya había conseguido trabajo. Ya se mudó de Massachusetts para Rhode Island y está tratando de comenzar una nueva vida. Yo oro que tenga éxito.

El único papel de un confinado dentro del sistema de prisiones es cumplir su sentencia por el crimen que cometió sin incidentes. La interacción del personal y los confinados diariamente tiene un papel importante en las operaciones fluidas de la institución. Es difícil en estas circunstancias no formar lazos de una forma u otra con el personal. Siempre tiene que existir una división entre nosotros, el personal y los confinados más sabios, saben donde está esa raya y no la cruzan para no causarse dificultades unos a otros.

CAPÍTULO 44

UNA SEMBLANZA DE LIBERTAD

OTOÑO 2004

Esa fue la primera vez que caminé fuera de las verjas traseras de la prisión, después de haber pasado nueve años adentro. Sentía que me habían puesto en libertad. Me dieron algunos privilegios especiales como un confinado de limpieza comunitaria.

El oficial encargado de nuestro trabajo, la Sra. W. , me preguntó, "¿Cómo se siente?"

"Como si fuera un hombre libre."

Me dio las llaves de la camioneta de Unicor que se utilizaba para transportar materiales al portón trasero. Me dijo, "Guía por los predios y verifica si te acuerdas de como conducir."

Ningún niño en una tienda de dulces se ha sentido tan bien. Era la primera vez que estaba detrás de un volante desde hacía mucho tiempo; se sentía maravilloso tener estas pequeñas libertades todos los días.

Usualmente disfrutaba trabajar afuera cada día. A las 7:30 de la mañana venía la llamada de trabajo de Unicor y procedíamos a ir a la fábrica a reportarnos y esperar que nuestro supervisor nos llevara afuera. Éramos de cinco a seis confinados en este trabajo con un miembro del personal.

Salíamos de la parte principal de la prisión por la puerta trasera. Una vez fuera de esa puerta veíamos las verjas dobles con alambre de púa y el camión de seguridad manejando por la carretera del perímetro. Nosotros seguíamos hasta el portón trasero con nuestro supervisor y parábamos y nos quedábamos en la línea amarilla a unos 20 pies de la puerta corrediza hacia el portón trasero.

Entonces el guardia del portón trasero notificaba a control y el portón interno se abría y nos llamaban uno a uno para proceder al área entre los dos portones de seguridad. Cuando nos llamaban, cada uno de nosotros tenía que gritar nuestro número de prisionero. En mi caso, yo gritaba, "19201-038." El guardia del portón trasero verificaba la foto aprobada en nuestro pase de portón y nos hacía pararnos en frente de él con las manos extendidas para que nos pasaran la vara que verificaba si traíamos algo encima.

Cada grupo de trabajo externo pasaba por lo mismo. Cuatro grupos de trabajo externo salían por el portón trasero de lunes a viernes. Los trabajos incluían el almacén de Unicor, el almacén de servicios de comida, el almacén de negocios y mantenimiento en general. Eso incluía a las cuadrillas de terreno y de nieve, de soldaduras y a los mecánicos de auto. Alrededor de 20 confinados salían por el portón a trabajar afuera por el día. Regresábamos a alrededor de las 3 pm todos los días.

Yo disfrutaba trabajar afuera porque me daba una semblanza de libertad. El personal nos trataba diferente afuera. Nos brindaban más privilegios y la supervisión era mucho más laxa que adentro. Hasta donde sé, FCI Ray Brook es la única prisión federal, que no sea un campamento, con cuadrillas de trabajo . Ninguno de los otros se mezclaban con confinados de mayor seguridad.´

En nuestro caso, nosotros éramos campistas a tiempo parcial albergados dentro de una institución de seguridad media. Muchos de los confinados de campamento a corto plazo odiaban el programa de cuadrillas de trabajo. Había muchísimas quejas y lloriqueos cada vez que llegaba un grupo nuevo de confinados a la unidad. Y ya me apestaba después de un tiempo, recordándome a mi entrenamiento básico con la Fuerza Aérea. La atmósfera de la prisión cría mucho malestar y descontento con tanto el personal como los confinados alimentándose unos a otros de la infelicidad.

Nuestra supervisora de personal, la Sra. W era una oficial que se preocupaba mucho y era muy empática. Yo disfrutaba trabajar con ella y nos llamábamos Tonto y Más Tonto cuando teníamos que tratar de aprendar a usar el sistema de computadoras Unicor SAP. Afortunadamente para nosotros, teníamos otro confinado con un corazón de maestro llamado E. quien nos mantenía derechitos y nos velaba y nos entrenaba bien antes de que nos fuéramos a casa.

El área alrededor de la prisión era el principio de unos terrenos del servicio de parques administrado por el gobierno. Cada día, dejar la prisión nos traía diferentes sorpresas. Un venado, una tortuga enorme o un mapache podía cruzar nuestro camino. Mirando hacia arriba, muchas veces vi el cielo lleno de buitres y gansos en abundancia. A veces un águila volaba. Para mí eran momentos especiales encontrándome entre tanta belleza.

Inclusive dentro de las verjas, aprendí a mirar más allá de las rejas cuando miraba a través de la ventana de mi celda durante la noche. Cuando miraba hacia afuera a ver la hierba y los árboles era como si las verjas se desaparecieran dentro del panorama.

Mi experiencia en prisión fue muy diferente a la de la mayoría de los hombres. Yo era libre por dentro lo que hacía mi estadía en prisión una experiencia de vida que yo disfruté la mayor parte del tiempo. Sí, algunos días eran malísimos, especialmente cuando los hombres peleaban y se herían unos a otros. Pero durante los tiempos tranquilos fue una experiencia muy notable que siempre atesoraré. Sé que suena muy extraño, pero es la verdad.

Todos los días después del almuerzo, yo esperaba a que el pan y las manzanas que sobraban fueran puestas en una bolsa vacía de pan. Yo las ponía entre las filas de cedros sembrados al lado del edificio. Cada mañana, cuatro venados venían a comerse la comida que yo les dejaba. Nuestro lugar durante los meses de verano se convertía en una pequeña colección de animales salvajes.

Al otro lado del almacén teníamos una finca de ganado Angus alimentado con hierba que pertenecía a un doctor retirado que se había convertido en granjero a tiempo completo. Los animales eran preciosos. Las terneritas eran adorables y venían a la verja a mirar por la apertura de dos alambres eléctricos que las mantenían dentro de su propiedad. Foster, el toro, pesaba unas dos mil libras estimadas.

Las vacas se comían las manzanas de mi mano. Algunas veces sus hocicos tocaban los alambres de la verja y, guau, mugían a gritos. Se retiraban como 10 pies y se iban. Eso nos asustaba a ambos, ya que se me habían olvidado los alambres y el aviso que les daba a los animales en mi papel de trabajador en la cafetería de animales.

Uno de los voluntarios de la prisión, Rollie, me dijo los nombres que el doctor le había puesto a algunos de los animales. A veces, Rollie corría la finca cuando el doctor viajaba. Qué bien amado santo, siempre tenía una enorme sonrisa para todos los hombres y su memoria y habilidad para recordar nombres era increíble. Algunos hombres que acababan de llegar venían una vez y no regresaban por semanas. Cuando Rollie los veía, inmediatamente los llamaba por sus nombres.

Los veranos eran más especiales para mí; algunos días me hubiera disfrutado el dormir afuera, pero el conteo nacional de las 4 pm nos esperaba cada día, así que regresábamos a nuestros nidos para ser contados.

Parte de mis labores era echarle agua a las varias matas que teníamos en la oficina del personal. Al pasar del tiempo acumulé unas nueve plantas caseras de varias oficinas. Desde violetas africanas hasta plantas de palmeras majestuosas, yo intentaba propagarlas y continuar las plantas hasta que llegué a tener un pequeño invernadero. Cuando me fui de ese trabajo ningún otro confinado se ocupó de ellas, así que el personal se las regaló a otros departamentos para que las disfrutaran.

Otro trabajo asignado era el control de roedores. Cuando la Sra. W. y yo llegamos al trabajo la primera vez, ella notó caca de ratón en su teclado de computadora y en su escritorio. No estaba nada contenta. Mi asignación fue erradicar a los pequeños de nuestra área de trabajo.

La primera noche, puse dos trampas usando mantequilla de maní como carnada. La mañana siguiente, tenía dos ratones muertos. Al día siguiente hice lo mismo y nuevamente atrapé dos ratones más. Continué el proceso y toda la semana próxima encontré mis trampas llenas. "Guau", me dije, la verdad que estamos inundados con estos pequeños tipos.

Dándome cuenta de que tenía un problema, fui al almacén de servicios de comida y hablé con el capataz, el Sr. L.. Me dio dos trampas más y varios paquetitos de mantequilla de maní. Esa semana, bajó el conteo, solo atrapé ocho. El primer mes atrapé 32 ratones. Como ex-banquero, llevaba récords de prácticamente todo- hasta de las cartas que recibía. Es difícil cambiar hábitos antiguos.

La Sra. W. estaba aterrorizada a muerte por los ratones, así que de una forma pequeña, eso le proveía risa a mi día. Cuando atrapaba un ratón, tocaba a la puerta de su oficina y le enseñaba el ratón por la ventana. Cuando me veía con un ratón en una trampa, gritaba mi nombre junto a otras palabras muy bien seleccionadas y entonces corría al baño si yo entraba a su oficina.

En mis esfuerzos fervientes de atrapar a los ratones, atrapé dos topos y una ardillita por error. Me sentí mal por la ardillita ya que dio vueltas por 15 minutos. Parece que a los animales les gustaba la mantequilla de maní del BOP más que a los confinados.

Durante uno de mis recesos de almuerzo, visité al Sr. L. quien era el capataz externo de servicios de comida. El Sr. L. había sido guardia en el complejo durante años y lo conocí originalmente cuando trabajaba en mi vieja unidad Mohawk B. El Sr. L. disfrutaba las actividades al aire libre como cazar y pescar y hablábamos de vez en cuando durante el mes. A mí me gustaba escuchar sus cuentos y escapadas en el bosque.

En una ocasión me reuní con el hombre de *Orkin* que estaba poniendo trampas en el almacén. El almacén de servicios de comida era un lugar de reunión favorito para muchos ratones. Estábamos rodeados de bosques y praderas verdes. El área era ideal para todo tipo de criaturas.

Él me dijo que una vez atrapara a mamá y papá habría ganado la guerra. Aprendí que paren cada 19 a 21 días y que sus familias crecen rápido. Por eso estábamos abarrotados de estas criaturas.

Los ratones se aparecían porque los hombres traían cantidades secas de cereales, arroz y pasta y las guardaban cerca de sus estaciones de trabajo, lo que les facilitaba a los ratones el encontrar la comida. Esta fue la atracción original que trajo a los ratones a hacer sus nidos y ponerse cómodos en casa.

La batalla se ganó ese primer año. Durante los próximos doce meses yo capturé 143 ratones. Tiene que ser un récord en BOP.

Mis números bajaron a seis el segundo año y yo creo que solo porque estos ratones entraron por las puertas abiertas según iban y venían los camiones a diario. Me convertí en el gran cazador blanco y tanto el personal como los confinados me relajaban sobre mi cacería de ratones.

La canción de *Herman el ratón & Katnip el gato* era muy especial para mí, ya que la disfrutaba cuando era niño. No importaba cuanto esfuerzo pusiera *Katnip* en su labor, nunca podía capturar a *Herman* ni a sus amigos. Yo hice mejor trabajo que mi personaje de las tirillas cómicas favorito de los años 50.

Cada día cuando nuestra cuadrilla de trabajo terminaba, todos los hombres hacían fila en el edificio que llamábamos la cabaña de fondillos. El edificio tenía dos puertas, una a cada lado, y parecía una cabaña para guardar cosas de la piscina que alguien tendría en su patio trasero. Los confinados entraban por el lado izquierdo y a veces había 20 de nosotros congregados en el salón de diez pies por doce.

El centro del edificio tenía cuatro compartimientos donde los oficiales correccionales nos observaban mientras nos desvestíamos completamente.

Nos hacían una búsqueda de cuerpo entero, y el guardia tocaba toda nuestra ropa, inspeccionaba nuestras botas y cotejaba todos nuestros bolsillos para asegurarse que no estábamos trayendo ningún contrabando a la institución. Verificaban nuestros cuerpos, desde el pelo hasta la punta de los pies y todo lo que había entre medio.

Los meses de verano revelaron porqué le decían la cabaña de fondillos. Apestaba a letrina. Los hombres, que trabajaban en el calor de 90 grados, sudaban como loco mientras cortaban la grama y arreglaban los predios alrededor de toda la prisión.

Después de este proceso, nos acercábamos a la línea amarilla del portón trasero y pasábamos por el mismo proceso que cuando salíamos. Nos llamaba el guardia del portón trasero, gritábamos nuestros números, nos examinaban con la vara, el detector de seguridad manual como el de los aeropuertos, y entrábamos nuevamente por los portones.

A través de los años traté de hacerlo una experiencia más divertida ya que yo detestaba tener que desvestirme y que me miraran todos los días. El personal ya pensaba que yo estaba medio loco como quiera, así que él yo relajar con ellos era como una práctica común. La mayoría de los hombres estaban miserables y odiaban todo sobre sus vidas de encarcelados. Tenía una audiencia difícil para entretener.

En ocasiones, dependiendo de qué guardia nos desvistiera, les decía que todas las veces que me habían desvestido a través de los años me habían dado una idea. De todo este entrenamiento, me convertiría en un bailarín de los Chippendales.

Entonces ellos añadirían, "ay, sí, puedo ver a una abuela de noventa años tirándote vellones." Esto hacía que los hombres en los cuatro compartimientos se murieran de la risa.

Lo que los mataba de la risa era cuando yo bailaba mi famoso bailecito mientras me miraban desnudo en mi compartimiento de tres pies. De verdad pensaban que me había vuelto loco de remate, pero valía el esfuerzo porque liberaba la pesadez de pasar por ese proceso día tras día.

La Sra. W. nunca nos tuvo que desnudar. Siempre era personal masculino el que llevaba a cabo esta tarea. Sin embargo, la política de BOP afirma que en casos de emergencia el personal femenino tendrá que desempeñar estos deberes con la aprobación del administrador.

La vida en prisión, con todos sus peligros tenía momentos de atmósfera dócil y callada.

Una noche, después de estudios bíblicos, yo estaba caminando a través del detector de metales completamente feliz. Estaba relajando y riéndome con varios hombres mientras entraba al edificio.

Sin saberlo, el guardia en el detector llamó al oficial de mi unidad esa noche para hacerme un urinálisis. El guardia de seguridad pensó que yo estaba borracho o endrogado porque estaba demasiado feliz. Todo regresa al lema al que todos los oficiales se tienen que atener: *cuando tengas dudas, reta.*

CAPÍTULO 45

DEMANDAS Y CONFLICTOS

Las personas que conoces en prisión vienen en todos los colores y tamaños, de muchas naciones del mundo y de todos los niveles sociales. Muchas veces los prisioneros no tienen la menor idea de quién es su vecino, de dónde viene or por qué está aquí con nosotros.

Radicar demandas es algo rampante dentro del sistema de prisiones. La biblioteca legal tiene a muchos confinados trabajando diligentemente en sus propios casos buscando un agujero para lograr acceso nuevamente a los tribunales. Por años el departamento de justicia ha estado sobrecargado de muchos casos frívolos que atascan los tribunales.

De vez en cuando algunos logran acceso y los rumores corren por la prisión como si alguien se hubiera ganado la lotería. Cuando uno logra el acceso, otros lo siguen con el mismo argumento tratando de obtener la misma buena fortuna que el que vino antes. Es un ciclo vicioso de desesperación.

A nivel local, los confinados federales tienen acceso, a través de un proceso de remedio administrativo, para quejarse de cosas que los pueden afectar personalmente. Estas pueden variar desde condiciones de vivienda hasta lo que comen diariamente. Hay un sinnúmero de razones por las que los confinados radican estas quejas, algunas son frívolas mientras que otras requieren que abogados dentro del BOP las procesen y resuelvan.

El proceso comienza con una BP-8 y procede a una BP-11, formas federales del Negociado de Prisiones que los confinados utilizan para radicar sus quejas particulares. La última termina en Washington D.C., en las oficinas centrales del Negociado. En la mayoría de las ocasiones, estas quejas radicadas nunca salen de la unidad, la mayoría de los asuntos los atiende localmente el consejero o administrador del caso del confinado.

En defensa de los confinados, algunos tienen quejas legítimas que usualmente resuelve el personal ejecutivo de la prisión. Mientras que otros no hacen nada más que causarle mucha angustia al personal que tiene que abandonar sus deberes regulares de ayuda a los confinados en sus respectivos expedientes de trabajo.

Uno de esos casos legales con mérito le costó a FCI Ray Brook mucho tiempo en litigio. Al final, el gobierno perdió el caso y la prisión perdió 108 literas de espacio. Cada unidad tenía una celda de doce hombres que se usaba para los que llegaban nuevos y para disciplinar a los confinados.

Si un confinado decidía no mantener su celda para dos limpia, o si rehusaba pagar su restitución respectiva, le advertían que un cambio de celda era inminente. Su consejero, en modo castigador, podía mover al no conformista a la celda de 12 hombres.

Debido al influjo tan grande de confinados federales al sistema, muchas prisiones estaban luchando por más camas. El personal ejecutivo de Ray Brook tuvo la brillante idea de convertir una oficina pequeña y un cuarto de almacenaje contiguo en una celda para 12 hombres con poco espacio para vivir y ventilación pobre.

Estos cuartos estuvieron abiertos durante aproximadamente diez años hasta que un abogado de prisión encontró la forma correcta de radicar su queja. Muchos habían tratado a través de los años sin ningún éxito.

El argumento de este confinado referente al espacio de vivienda que necesitaban los confinados para poder funcionar normalmente ganó en corte. El juez decretó a favor del confinado y Ray Brook tuvo que desmantelar las celdas para doce hombres. Cada unidad tenía una, así que cuando la prisión perdió, la población bajó por aproximadamente 100 confinados. Esto le costó caro a la prisión ya que había logrado su presupuesto basado en el número de confinados albergados en la prisión.

Desde mi perspectiva, la celda de doce era el lugar más peligroso de la prisión. Yo me alegré cuando las cerraron. Muchos confinados, quienes vivían en estas condiciones, me decían lo difícil que era. La mayoría de los problemas que sucedían eran por las actitudes de los que vivían allí. La mayoría odiaba el sistema y no eran conformistas. A los que ponían en esta situación, trataban de salirse lo antes posible.

Los hombres se quedaban despiertos a todas horas de la noche y no dejaban a los otros dormir normalmente. Si un confinado se quejaba, lo ponían en su lugar inmediatamente con amenazas o una paliza, dependiendo del estado de ánimo del más físicamente fuerte y peligroso del grupo.

Durante las búsquedas de rutina, cuando se inspeccionaba esta celda no era raro encontrar una cuchilla hecha en casa en el área común del cuarto. Cuando el personal encontraba una, todos los confinados del cuarto iban a parar al Hoyo hasta que uno confesara que era suya. Muchos tipos decentes decían que el arma era de ellos, otros no decían nada y le radicaban cargos a todos por el arma.

Ser un tipo decente está dentro del código del confinado en el sistema de prisiones. Yo no tenía idea de que era esto hasta que otro veterano dentro de la prisión me lo explicó.

Miguel, el hombre de las sábanas sangrientas, me dio un ejemplo. Si el personal encontraba las sábanas sangrientas en la basura en una búsqueda de rutina, el miembro del personal cerraría la unidad.

El teniente y personal adicional hablarían en privado con cada confinado. Primero harían que cada uno se desvistiera en frente de ellos para determinar quien tenía una herida visible.

El tipo decente admitiría que era su sangre y se acogería a las consecuencias por su honestidad. Lo haría para no afectar a los demás.

En mi experiencia personal había muy pocos confinados decentes en el sistema. Quizás en una institución de seguridad máxima se encontrarían algunos, pero en los niveles más bajos eran unos cobardes. Se quedan callados y permiten que todos sufran por su falta de discreción.

Yo fui testigo una y otra vez de confinados que se robaban cosas y la unidad entera era castigada con la pérdida de privilegios como los microondas y la lavandería. Rebuscaban las celdas y se perdía propiedad de los confinados porque un cobarde no admitía que se robó la mantequilla de maní del escritorio de un miembro del personal, por ejemplo.

Un confinado me hizo una historia de un campamento en el Centro Médico Federal Devens (FMC Devens) en Massachusetts. Uno de los confinados estaba molesto con su consejero en esta institución. Pensó que sería gracioso tomar represalias contra esta mujer miembro del personal poniendo su excremento en la manilla de la puerta de su oficina.

Al día siguiente cuando ella abrió su puerta, no estaba muy contenta. Preguntó quien había hecho semejante cosa y nadie lo admitió. El administrador, cuando se enteró de este incidente hizo que los 120 confinados de esta institución se pararan afuera de su edificio principal y esperaran autobuses que vinieran a llevárselos a otra institución.

Los miembros del personal pusieron montones de esposas en los bancos para comenzar el proceso de esposar al campamento entero. Muchos de los confinados sabían quien lo había hecho porque el responsable se las había echado de hacerlo.

Dos horas más tarde llegaron los autobuses y aún nadie había admitido haberlo hecho. No fue hasta que amenazaron al responsable con daño físico serio que él le admitió la fechoría a otro miembro del personal. Yo me sorprendí de que nadie lo choteó antes de que decidiera confesar.

Los confinados se llaman ratas o chotas unos a otros si saben que tú hablaste sobre algo que ellos hicieron. Esto usualmente implica decírselo a las autoridades. En el mundo real, los ciudadanos decentes informarían lo que vieron cuando se cometió un crimen. Esto no es así en el mundo del sistema de prisiones. Cuando uno es testigo de un hombre siendo apuñalado o golpeado, es mejor quedarse callado.

Las ratas que hablan pueden ser sujetas a una golpiza por el responsable si este sigue suelto, o por sus amigos. El castigo menor es ser estigmatizado y ostracizado con muy pocos hablándole a la rata o chota. Esto se promueve porque muy poco se le pasa al personal o a otro confinado. Las vidas están tan entrelazadas que es difícil hacer algo sin que otro se dé cuenta de la acción.

El personal usa esto como ventaja ya que promueven una red de confinados que los ayudan a mantener la paz. El personal también tenía informantes que confiaban en ellos a menudo y les daban información de lo que estaba sucediendo en cualquier momento en la prisión. El teniente del Servicio de Investigaciones Especiales (SIS, por sus siglas en inglés) tiene a varios confinados en cada unidad quienes le confían al personal los problemas dentro de la prisión. Muchos miembros del personal tienen confinados favoritos también a quienes le sacan información semanalmente.

Algunos confinados llevan a cabo estas tareas para ganar el favor del personal, otros lo hacen por razones monetarias; algunos hasta lo hacen por ser buenos ciudadanos sin buscar recompensa. En ocasiones, el personal le paga a los confinados por la información, dándoles sellos confiscados que el confinado usará como moneda de prisión. No se diferencia en nada de los informantes pagos del FBI u otras agencias que los tienen en la calle.

Siempre había momentos en que surgían conflictos entre gangas rivales. Una noche después del llamado de las 8:30 pm, yo estaba en mi celda hablando con mi compañero, Kenny. De repente, escuchamos un palo romperse e instantáneamente sabíamos lo que estaba pasando.

Había empezado una pelea en la unidad entre los mexicali y la mafia tejana, dos gangas mexicanas rivales. La batalla fue bien sangrienta porque se golpeaban con mapos, palos y cualquier cuchilla casera disponible. Como 15 hombres estaban peleando en el área común de la unidad. Todos los que no estaban envueltos estaban mirando la acción desde sus niveles, incluyéndonos a Kenny y a mí.

El guardia de la unidad no estaba en su oficina y control no debe haber estado mirando sus monitores. La pelea duró como media hora; tres hombres contra dos, cuatro contra cuatro, tres contra tres, cada cual tratando de sacarle ventaja al otro en la pelea. Uno de los mexicanos era un asistente que barría nuestro nivel. Sergio era un hombre flaco que no se metía con nadie y casi nunca se veía porque pasaba la mayor parte de su tiempo en el área de manualidades trabajando en sus proyectos.

La camiseta de Sergio estaba manchada con sangre. Le habían dado un golpe en la cabeza con un escurridor de mapos. Pero todavía no aparecía nadie del personal a parar la acción sangrienta.

Los confinados se cansaron, sin ganador aparente, y regresaron a sus celdas. Sergio se fue a las duchas a lavarse la sangre, mientras otros se quedaron a limpiar la sangre del piso. Este intermedio duró como 15 minutos, hasta que a alrededor de las 9:15 pm, comenzó la segunda ronda.

Las dos gangas rivales comenzaron a pelear de nuevo, golpeándose y acuchillándose unos a otros. Cuando un lado tomaba la ventaja, aparecían más para igualar la pelea.

Durante toda la pelea no hubo casi ruido, los espectadores permanecieron callados y a parte de un cantazo a la cabeza, los hombres seguían hiriéndose unos a otros en bastante silencio.

Finalmente, el Sr. H. vino de la oficina central del personal donde había estado por los últimos 45 minutos. Su oficina quedaba a unos 10 pies de la acción, pero como él no estaba en su puesto, la batalla continuó por más de media hora.

El Sr. H. se dio cuenta de que estaba pasando algo.

Había un silencio absoluto. Él no vio a nadie peleando porque una vez los mexicanos oyeron la puerta, se quedaron todos parados como si estuvieran conversando.

Miró a su alrededor un momento y se dio cuenta de que tenía un problema; ahí fue que sonó la alarma y nos encerró a todos.

Todo el mundo, incluyendo a los mexicanos, caminó tranquilamente a sus celdas. Me asombré de lo entrenaditos que estábamos. No toma mucho tiempo industrializarse.

El personal y el teniente entraron a la unidad, todos nos tuvimos que quitar las camisas a ver si teníamos marcas. Para ese momento, no tenían idea de quienes estaban peleando.

La unidad estuvo encerrada por varios días en lo que el personal entrevistaba a todos los confinados de la unidad. De dos en dos llegábamos esposados a las oficinas y el personal nos entrevistaba. Nos hacían las preguntas estándares. Nombre, número de identificación y la gran pregunta, ¿viste algo?

Cuando llegó mi turno ya habían entrevistado a media unidad. Yo sabía que ya alguien le había dicho al personal exactamente lo que había pasado. Fue más fácil entrar a la oficina sabiendo que ya todo se sabe. Entré a la oficina de un manejador de casos que conocía hacía tiempo.

"Mangone, ¿qué viste? ¿Qué me puedes decir de la pelea de los mexicanos?"

"Sr. Mac, usted sabe más de lo que pasó de lo que yo jamás sabré", le dije.

Me miró perplejo. ¿Qué quieres decir?"

"Sr. Mac, usted va tener un asiento en arena cuando vea la pelea en sus monitores."

Me miró y me dijo, "Sal de aquí. Ya terminamos aquí.'

Me sonreí y me fui y me encontré con Kevin que acababa de terminar su entrevista. Nos escoltaron a las celdas y mantuvieron la encerrona por tres días más.

Las cámaras revelaron toda la escena. También revelaron que el Sr. H. no estuvo en su puesto durante 45 minutos. Le escribieron en su récord al señor H., pero no hubo más repercusiones que yo me enterara. Afortunadamente no hubo heridos graves, si no, yo creo que él hubiera perdido su trabajo.

Si me permitieran adivinar, yo diría que el Sr. H. estaba durmiendo en el sofá de la oficina central. Él tenía dos trabajos y por la noche después de encerrarnos, yo lo veía quedándose dormido en su silla.

Un montón de mexicanos se fueron para el Hoyo y al poco tiempo de regresar a la unidad, ya pensaban que tendrían que volver a pelear de nuevo otro día. Estas bandas rivales no se llevan a menos que estén peleando con otros grupos étnicos por territorios.

Una de las armas más peligrosas de la prisión, la venden en la comisaría. En nuestra unidad nada más había varios hombres desfigurados y uno casi perdió la vida cuando un asaltante usó este producto.

El producto vendido bajo la etiqueta de aceite de oliva extra virgen es el discapacitador y ecualizador más letal en lo que concierne al arsenal de artículos para el hogar de un confinado.

Una clase de cocina, si me lo permiten. El agua hierve a 212° Fahrenheit. El aceite caliente a su punto de humear está a aproximadamente 410° Fahrenheit.

Panamá fue el asistente principal en Mohawk A durante varios años. Él estaba envuelto en varios traqueteos y en ocasiones bregaba con la venta local de cigarrillos y marihuana. Cuando era joven estaba en el servicio militar y a través de su vida siempre se mantuvo en forma, en una condición física excepcional.

A los 55 años todavía estaba en tremenda forma. Corría la pista por millas, pasando la marca del tercio de milla por lo menos 30 veces en una sesión. Un hombre color cobre, medía como seis pies, dos pulgadas.

Los maestros destiladores mexicanos de la unidad, se estaban poniendo paranoicos porque estaban encontrando muchas de las reservas de licor semanalmente. Uno de los mexicanos escuchó a Panamá diciendo que los mexicanos estaban calentando la unidad con todas las reservas de alcohol que se estaban encontrando. Eso era todo lo que necesitaban escuchar, automáticamente asumieron que Panamá era el que le estaba diciendo a las autoridades donde encontrar el licor

Panamá, al igual que Patrick, trabajaba para el consejero de la unidad. Se convierte en un peligro estar hablando con los guardias y el personal dentro de sus oficinas. Ambos tenían que interactuar con este miembro del personal para obtener materiales de limpieza para la unidad. Pero mucha conversación vacua automáticamente le causa grandes problemas a los maestros destiladores mexicanos y a sus gangas.

Le pusieron un contrato a Panamá y una mañana tempranito dos mexicanos lo cogieron y le dieron una paliza brutal que pasará a los anales de la historia de Ray Brook.

Panamá acostumbraba ir a la lavandería temprano en la mañana a lavar los trapos de limpieza de los asistentes. Él tenía que pasar por un pasillo de 20' de largo para llegar a la lavandería con sus dos lavadoras y secadoras.

Los mexicanos vivían en las celdas para 6 que daban para el pasillo y la estación de microondas, por lo que tenían la manera de verlo yendo y viniendo. Ambos mexicanos se levantaron al amanecer, como a las 5:45 am y el oficial de la unidad regresó a su oficina. La rotación del desayuno generalmente comenzaba a las 6:00 am.

Uno de los mexicanos comenzó a calentar la botella de 20 onzas de aceite en el microondas, mientras el otro esperaba en la celda a que lo llamaran. Cuando el aceite estaba a punto de quemarse, le hizo seña a su cómplice que llegó con una bolsa de malla con tres candados adentro.

Panamá estaba en la lavandería enjuagando sus trapos en el fregadero, mientras los otros se preparaban para atacarlo. Cuando uno de ellos lo llamó, él se viró y vio el aceite que le venía para la cara. El dolor tiene que haber sido insoportable. Nadie, excepto por los mexicanos, escuchó a Panamá gritar.

El confinado que le tiró el aceite inmediatamente agarró a Panamá por las piernas mientras el otro le daba y le daba con los candados hasta que Panamá quedó inconsciente. Entonces los dos confinados se fueron a comer. Pasaron como cinco minutos antes de que alguien volviera a la lavandería.

Entonces un confinado, creyendo que iba a ser el primero en usar las máquinas, dobló la esquina y se encontró a Panamá inconsciente en el piso. Corrió a la estación del guardia.

El oficial sonó la alarma y encerró el lugar.

Una ambulancia vino y se llevó a Panamá a un hospital local. Cuando se dieron cuenta de lo grave de sus heridas, lo enviaron en helicóptero al hospital más grande del área en Burlington, Vermont.

El cerebro de Panamá estaba tan hinchado, que los doctores tuvieron que abrirle el cráneo para liberar la presión al cerebro. Panamá permaneció hospitalizado por tres semanas.

El aceite caliente fue el neutralizador. Dos mexicanos que pesaban como 130 libras no podían pelear con Panamá en una pelea limpia, pero con el aceite caliente de su lado cambiaron las estadísticas drásticamente.

En otra ocasión, dos hombres vivían juntos a varias puertas de mi celda. Uno era cuarentón, el otro estaba en sus 20s, de acuerdo con un conocido musulmán con quien yo compartía la Biblia de vez en cuando.

El joven musulmán fue a donde los mayores de su grupo a quejarse de que su compañero de celda lo estaba acosando sexualmente. El joven no sabía qué hacer y fue a buscar consejos. El aceite fue nuevamente el neutralizador de la ocasión. Los mayores del grupo le dijeron que calentara el aceite y se lo llevara a su celda antes del cierre nocturno.

Le dijeron que cuando su compañero viniera a pedir favores sexuales, le tirara el aceite en la cara. La noche siguiente, el joven hizo lo que le sugirieron. En esa época, nos encerraban a las 11 pm.

Justo después del cierre, una vez el guardia se fue para el otro lado, lo único que se escuchaba eran los gritos viniendo de su celda. En cuanto el mayor se le acercó al joven, este le tiro el aceite en la cara.

El aceite le derritió la piel de la cara al confinado mayor. También lo mandaron rápido al hospital para tratamiento de emergencia. La cara quedó desfigurada de por vida. Jamás volvimos a ver a ninguno de los dos confinados.

CAPÍTULO 46

DE REGRESO AL HOYO

El segundo de mis viajes al Hoyo para investigación surgió alrededor del Pastor Harold Clark de Saranac Lake. Él tiene ahora como 78 años. ¡Qué hombre feliz y libre con cejas frondosas grises! Usando su voz profunda de barítono bautista sureño, nos enseñó a cantar más de 50 versos de la Biblia.

El Pastor Clark tenía y tiene el don del evangelismo. Le encantaba compartir su fe y era muy audaz en su proclamación del camino a la salvación. Él comenzó a venir a la prisión justo después que la construyeron en el 1980 y ahora es el voluntario más antiguo de FCI Ray Brook.

Durante todo el año, el Pastor Clark trabajaba a tiempo completo como chofer de autobuses porque su iglesia era muy pequeña para mantenerlo a él y a su familia de diez. Él trabajaba igual de fuerte como pastor local y se dedicaba a compartir su fe semanalmente con las prisiones en el área.

Además de venir a nuestra institución, el Pastor Clark viajaba a Dannemora, Nueva York, al complejo estatal de máxima seguridad llamado la Correccional Clinton. Esta, la institución correccional más antigua y más grande en el estado de Nueva York, fue construida en el 1845. Las paredes de la prisión eran de más de 60 pies de altura y cuando guías por la carretera de dos carriles adyacente a la prisión te da un sentimiento de aprensión.

Algunos de los hombres estaban apoyando otra iglesia local así que yo le mencioné a Charlie a ver si podíamos ayudar al Pastor Clark. Él pensó que era una gran idea y se comprometió de inmediato. Yo comencé llenando la forma de autorización del confinado para que le enviaran $20 mensuales. Mi consejero aprobó la petición y se le envió el primer cheque a la iglesia del Pastor Clark. Los cheques venían del Departamento del Tesoro y parecían cheques de reembolsos de Rentas Internas.

Un mes más tarde, Charlie fue donde su consejero y le pasó la misma forma de autorización. Cuando el consejero le preguntó para qué era, él dijo que para ayudar a apoyar el ministerio del Pastor Clark. El consejero viendo que era para un individuo local le dijo a Charlie que tenía que verificarlo. Esa tarde, se llevaron a Charlie al Hoyo para investigar.

Al otro día, mi jefe, el Sr. Bova recibió una llamada de SIS. Un oficial vino a buscarme y me llevó a su oficina en el segundo piso del edificio administrativo principal. Yo entré a la oficina del teniente y me senté en la silla opuesta a su escritorio. Él estaba terminando una llamada cuando yo llegué a su área. Yo miré sobre su escritorio y pude ver muchas fotos de quien es quien en el complejo. Vi a Yahweh ben Yahweh, John Gotti, hijo, miembros de las gangas mexicanas, miembros de la ganga MS-13 (la salvadoreña) y un líder del KKK de Canadá, muchos de los cuales yo había visto en el complejo. Era una colección extensa de fotos.

Cuando terminó su llamada, giró su silla para estar de frente a mí. Su primera pregunta fue "¿Por qué le estás enviando dinero a uno de nuestros voluntarios, el Pastor Harold Clark?" Yo le expliqué que par de nosotros le estábamos enviando dinero al igual que otros hombres habían hecho por años para apoyar a otra iglesia local que venía a la institución. Me dijo que no se veía bien y que él tendría que investigar el asunto. Desafortunadamente para mí, él dijo que estaría de vacaciones durante dos semanas y yo tendría que esperar a que regresara.

Al terminar el diálogo de diez minutos, me dijo que me presentara al Hoyo porque me estaban esperando. Yo hice lo que me dijo y caminé a la unidad de vivienda especial (Hoyo) y presioné el timbre en la pared al lado de la puerta.

Un oficial por la bocina, me preguntó, "¿Qué quieres?"

Yo le dije que el teniente C. me había dicho que me presentara aquí. Él dijo, "OK" y me abrió.

Me recibió un oficial en el pasillo interno del área y me escoltó a la celda seca para desvestirme e inspeccionarme. La apariencia de la celda no había cambiado mucho desde la última vez: la plancha de cemento con los amarres, todo estaba igual frente a mí.

Esta instalación se había construido recientemente y no era en la que había estado anteriormente. Habían tomado la mitad de la unidad y la habían convertido en una unidad de segregación. La antigua unidad era la mitad de grande y no estaba tan actualizada con puertas y jaulas como la de Saranac.

Me desvestí y pasé por la búsqueda completa de todas las cavidades del cuerpo y me entregaron un mameluco anaranjado y me escoltaron a mi celda. Según caminaba por el nivel, Charlie me entregó una nota por la puertecilla de su celda.

Cuando llegamos a mi celda, el oficial la abrió y me sorprendí al ver que estaba vacía. Abrí la nota que me habían entregado y la leí, "Siento haberte metido en esto, Rich, pero no tuve otro remedio." Esta fue la última vez que escuché de o vi a Charlie.

Pasaron varios días sin tener contacto con el personal. Cada puerta tiene una ranura en las que se pone una tarjeta informativa. En mi caso la tarjeta decía "Investigación de SIS", Bajo estas circunstancias la mayoría de los miembros del personal se separan lo más que puedan del confinado. Ellos no se quieren meter en una investigación de SIS.

Yo estaba increíblemente tranquilo a través de todo este proceso. Mi corazón no estaba convencido de haber hecho nada mal. Yo estaba convencido que todo se iba a resolver una vez completaran la investigación.

Después de tres días me permitieron ducharme. No poder halar la cadena de tu propio inodoro ni apagar tus luces toma tiempo para acostumbrarse. El asistente en el Hoyo me ayudó a conseguir una Biblia. A los confinados les autorizaban un libro a la vez; yo mantuve este mismo libro durante las tres semanas completas.

Cada varias horas, el asistente, Michael, caminaba halando las cadenas de los inodoros de los hombres. Eso era parte de sus responsabilidades, incluyendo traernos ropa interior limpia y un mameluco anaranjado cada varios días. Él había venido a la iglesia de vez en cuando y era un gay conocido que había contraído SIDA varios años antes viviendo en Washington, D.C.

Michael había sido un residente permanente en el Hoyo por más de un año. El personal estaba preocupado de regresarlo a la población general porque él era muy promiscuo. Tenía el récord de haber pasado más tiempo en el Hoyo en toda la historia de la institución. Le daban algunos privilegios incluyendo televisión y una lista regular de comisaría que le permitía tener las mismas opciones que los confinados del complejo. Radicó varias veces para que lo transfirieran y después de 30 meses en el Hoyo, finalmente lo enviaron a otra institución.

Un domingo por la tarde, mi mentor, el Capellán P. vino a saludarme y me preguntó, "¿Necesitas algo?"

Tenía todo lo que necesitaba y se lo dije.

Hablamos brevemente de la iglesia, pero nada sobre por qué yo estaba en el Hoyo. Los dos sabíamos que no era apropiado para él discutir el asunto ya que el Pastor Clark era uno de sus voluntarios.

Venía dos veces en semana después y hablábamos de la Biblia y actualidades a través de los huecos para hablar en la puerta. Yo me sentía agradecido de ver una cara amigable.

La recreación es un privilegio en el Hoyo. Cada tres días me preguntaban si quería ir a la parte de atrás del edificio y caminar en un área enjaulada de unos 12 pies cuadrados. Es algo como lo que verías en el zoológico local. En este caso tenías un par de hombres caminando de atrás para alante, en vez de leones, tigres u osos.

Si sueno negativo, por favor perdónenme ya que esa no es mi intención. Esta es la foto del área recreativa completa. Jaula tras jaula de hombres caminando para alante y para atrás por una hora recreacional. Lo bueno de esa hora es estar afuera y respirar aire fresco por un rato. Yo agradecía esto en los meses de verano ya que los inviernos aquí arriba son largos y muy fríos. Durante esta época solo los valientes y los acérrimos caminan en temperaturas bajo cero por una hora.

Durante una de mis horas conocí a Marco de Montreal, Canadá. Él me habló de todos sus viajes y de lo que le había pasado a él y a sus amigos durante el incidente del rabino. No había cambiado gran cosa, el mismo tipo de antes tratando de ganarle al sistema.

"¿Me puedes ayudar a enviar un mensaje al complejo?", me preguntó.

Yo dije, "No."

Marco es una persona con quien tienes que ser directo. Si le das cualquier oportunidad, acabas enredado en sus negocios. Yo estoy seguro que habría muchos hombres dispuestos a ayudarlo en los próximos días.

Culpable por asociación es uno de los métodos favoritos del personal de la prisión para ver a sus confinados.

La segunda semana vino y pasó sin ningún contacto de SIS o del personal más alto. El oficial de guardia pasaba a saludar, pero lo que hacíamos era hablar tonterías por unos minutos. Mi estatus estaba en el limbo hasta que el Teniente C. del SIS regresara de vacaciones.

Fue una noche en esa segunda semana que comencé a tener un serio dolor de muelas. El dolor era tan fuerte que le pregunté a uno de los oficiales "¿Tienen aspirina?"

"Espera a por la mañana cuando el enfermero pase," me dijo.

Estuve agonizando por horas y el dolor era tan insoportable que consideré correr a toda velocidad hacia la puerta de acero con la cabeza abajo para desmayarme. No había sentido dolor tan fuerte por mucho tiempo sin un remedio. Mi mente estaba corriendo buscando una respuesta, finalmente, hice una oración. "Señor, ayúdame, y si soy tuyo, por favor dame alivio." Solo recuerdo levantarme la mañana siguiente sin dolor.

El enfermero vino y me dio dos pastillas para el dolor para que me ayudaran durante el dia. Era un hombre afable y gentil que mostró preocupación por mi bienestar. Yo lo había visto en el departamento médico y muchas veces en el complejo. Él regresó más tarde esa noche y me dio dos pastillas más para que me ayudaran por la noche. Las pastillas contra el dolor me ayudaron muchísimo durante el resto de mi tiempo en el Hoyo.

El también me dijo que tenía que hacer una llamada de enfermedad cuando me soltaran para que el dentista me viera. Yo me sentía bien con las pastillas. Yo no sé cómo explicar el salir del dolor esa noche excepto decir que mi oración fue contestada.

Durante este tiempo mi correo me llegaba por cuentagotas. Se quedaban con todos mis materiales de estudio y solo me daban las cartas de mi familia y amigos. Era mucho mejor que no tener ningún contacto.

Ya era la tercera semana y se estaba acercando el día 20 sin haber escuchado ni una palabra de SIS. Estaba empezando a preguntarme qué estaría pasando con el caso. Cuando pregunté si el Teniente C. había regresado de sus vacaciones, me dijeron, "Sí."

Me parecía que cualquier día él vendría a entrevistarme sobre el caso. Más tarde ese día uno de los oficiales vino a decirme que me soltarían mañana de vuelta a la población general. Me alegré con las noticias, pero nadie me había hablado del incidente. No tenía respuestas.

Después de mis tres semanas confinado, regresé a mi trabajo en la comisaría como si nada hubiese pasado. Mi jefe me dijo que no me hicieron un informe disciplinario.

Esa noche vi al capellán y le pregunté si me podía decir algo del asunto. Me dijo que no sabía nada y que simplemente continuara como si nada hubiera pasado. Pensé que esto era algo extraño por la severidad del asunto según me lo había presentado el SIS, pero como esto fue lo que me dijo el personal, no hice más nada.

No fue hasta la próxima semana que me reuní con el director del equipo de mi unidad y me dijo que la investigación había surgido porque el rabino había sido comprometido. El SIS pensó que Charlie y yo estábamos tratando de conseguir el favor del Pastor Clark con estos regalos monetarios para que él nos trajera cosas a prisión.

Finalmente, comprendí la situación en pleno. Me enseñó lo que el Pastor Clark nos había dicho años antes sobre evitar todas las apariencias de maldad.

Durante la próxima semana, hablé con el Pastor Clark y me dijo que no se habían comunicado ni con él ni con la iglesia. Yo pensé que esto estaba raro ya que tampoco nos habían entrevistado a nosotros, pero entonces me acordé de donde me encontraba y que las cosas se hacían de otra manera.

El hermano Charlie fue puesto en libertad un par de días antes que yo. Nunca nos vimos porque él se había vuelto a internar en el Hoyo. Uno de los confinados que había escuchado sobre Charlie envolviéndome a mí, lo amenazó y Charlie tuvo que buscar custodia protectiva hasta que lo soltaran unos meses después.

Yo nunca consideré que Charlie era una rata o un chota. Si me hubieran preguntado sobre la situación yo probablemente hubiera hecho lo mismo. La situación completa fue terrible y fue triste que Charlie se tuviera que ir del complejo con ese estigma.

Yo sí compartí esto con la persona que lo había forzado a resguardarse, pero ya era muy tarde para ayudar a Charlie. Los confinados se juzgaban mucho unos a otros durante esos años. Los que estaban siendo amenazados se auto-castigaban mudándose al Hoyo voluntariamente. Más adelante se hizo más difícil hacerlo porque el personal quería los nombres de los que te estaban forzando a tomar esa decisión.

CAPÍTULO 47

LAS TENTACIONES ABUNDAN

La mayor tentación para muchos de los hombres que trabajaban en faenas afuera era contrabandear, arriesgándose a nuevas sentencias introduciendo sustancias controladas a una institución federal. Estos confinados trabajando con otros le traían muchos problemas tanto a ellos mismos, como al personal y a otros confinados.

Aunque proveer o poseer contrabando en prisión es una cuestión seria para muchos, era emocionante retar a las autoridades. En algunos casos, los hombres pasaban por muchísimo trabajo para que les entraran el contrabando y en otros, simplemente se arriesgaban y lo traían ellos mismos. Para algunos, las ganancias eran un motivo tan grande que hacían miles de sus esfuerzos anualmente.

Para otros, eran las cosas pequeñas, como comida, las que se arriesgaban a traer a la prisión.

Varias veces en semana, el supervisor del almacén de servicios de comida recibía una lista de lo que se necesitaba para las próximas comidas en el comedor. Esta lista se llamaba un "pull" (como "halón").

El supervisor dividía la lista entre alimentos congelados, productos secos, leche, pan y frutas y vegetales. Le daba la lista a los confinados y estos a su vez "halaban" los productos y los montaban en paletas de madera. Entonces montaban los productos en un camión que sería llevado a la prisión por el supervisor del personal.

Esta faena usualmente consistía de cuatro confinados, cada uno responsable de una de las secciones.

El plan corría de esta manera:

El trabajo del confinado Joey era el congelador y él tenía que halar 30 cajas de pollo congelado para este día particular. Joey ponía 31 cajas del producto en la paleta y cargaba el producto en el camión. Una caja extra, ¿quién se iba a dar cuenta? Todo el mundo estaba tan ocupado que nadie contaba ni balanceaba las cajas contra lo que el supervisor había recibido en la lista.

Con un solo miembro del personal en la faena, se convertía en la rutina en días y meses y se relajaban. El confinado, por su parte, nunca se rendía, siempre estaba conspirando y planificando, persistente en lograr su premio y meta final.

El confinado iba a ser exitoso entrando a la prisión lo que deseara. Podía ser algo escondido en el pan, las bananas o las manzanas. Él marcaría la caja, la tablilla o la libra de pan que contenía el contrabando. Era tan fácil que daba miedo.

Joey tenía un cómplice dentro de la prisión descargando el camión que acabara de llegar del almacén de servicios de comida. Ponía los productos donde les correspondía en sus respectivas áreas de almacenaje. También veía y notaba donde estaba la caja marcada. Más tarde, regresaría a buscar el tesoro escondido. Si era la caja adicional de pollo, la distribuía según fuese necesario en los congeladores y se la daba a otros confinados para que las vendieran en las unidades.

Los confinados en las unidades compraban el pollo con sellos o pagarés para futuras compras en la comisaría. Una pieza de pollo costaba seis sellos o $1.50 en comisaría. Usaban el pollo crudo para cocinar sus cenas en los microondas en vez de ir a cenar al comedor.

Este simple proceso de distribución ocurría debajo de las narices de las autoridades. A Joey, por supuesto, lo recompensaban con su parte cuando regresaba a la prisión después de un día de trabajo duro.

Ahora que les he explicado ese simple escenario, déjenme explicarle los peligros potenciales que ocurrían semanalmente en esta instalación.

Los confinados podían recibir visitas los sábados, domingos y días feriados entre las 8:15 de la mañana y las 3:15 de la tarde. Los visitantes manejaban en la propiedad como media milla antes de llegar al área de estacionamiento asignada para los visitantes.

Los predios de la propiedad estaban mantenidos muy bien y estaban alineados a las áreas verdes con grama y árboles que estaban bastante cerca de la carretera en par de lugares. Era fácil para un visitante tirar una bolsa de cigarrillos u otra cosa de un vehículo mientras manejaban al área del estacionamiento.

La familia de Joey lo visitaba dos veces al mes. Durante una de esas visitas convenció a su cuñado Sal a que le comprara un cartón de cigarrillos. Dos semanas más tarde, Sal entró a la propiedad y tiró el paquete por la ventana en el lugar acordado. Era así de fácil conseguir que el contrabando entrara a los predios.

Los cigarrillos son contrabando suave comparado con las drogas o un arma que podría causar daño inminente.

Joey, que trabajaba en servicios de comida, tenía un cómplice trabajando en los predios cortando grama y limpiando la propiedad. No era tan difícil pedirle a Bill que estuviera pendiente a encontrar un paquete el lunes por la mañana. Bill manejaba por los predios y recogía el contrabando al lado de la carretera y se lo daba a Joey para que lo pusiera en una de las cajas que entraría a la prisión.

Cada miembro del personal dentro de la cárcel sabe cuán riesgoso es esto para la institución.

¡Da!

Desde el administrador hasta el empleado más nuevo sabe que hay faenas externas con aproximadamente 20 confinados que pueden cometer este crimen con poca dificultad.

El personal, sabiendo esto, tenía un procedimiento de caminar a ambos lados de la carretera todos los lunes por la mañana después de las visitas y antes de que comenzaran las faenas externas. De vez en cuando encontraban artículos en la hierba, pero este método no siempre daba resultados. Los confinados, sabiendo que los cotejos de los lunes alteraban sus planes pedían que les dejaran los artículos durante la semana. Cualquiera que manejara dentro de la propiedad podía tirar un paquete e irse.

La prisión tenía una cámara montada en la carretera para monitorear la actividad. Esto requería que el personal estuviera pendiente a la cámara, que al poco tiempo se volvió decorativa ya que nadie la miraba muy a menudo.

Los confinados de trabajo externo estaban hospedados en la unidad llamada Saranac. La unidad tiene capacidad para 48 confinados, pero promediaba alrededor de 36 la mayor parte del tiempo. Yo estuve en esta unidad por más de siete años. Durante este tiempo, me convertí en el confinado que más tiempo trabajó en la faena externa.

Por más de seis años, trabajé en un escritorio en el almacén de la fábrica Unicor. Durante este tiempo, fui testigo de todo tipo de tramoyas desarrolladas por los confinados. Algunas eran brillantes y otras totalmente estúpidas, pero todas eran exitosas en algún grado.

El confinado James estaba decidido a traer azúcar a la institución para su café. Perdimos el privilegio de tener azúcar hacía unos meses porque la estaban usando para producir alcohol.

James desarrolló un plan para meter paquetes de azúcar en una bolsa plástica y luego poner el producto en un saco de malla con cuatro mapos apestosos. Ningún miembro del personal los quería recoger porque apestaban muchísimo, estaban rancios y llenos de hongo. Él cargó los mapos exitosamente en sus manos, arrastrándolos por el piso de vez en cuando a través de todos los puntos de seguridad.

No se reflejaba nada cuando le pasaban la vara buscando metales, pasó por el detector de metales del pasillo. ¡Éxito!

Pudo haber sido cocaína, o cualquier otra droga en polvo. Siempre me pregunté si él pensaba entrar algo con más valor de reventa en la prisión.

El confinado Tim estaba listo para irse a casa en par de días. Él quería ayudar a su compañero de celda a tener un poco de efectivo adicional y desarrolló un plan para dejarle un cartón de cigarrillos valorado en más de $1,200 la mañana en que se iba a ir.

Los amigos de Tim lo recogieron esa mañana para llevarlo a casa y mientras manejaban fuera de la propiedad, él tiró el cartón de cigarrillos en la grama. Blue, su compañero de celda, trabajando en la faena externa, manejó hasta el lugar después que el auto de Tim se fue. Mi gente, era así de fácil.

Blue llegó a un acuerdo con otro de los hombres que trabajaba en el área de servicio de comida. Escondió el producto en una caja y los cigarrillos entraron a la institución.

Cuando mis cinco compañeros de trabajo y yo estábamos caminando a través de una línea de cedros al almacén de Unicor, uno de los hombres en nuestra faena tenía un amigo en la unidad que se iba ese día. El amigo tiró una bolsa de golosinas por los árboles esa mañana antes de que llegáramos al trabajo.

Mientras nuestro jefe caminaba por la carretera para abrir el portón a nuestro estacionamiento, nosotros los confinados tomamos el camino corto a través de los árboles. Freddie recogió el paquete y lo puso debajo de las escaleras cerca de la puerta del lado. Más tarde, después que nuestro jefe se acomodó, Freddie regresó, recogió la bolsa y la entró al almacén.

Freddie tenía un amigo trabajando en la fábrica en la mesa de cortes quien también vaciaba el camión de remolque del tractor cuando llegaba del almacén externo. Era un confinado de confianza al que el personal consideraba un trabajador excelente. Freddie le metió el contrabando en el rollo de tela que pasaría por todos los puntos de seguridad y entraría a la prisión.

Su amigo Carmine desmontó el camión, arrastrando el rollo marcado a su mesa de cortes y cuando la costa estuvo clara, cogió el contrabando. Entonces distribuyó el producto a otros. Todos tuvieron excelentes ganancias.

Hubo una que yo pensé en tratar para conseguir que me quitaran tiempo de mi sentencia.

CAPÍTULO 48

ILUSIONES

En el 2009, muchos centros noticiosos nacionales cubrieron una gran noticia. Se reportó que la rama investigativa del Congreso de los EEUU, la Oficina Gubernamental de Rendición de Cuentas (GAO, por sus siglas en inglés) había encontrado muchas deficiencias en el rendimiento de los guardias de seguridad por contrato en las instalaciones Clase 4. Lo más preocupante era la continua incapacidad de los guardias de seguridad en capturar a los investigadores encubiertos que pasaban armas de fuego y explosivos dentro de las instalaciones federales, a través de los puntos de seguridad.

Yo comencé a pensar en FCI Ray Brook, una instalación Clase 1 dentro de esos estándares de la GAO. Nosotros, al contrario de esas instalaciones Clase 4, éramos vigilados por empleados federales, no contratistas.

Yo sabía que se podían entrar armas y explosivos y si me dedicaba a esto, podría fácilmente completar esa tarea.

Mis pensamientos eran bastante simples, cómo podía yo alertar a la GAO de estas infracciones de seguridad y comprar su favor a cambio de mis esfuerzos. Eso me hubiera convertido en un chota dentro del sistema. Algunos me considerarían una rata o chota, pero a mí no me importaba ya que parecía una buena idea traer a la luz estas fallas de seguridad.

El personal de la prisión, sabiendo que teníamos estos problemas compró dos detectores de rayos X y correas transportadoras por $150,000 cada uno para ayudar a nuestra instalación a controlar el contrabando. El único problema es que estas máquinas requerían mucho esfuerzo y con solo un miembro del personal de turno, rara vez se usaron después de que las montaron.

Podías escuchar a los confinados en la faena hablando de lo fácil que sería poner algo dentro de nuestras cajas de metal. Nosotros le suplíamos los

219

cierres para bolsos militares de municiones y cubiertas para las cantimploras. Estos artículos entraban a la fábrica bisemanalmente por miles. Hubiera sido bien fácil esconder algo en una de las cajas.

El almacén de negocios usaba su detector de rayos X para la correspondencia y los paquetes del personal, pero no para servicios de cocina por el gran volumen de productos que llegaban a diario. Con un solo miembro del personal para manejar la carga, no era conducente, así que estas cajas rara vez se escaneaban.

Mi trabajo como recibidor de Unicor me permitía abrir y recibir muchos paquetes mensualmente. Hubiera sido un proceso sencillo conseguir que alguien me enviara lo que yo necesitara. A mí no me supervisaban constantemente y pocas de las cajas que llegaban eran inspeccionadas por el personal, dada la confianza que tenían en mí. Es una idea terrible tenerle tanta confianza a un confinado, no importa quien sea.

Durante los meses siguientes yo pensaba en este proceso y en como implementar un plan que trabajara. Hasta recluté a otro confinado que también pensaba que la seguridad era pobre, pero él no quiso involucrarse porque su sentencia estaba por terminar. Yo no me atreví a compartirlo con más nadie por miedo a perder mi trabajo externo.

Si yo empujaba suficiente a uno de los miembros de mi familia, me hubieran ayudado, o tal vez a un amigo que disfrutara el drama. Necesitaba a alguien que se pusiera en contacto con la GAO directamente y encontrara la manera de ponerse en contacto conmigo a través de operaciones encubiertas como una visita legal. Podía haberle echado una carta secreta a la GAO directamente, pero hubiera sido peligroso si alguien llamaba a la prisión.

Pasaron meses y yo había repasado todas mis opciones en múltiples ocasiones. Al final, me olvidé de la idea porque no sabía que me pasaría si las cosas salían mal. Definitivamente no ansiaba la idea de pasar más tiempo en prisión por nuevos cargos. Creo que si hubiera tendido personal para ayudarme las cosas hubieran pasado suavemente. Pero yo no podía confiar en ningún miembro disgustado del personal lo suficiente como para compartir mis pensamientos, así que lo dejé todo a un lado.

Cansado de todo el drama diario y el contrabando continuo, decidí abandonar la faena externa. Con ayuda del gerente de mi caso, cambié de trabajo y me convertí en el asistente del administrador. Tanto el personal como los confinados siempre me favorecieron, la mayoría me respetaba y mi reputación se quedó conmigo hasta el día que me fui a casa.

La solución más fácil al dilema de la prisión es hacer lo que hacen todas la cárceles federales en los Estados Unidos que es obtener aprobación del pueblo donde quedaba Ray Brook para construir un campamento fuera de la prisión. Requeriría política, pero sería la manera más rápida para que la prisión parara estos riesgos de seguridad.

Espero que nada serio le suceda al personal o a los confinados que tienen que vivir en estas condiciones. Sería terrible si entran un arma de fuego y se pierden vidas antes de que alguien se dé cuenta que la prisión tiene muchos problemas que atender.

A mí me contaron de un hombre que vivía en el pueblo que no quería un campamento externo de ninguna manera se retiró de su puesto en el 2010. Nada se hizo después de mi partida en septiembre del 2013.

CAPÍTULO 49

EL NENE DEL ADMINISTRADOR

Durante los últimos dieciocho meses de mi sentencia, trabajé para el administrador y su personal. Como el asistente del administrador, yo limpiaba su oficina y diez oficinas más en su lado del edificio administrativo. Incluido en este edificio había tres baños y un área de conferencias grande A mí siempre me velaba el personal dentro del área de oficinas. No se dejaba nada a la suerte.

Una vez, mientras limpiaba las oficinas, le hablé al administrador sobre mi preocupación acerca de que si él u otro miembro del personal perdía o extraviaba su bolígrafo y lo comenzaban a buscar, de la primera persona que iban a sospechar era de mí porque yo había estado en sus oficinas ese día.

El administrador me dijo, "Mangone, solo asegúrate de que siempre haya un miembro del personal presente contigo cuando entres a una oficina vacía, y no te pasará nada."

Siempre hice lo que me dijo, pero también siempre sabía que si en algún momento te sospechaban de algo, automáticamente ibas a solitaria. Sin hacerte preguntas... adiós, piojito.

Trabajar para el administrador y su personal era una faena fácil. Mi edad me había alcanzado y ya no era tan fuerte como cuando llegué diecisiete años atrás. La mayoría de mis deberes eran livianos. Mis labores diarias eran limpiar los tres baños, barrer y mapear los pisos, limpiar las ventanas y vaciar los basureros. Toda la basura caliente era triturada por el personal y mi trabajo era vaciar las trituradoras.

La mejor parte del trabajo era cuidar alrededor de una docena de matas de oficina. Muchos miembros del personal tenían una plantita en su oficina. Yo disfrutaba echándoles agua y cuidándolas semanalmente. Dos veces al mes las alimentaba con *Miracle Grow* (abono). Aunque no lo crean el abono era considerado contrabando y una de las miembros del personal lo escondía en su escritorio para que yo lo usara dos veces al mes.

Teníamos dos bellezas en el vestíbulo y en la oficina del administrador y yo las cuidaba con mucho esmero. Me recordaban cuando estaba en casa disfrutando del jardín de mi esposa detrás de la casa. Las plantas ayudaban a mejorar el aspecto austero de la prisión ya que el verdor le daba un poco de vida a nuestros alrededores. Estos eran pequeños placeres que mejoraban cada uno de los días.

La mayoría de los miembros del personal en esta área eran mujeres. Tenían poco contacto con los confinados ya que sus labores eran administrativas, personal como secretarias, contadoras y de servicios computarizados. Este personal era muy precavido y se sentían incómodas alrededor de confinados. Sus funciones diarias excluían cualquiera de los detalles custodiales que la mayoría del personal podía enfrentar en cualquier momento.

Yo trabajaba mayormente solo hasta que el administrador me dijo que iba a tener un ayudante por un par de meses. Me dijo que un rapero llamado Jeffery Atkins (también conocido como Ja Rule) iba a estar asignado a mi faena. Yo no tenía idea de quién era este hombre, pero pensé que me iba a gustar tener un poco de ayuda.

Cuando le pregunté al administrador por qué nos lo habían asignado a nosotros me dijo que iba a ser más fácil velarlo aquí en vez de en el complejo. Yo pensé que quizás por la fama de Ja Rule, la prisión no lo quería envuelto en nada que pudiera considerarse negativo para él o para el personal.

La llegada de Ja Rule fue la noticia del momento en el complejo cuando los hombres descubrieron que venía a pasar unos meses con nosotros. Hasta el personal estaba emocionado aunque trataban de esconder lo que sentían frente a los confinados.

Nos llevamos bien y cuando teníamos tiempo libre, nos escondíamos en el clóset de los mapas. Allí yo le cantaba una canción infantil que yo me había inventado que se titulaba "Soy un hipopótamo feliz". Cuando le pregunté, "Ja, ¿qué piensas?"

Se rió y me dijo, "está patética."

Yo lo volví loco en el tiempo que trabajamos juntos, siempre cantando y riéndome con él. Tengo una forma de hacer eso con la gente que me cae bien.

Hablamos de nuestras familias y de la vida en prisión. Él tenía muchas experiencias vividas, así que fue un buen momento para cada uno de nosotros conocernos. Yo traté lo mejor que pude de ayudarlo con el personal, especialmente guiándolo sobre con quien debía hablar para conseguir lograr ciertas cosas. Él agradeció mi ayuda y demostró interés genuino en mi bienestar.

Trabajó conmigo alrededor de 45 días antes de regresar a su casa en Nueva Jersey. Nunca volví a saber de él después de que nos dijimos adiós en su última mañana en la unidad. Sí le pude cantar mi canción favorita antes de que se fuera de la unidad por última vez gritando, "te veré luego, Duck." "Duck" era uno de mis apodos favoritos en prisión, una vieja tradición familiar que data de los años 50. OG, por "old guy" viejo o gángster era otro, y "Preacher" o predicador otro aún, dependiendo de quién me estuviera hablando.

Me alegré al enterarme que se convirtió a cristiano después de salir de prisión. Pasó mientras estaba promoviendo una película titulada *"Me enamoré de una chica de la iglesia" (I'm in love with a church girl)*. Lo citaron diciendo, "quiero acercarme más a Dios. Me siento que es algo que uno debe hacer en la vida."

CAPÍTULO 50

INTERACCIÓN DEL PERSONAL Y LOS CONFINADOS

El personal de la prisión, al igual que los confinados vienen en todas las variedades y tamaños. Algunos tienen muy buena personalidad y son muy profesionales y otros son muy poco profesionales y odian abiertamente a la humanidad.

En dos de mis faenas trabajé para una pareja que estaba en la lista de los diez "miembros más odiados del personal." Esta lista la discutían los confinados entre sí e incluía a las personas con quienes tenían dificultades semanalmente. Era una prueba para mí ya que trabajé cerca de ellos por años.

Estos miembros del personal usaban comentarios denigrantes a diario, hablando de raza, color y desplegando animosidad abiertamente contra todos los confinados y a veces contra otros miembros del personal. Era malísimo estar en estas faenas cuando estos hombres trabajaban. Cuando se terminaba el día, era un gran alivio alejarse de ellos.

Cuando yo tuve la oportunidad de conocer a estos hombres, descubrí que odiaban a los confinados porque odiaban sus propias vidas. Ni sus compañeros de trabajo ni sus familias se les podían acercar. En el mejor de los casos, los toleraban durante el diario vivir.

Sus expresiones faciales y tonos negativos tocaban a todos los que los rodeaban. Tanto el personal como los confinados comentaban sobre sus personalidades y hacían muecas si tenían que trabajar con ellos. Hasta su música hablaba de sus terribles vidas; disfrutaban escuchando "Hells Bells" (Campanas del infierno) y "Highway to Hell" (Camino al infierno).

Cuando a estos hombres los reasignaban al lado de servicio de negocio era muy diferente a estar en correcciones. Como oficiales correccionales estaban

225

aislados y solo una unidad tenía que lidiar con ellos. Mientras trabajaban en la comisaría por ejemplo, tenían que interactuar con la población total de confinados, afectando de esa manera a la mayor proporción de estos.

El hecho de que trabajaban en el sistema de prisiones era un grave error de los empleadores, pero como en todo negocio, estas cosas pasan. Una vez dentro de la unión, estaban más protegidos de ser removidos de sus puestos. Un mejor proceso al escogerlos hubiera sacado a algunos de estos al menos.

Cada tres años los varios departamentos de la prisión son evaluados por sus contrapartes de Washington, D.C.. Durante una de estas auditorías le pidieron a uno de los hombres en nuestra faena en la comisaría que diera su opinión sobre las preocupaciones de seguridad de los confinados.

Cuando el miembro del personal preguntó, "¿Cuál usted piensa que es el lugar más peligroso de la prisión?". El confinado respondió, la oficina del teniente. Cuando le preguntaron más sobre su respuesta, el confinado respondió, "el teniente de operaciones marca el tono para la prisión entera." Si este hombre llega a la institución de mal humor, pronto ese humor se le pasa a sus oficiales y luego a los confinados."

El confinado tenía un punto. Un oficial de corrección sienta el tono para la unidad y en gran escala para la prisión entera. Cuando los confinados se frustran saben que es una locura pelear con un miembro del personal, así que lo siguiente mejor es soltar su hostilidad contra un compañero confinado. Esto sucede demasiado dentro del marco de prisión.

Cuando los oficiales se molestan con sus supervisores, empiezan a examinar las celdas. No toma mucho tiempo para que los confinados se frustren. Los oficiales buenos están buscando contrabando fuerte, los malos, solo buscan molestar a un confinado. Puede ser por algo tan trivial como unos calzoncillos extra. Estos estados de ánimo se transforman en problemas reales dependiendo del intercambio entre dos confinados molestos. El coraje y la frustración abundan en prisión: muchos no han aprendido como lidiar con sus emociones de forma apropiada .

Los oficiales malos saben esto, y se regodean con el pensamiento de causar una trifulca entre confinados. Es su diversión para el día.

Cuando el personal se torna muy amigable con los confinados, se desarrollan asuntos serios para tanto investigaciones especiales (SIS, por sus siglas en inglés) como el personal ejecutivo. En múltiples ocasiones yo fui testigo de personal siendo escoltado fuera de los predios por confraternizar. La mayoría de los casos involucraban personal femenino con confinados.

Esos que se vieron comprometidos rompieron las cuatro reglas de cosas que no hacer que están explícitas en sus manuales de empleados.

No le des a los criminales ninguna información personal.

Sé cordial.

No seas demasiado amigable.

No rompas las reglas nunca ni le permitas a un confinado a violar las reglas sin reportarlo.

No dejes que los presos te hagan ningún favor.

Si esas reglas se obedecieran ninguno de los siguientes incidentes hubiera ocurrido jamás.

Un caso fue con una gerente de unidad con más de 20 años de servicio. Ella tomó la mala decisión de enamorarse de un confinado mexicano indocumentado unos 20 años menor que ella. Yo recuerdo estar en su oficina varias veces buscando autorización para comprar libros. El tablón de edictos de su oficina tenía varias fotos de ella en América del Sur. Ella me contó que le encantaba viajar y disfrutaba de las culturas latinas. Hablaba español con fluidez y la utilizaban como intérprete para asuntos con confinados de la prisión de vez en cuando.

También fui testigo del confinado mexicano una noche en su oficina después de las 7:30 con las luces tenues. Yo pensé que era extraño pero no dije nada. Cada uno de los miembros del equipo de la unidad alternaba su horario de trabajo para incluir una vigilia nocturna. Los riesgos que ella se tomó fueron impresionantes. Yo no podía entender su atrevimiento.

No fue hasta que me puse a recordar mis días como un *man gone* que pude entender la insensatez de nuestros actos.

Los favores a su amigo incluían sudaderas, tenis y comida que eran fáciles de ser vistas por otros confinados. Ella también lo transfirió ilegalmente a una prisión de menos seguridad para la cual él no cualificaba. Los hombres de mi unidad lo estuvieron comentando por semanas. La población total de confinados lo sabía, ya que nuestro ambiente clausurado regaba los chismes más fácilmente que un virus.

Una vez la situación se fue viral entre los confinados, SIS investigó. No se habían dado cuenta porque ella era una empleada de mucha confianza. Además, el teniente de SIS era un viejo amigo que probablemente borró un tanto las líneas del caso. Después de la investigación, ella fue removida de su cargo.

Más tarde se reportó en los periódicos locales que la habían hallado culpable y que sirvió una sentencia confinada en su casa. Me dicen que ella continúa viviendo en el área. El personal me dijo que ella había podido mantener su pensión y sus beneficios. Salió mejor que muchos en el sector privado culpables de corrupción.

El personal que seguía las leyes odiaba este tipo de comportamiento porque los avergonzaba terriblemente, especialmente porque era uno de ellos que se había dañado. Algunos de los confinados que recibían los periódicos locales fueron tan atrevidos que discutieron como los hechos se reflejaban en el personal. Poco se perdía de los chismes diarios de la instalación. Éramos como una gran familia. Sí, de marginados e inadaptados, pero una familia igual.

En otra ocasión, una doctora en psicología se enamoró de un confinado mientras este estaba en Ray Brook. Descubrieron después que lo pusieron en libertad, que ellos continuaron la relación. Dada la mala publicidad, le dijeron a ella que tenía que escoger. Podía renunciar sin penalidades o enfrentar las consecuencias de una investigación. Hoy día ella tiene su práctica privada local en el área de Lake Placid.

Ambas mujeres eran atractivas y muy profesionales la mayor parte del tiempo. Mi interacción con ellas siempre me dejó la impresión de que ellas sabían lo que estaban haciendo.

El personal correccional femenino está más a riesgo en una instalación toda de hombres. Los confinados masculinos están constantemente buscando cómo abrir huecos en la armadura del personal. Siempre que una oficial estaba trabajando allí había un flujo de tráfico de confinados entrando a su oficina. Preguntas sobre el tiempo, pidiendo usar un bolígrafo, grapadora o cualquier cosa para obtener acceso y poder comenzar una conversación. Casi siempre los paraban en seco.

De vez en cuando declaraban un ganador, y esa persona pasaría horas en la oficina de la miembro femenina del personal. Esto usualmente pasaba con personal nuevo que no estaba consciente de cómo operaban los confinados.

Me recordaba los clubes que frecuentaba en mis viajes y las múltiples damas que sacaba a bailar. Era mi experiencia en aquellos días que una de diez, diría que sí. La probabilidad en el ambiente de la prisión era mucho más baja.

CAPÍTULO 51

¿DE QUÉ SE TRATA?

Terminaré mi historia regresando a prisión ya que a pesar de todos los defectos del sistema, ahí fue que mi vida cambió para lo mejor.

El sistema de prisiones en EEUU, hecho para ganar dinero, está roto. El trato de los prisioneros es a menudo inhumano en sus mejores momentos y hace poco para ayudarlos a cambiar sus vidas. Y no funciona. No solo EEUU tiene más prisioneros per capita que ningún otro lugar del mundo, también tiene una de las tasas más altas de reincidencia entre los países industrializados.

La prisión no es solo un lugar para distribuidores de drogas, asesinos y violadores. En EEUU, nadie está excluido. De hecho, personas de todas las estratas sociales de todas las naciones del mundo están representadas. Desde el piloto iraní que planificó hacer daño en los EEUU hasta los coyotes mexicanos. Desde un líder del KKK en Canadá hasta un viejo católico que explotaba clínicas de aborto. Desde un hombre de negocios de China que importaba drogas hasta un vendedor de crack en la esquina. Desde un doctor militar sin ética hasta un jefe de la mafia rusa cometiendo crímenes horribles en los EEUU. Teníamos toda una gama de hombres representando todas las vocaciones y áreas del globo terráqueo.

¿Que teníamos en común? Durante mi tiempo en prisión conocí hombres de diversas naciones. La mayoría de ellos parecían ser hombres decentes, y yo creo, que como yo, habían tomado decisiones terribles.

No era muy difícil durante un estudio bíblico llamar la atención en un círculo de 20. Yo decía, "Catorce de nosotros regresaremos a prisión." ¡Qué revelador descubrir el núcleo de lo que los hombres estaban pensando! El 70% de reincidencia no ha cambiado mucho a través de los años.

Richard D. Mangone

Poblaciones de prisión selectas por cada 100,000 de la población nacional

Rango	País	Tasa
1	Estados Unidos de América	716
10	Federación Rusa	475
47	Brasil	274
67	México	210
102	Reino Unido	148
103	Argentina	147
117	Australia	130
126	China	121
133	Canadá	118
149	Francia	101
151	Corea del Sur	99
161	Holanda	82
167	Alemania	79
172	Dinamarca	73
176	Noruega	72
179	Suecia	67
189	Finlandia	58
198	Japón	51
201	Islandia	47

Fuente: Centro internacional de estudios sobre prisiones

Algunos de los hombres cristianos se molestaban conmigo. Algunos gritaban, "yo no", mientras otros permanecían en silencio. Podías ver en sus caras serias que estaban molestos conmigo. Yo entonces continuaba diciéndoles cómo fallaríamos y que no había ninguna pastilla mágica que nos cambiara. Somos quienes somos y tenemos que enfrentar la realidad de que tenemos problemas. La responsabilidad personal cuenta y yo creo que la fe ayuda con eso.

El riesgo más grande para los ex convictos son las asociaciones. Escuchamos el viejo dicho, "Dios los cría y ellos se juntan." La Biblia dice, "No te dejes engañar, la mala compañía corrompe la buena moral." Demasiado a menudo aprendí que muchos fallaban porque regresaban a sus viejos amigos, sentándose en los mismos taburetes en las barras donde los habían dejado hacía diez años.

Esos amigos continuaban haciendo lo mismo que los llevó a prisión la primera vez. Son desastres caminando, esperando pasar. Las autoridades lo saben y se mantienen observando nuestras asociaciones muy de cerca. Por eso hay tantas reglas que gobiernan a los prisioneros durante sus programas de libertad supervisada. Los entrevistadores mensuales tienen que preguntarles si se han asociado con criminales conocidos durante los pasados 30 días.

Todos queremos regresar a casa a estar con nuestros seres queridos. Algunos de nosotros reconocemos la necesidad de un cambio en comportamiento para ser exitosos. Deseamos cosas que creemos nos van a hacer felices, nos aferramos a lo que el sistema del mundo tiene para ofrecer.

Nos preguntamos cómo sobreviviremos y mantendremos lo que una vez tuvimos. Nos preguntamos como reconciliar todas estas cosas antes de ser puestos en libertad.

Todos estos pensamientos giran en nuestras mentes ya que tenemos mucho tiempo para reflexionar y tratar de organizarnos antes de que nos abran las puertas. La diferencia para muchos de nosotros es que queremos éxito hoy. No estamos dispuestos a esperar pacientemente y trabajar fuerte para obtener lo que pensamos que va a hacernos felices.

Las estadísticas de reincidencia están correctas y aquellos de nosotros que estuvimos en Ray Brook por un tiempo vimos la puerta giratoria en Recibos y Partidas (R&D, por sus siglas en inglés). Muchos regresaban para otra estadía, ya fuera por violaciones a su libertad supervisada o por nuevos casos con nuevas sentencias: un epitafio muy triste. En ambos casos, las violaciones continúan porque el confinado rehúsa aceptar la autoridad.

Preparándome para mi libertad, comencé a caminar en la pista a diario. Caminaba por par de horas todos los días. Cada vuelta a la pista era un poco más de un tercio de milla. Quince vueltas eran aproximadamente cinco millas y cuarto.

Al pasar del tiempo, me puse tan en forma caminando que estaba haciendo una milla en 14 minutos. Durante el mes promediaba unas 130 millas. Para ocupar mi tiempo efectivamente, cantaba versos de la Biblia según caminaba cada vuelta. Cada vuelta era un verso memorizado diferente. Las enseñanzas del Pastor Clark habían calado en mí y disfrutaba cantar los salmos. Incluído en mi programa había unas pesas livianas de 10 libras que usaba cuando iba a la pista. Las cargaba durante dos millas en días alternos para ayudarme a mantener alguna masa muscular.

Viviendo mi vida enclaustrada, me mantuve alejado de los periódicos seculares y de la televisión por aproximadamente 16 años. Saber que estaba cerca de ser liberado me hizo interesarme en los eventos actuales. Es notable mencionar que aparte del internet y las tablillas del supermercado, poco había cambiado.

Mucho dentro de la arena política, las noticias locales y los eventos mundiales parecían ser lo mismo con diferentes nombres para los eventos. Estos eventos noticiosos parecían ser lo mismo para mí; me tomó como seis meses ponerme al día con los nombres actuales de los eventos locales y mundiales.

Hice un esfuerzo consciente de mantenerme alejado de cosas seculares que sabía que habían llenado mi mente y corazón y necesitaban ser reparadas. Sobre miles de horas estudiando y memorizándome las escrituras, me sentía más cómodo y comencé a mirar más allá del trabajo y la capilla.

A través de los años conocí personal, voluntarios y confinados maravillosos a los que disfrutaría ver de nuevo. Pero ¡elás! Esto era solo un deseo pasajero ya que no se puede fraternizar dadas las reglas y regulaciones federales.

Estoy agradecido que nuestros caminos se cruzaron y de lo mucho que aprendí de estas relaciones de prisión. Sin embargo, una vez crucé la puerta seis, esas personas maravillosas dentro de las verjas se convirtieron en recuerdos agradables del ayer.

Actualmente, estoy bajo la dirección del Departamento de Probatorias de los EEUU para mi libertad supervisada durante los próximos cinco años, mi tiempo termina el 3 de septiembre de 2019. Durante estos años no puedo comunicarme con ninguno de mis conocidos de prisión. No puedo estar en contacto con ningún criminal conocido.

Si me choco con uno de ellos en la calle, tengo que notificárselo a mi oficial de probatoria. Si entro en contacto con la policía por alguna razón, por ejemplo por una violación de las leyes de tránsito o porque me paran para cuestionarme, tengo que contactar a mi oficial de probatoria.

Hombres con los que compartí durante mi programa en el hogar de transición, se negaban a aceptar estas restricciones. Por mi parte, yo agradezco estas reglas que me mantienen en el camino correcto y enfocado en reestablecer una nueva vida.

Cuando me fui, me asignaron a un hogar de transición en Boston. Durante ese tiempo volví a aprenderme las calles y el sistema de trenes subterráneos. Me disfrutaba estar libre y disfrutando nuevamente de estos privilegios.

Mientras caminaba había dos cosas que siempre venían a mi mente cuando veía a los jóvenes en las calles de Boston. Notaba a muchas personas saludándose chocando sus nudillos unos con otros en vez de darse la mano. Chocar los nudillos comenzó en prisión como una práctica higiénica, porque los hombres caminaban con sus manos en los bolsillos. Los fondos de sus bolsillos estaban cortados para que los hombres tuvieran la oportunidad de tocarse su genitalia. Conociendo esta práctica, los hombres chocaban sus nudillos como saludo, para evitar tocarse las manos.

Segundo, observaba a los jóvenes caminando con los pantalones colgándoles bajo las nalgas, esto se llamaba "sagging". Esta práctica comenzó en prisiones donde no le daban correas a los hombres para que no se ahorcaran o las usaran para esconder armas.

¿Cuál es la conclusión lógica a una vida en prisión? ¿Alguien me lo puede decir, por favor?

CAPÍTULO 52

LA RESPUESTA A NUESTRO DILEMA

Yo sabía que había una respuesta para mí y la estudié en la Biblia. Yo estaba rebelde y persiguiendo las cosas mundanas. El dinero que hice y las cosas que acumulé nunca me dieron satisfacción. Eran cosas vacuas y siempre quería más.

Comparo mi búsqueda por la riqueza a un niño montado en el caballo de un carrusel tratando de alcanzar el aro dorado que está fuera de su alcance y a su tristeza por no poder alcanzarlo.

Ese era yo en cada negocio en el que haría mucho dinero, ya que pensaba que me traería placer. La caza era divertida, pero la captura me dejaba vacío. Necesitaba más, anhelaba más, necesitaba la emoción y me di cuenta que era la caza lo que deseaba.

La caza era lo que era emocionante y fue lo que hice durante muchos años. Sí, el dinero de los negocios me venía bien porque me permitía ser un tonto y buscar la nota diaria. Yo creo que esto es lo que hace tan peligrosos a los hombres poderosos. Las noticias están llenas de gente que fracasa miserablemente cuando corren tras cosas que satisfacen sus deseos carnales.

Era como estar endrogado y en búsqueda de esa gran nota que solo se consigue la primera vez que la droga entra al cuerpo. Después le llaman perseguir al dragón porque nunca puedes alcanzar una nota mayor que la del primer encuentro con ese veneno.

Afortunadamente, nunca usé drogas. No sé por qué, pero nunca lo hice, simplemente no me llamaba la atención. Lo que comparto viene de testimonios personales de aquellos que usaron drogas durante muchos años y conocidos de la prisión cuyas vidas cambiaron drásticamente debido a sus adicciones.

¿Hay una causa a raíz de estos crímenes? Por supuesto que la hay, y es el egoísmo. Hemos perdido nuestro compás moral. Las verdaderas raíces de la criminalidad yacen en el abandono de la moral (abdicar/resignarse/renunciar) que está ocurriendo en nuestros hogares, comunidades e instituciones.

A la mayoría no los cogen por mentir en sus planillas contributivas, manejar a exceso de velocidad camino al trabajo o pegarle cuernos a su pareja. Hay tantas leyes en los libros que todos somos culpables de hacer algo mal. Y aunque no sea la ley terrenal, todavía pensamos y hacemos cosas que no son correctas.

Algunos reciben tiempo en prisión por su comportamiento criminal, mientras otros pueden tener sus hogares destruidos o quizás solo una conciencia culpable. La tragedia de un compás moral perdido es que arruina vidas y afecta a todas las personas, lenguas y tierras. Yo he descubierto la realidad de por qué la gente va a prisión. No hay otra explicación al dilema que enfrenta todo el mundo.

Sí, los EEUU encierra a más de sus ciudadanos que ninguna otra nación. Muchos de nuestros actos erróneos son ofensas enjuiciables. La mayoría de las naciones no tienen las miles de reglas que tenemos nosotros, pero de todas formas la raíz de todo es la misma.

La rehabilitación no funciona para el preso ni para nadie más. ¿Cuánto tiempo le tomará al hombre darse cuenta que somos envases rotos? Los trucos de los hombres no nos pueden arreglar.

Me tomó casi 50 años empezar a aprender esta verdad y estoy agradecido que estuve en un lugar donde aprender estas lecciones de vida. Oro porque todos logremos el conocimiento de la verdad antes de que sea muy tarde.

EPÍLOGO

Fui afortunado en conseguir del Negociado de Prisiones un hogar de transición por un año completo. La mayoría de los confinados anterior a esto estaban recibiendo un promedio de seis meses. Mi edad y el tiempo servido contribuyeron a que el encargado de mi caso pidiera un año completo y se lo aprobaran.

Los meses adicionales en el hogar de transición me facilitaron mi regreso a la sociedad. Estaba agradecido y ecstático ante las posibilidades que se me estaban presentando. Varios meses antes de que me soltaran pude asegurar un trabajo clerical a salario mínimo en una compañía local.

Al llegar al hogar de transición, encontré al personal amigable y cooperador con aquellos que escogían obedecer las reglas. Algunos encontraban difícil ajustarse a su nueva libertad y rápidamente violaban las reglas que forzaban a las autoridades a enviarlos de vuelta a completar sus sentencias.

Semanalmente yo completaba mi itinerario y mis tiempos de viaje ida y vuelta al trabajo. El personal enfatizaba saber dónde estábamos y teníamos que poder dar cuentas por cada hora. Había que reportarse varias veces al día y yo llamaba diligentemente a las horas requeridas. Los domingos estaba autorizado a pasar dos horas en la iglesia y cuatro horas adicionales con mi familia. Eran ajustes interesantes ya que mucho había cambiado desde 1995.

El ajuste más grande para mí fue aprender a usar un celular inteligente y los servicios de internet. Otra área fascinante eran los supermercados y el asombro ante cuánto habían aumentado los precios.

Aunque yo trabajé en una computadora por varios años en el almacén de la prisión, no tenía acceso al internet. Todo era nuevo y yo sentía que había vivido en una isla remota y que me habían regresado a la sociedad a observar todos los cambios. Mi primer vistazo a un supermercado fue increíble. Nunca había visto tanta variedad de comida y un escogido de productos de tantos países. Podía haberme pasado cuatro horas en el mercado y no haber visto la mitad de lo que tenía que ofrecer.

Cada día viajaba en el tren suburbano ida y vuelta al trabajo. Era divertido y una experiencia de aprendizaje hablar con tanta gente en el camino. No me avergonzaba de decir que acababa de salir de prisión. Me gustaba la oportunidad de discutir lo que había aprendido durante los años confinado. Muchos se interesaban en aprender sobre mis experiencias y aquellos que se asustaban rápidamente abandonaban la conversación y cambiaban de tema.

La vida familiar es maravillosa y agradecí reunirme con mi hija Jessica, quien vive en la ciudad. Desde que me soltaron he vuelto a acercarme a mi familia y amigos y nos comunicamos mucho como antes de haberme ido.

Continúo la práctica de mi fe a diario y es ahí donde encuentro mi paz y confort cada día.

Al completar mi tiempo en el hogar de transición, dejé mi empleo y me retiré a escribir mis memorias. Gracias a Dios, recibo mi retiro del seguro social mensualmente para cubrir mis necesidades. Continúo disfrutando la vida con la misma actitud positiva que mostraba en prisión. He aprendido a mirar hacia adelante, a lo nuevo de cada día y a lo que esto conlleva.

Mientras estuve en prisión, discutí con el capellán mis planes de tratar de ayudar a quienes han cometido crímenes y han sido encarcelados. Después de hablar con mi abogado y mi oficial de probatoria se abrió una puerta para mí que llenó mi deseo de ayudar.

En junio del 2015 me invitaron a hablar en un programa de oficiales de probatoria organizado para ayudar a aquellos que esperan ser confinados en prisión. Varios oradores del gobierno cubrieron varios aspectos del sistema de cárceles y lo que les esperaba a los que iban a ser sentenciados pronto.

Por mi parte, expliqué cómo era la vida diaria en prisión y que podían esperar mientras cumplían sus sentencias. Mis planes son continuar apoyando y ayudando a los que van a cubrir caminos similares. Si logro ayudar a uno a no fallar, valdrá la pena el esfuerzo.

Di otros discursos sobre mi vida en prisión en mis iglesias locales, grupos de hombres y también en una estación de radio cristiana que difunde su programación alrededor del mundo.

Después de ser soltado del hogar de transición en el 2014, tuve la dicha de enamorarme y casarme con una mujer extremadamente hermosa llamada Rosana. Compartimos nuestra fe y disfrutamos la vida al máximo. Menciono esto para demostrar que a pesar de todo lo malo que hice, hay una vida después de la prisión.

Estoy agradecido de que ahora tengo la oportunidad de disfrutar lo que otros valoran. Ha sido una larga y dura lección, pero al fin, la aprendí.

www.ingramcontent.com/pod-product-compliance
Lightning Source LLC
Chambersburg PA
CBHW030241030426
42336CB00009B/201